Effektiv Java programmieren

Programmer's Choice

Joshua Bloch

Effektiv Java programmieren

Deutsche Übersetzung von Reder Translations

 ADDISON-WESLEY

An imprint of Pearson Education

München • Boston • San Francisco • Harlow, England
Don Mills, Ontario • Sydney • Mexico City
Madrid • Amsterdam

Die Deutsche Bibliothek – CIP-Einheitsaufnahme

Ein Titeldatensatz für diese Publikation ist bei
Der Deutschen Bibliothek erhältlich.

Die Informationen in diesem Produkt werden ohne Rücksicht auf einen eventuellen Patentschutz veröffentlicht.
Warennamen werden ohne Gewährleistung der freien Verwendbarkeit benutzt. Bei der Zusammenstellung von
Abbildungen und Texten wurde mit größter Sorgfalt vorgegangen. Trotzdem können Fehler nicht vollständig ausgeschlossen
werden. Verlag, Herausgeber und Autoren können für fehlerhafte Angaben und deren Folgen weder eine
juristische Verantwortung noch irgendeine Haftung übernehmen. Für Verbesserungsvorschläge und Hinweise auf
Fehler sind Verlag und Herausgeber dankbar.

Alle Rechte vorbehalten, auch die der fotomechanischen Wiedergabe und der Speicherung in elektronischen Medien.
Die gewerbliche Nutzung der in diesem Produkt gezeigten Modelle und Arbeiten ist nicht zulässig.

Fast alle Hardware- und Softwarebezeichnungen, die in diesem Buch erwähnt werden, sind gleichzeitig eingetragene
Warenzeichen oder sollten als solche betrachtet werden.

Umwelthinweis:
Dieses Produkt wurde auf chlorfrei gebleichtem Papier gedruckt.
Die Einschrumpffolie – zum Schutz vor Verschmutzung – ist aus umweltverträglichem
und recyclingfähigem PE-Material.

Authorized translation from the English language edition, entitled EFFECTIVE JAVA™ PROGRAMMING
LANGUAGE GUIDE, 1st Edition by BLOCH, JOSHUA, published by Pearson Education, Inc., publishing as Addison
Wesley Professional, Copyright © 2001 Sun Microsystems, Inc., 901 San Antonio Road, Palo Alto, California 94303 USA.
All rights reserved.

All rights reserved. No part of this book may be reproduced or transmitted in any form or by any means, electronic or
mechanical, including photocopying, recording or by any information storage retrieval system, without permission
from Pearson Education, Inc.

GERMAN language edition published by PEARSON EDUCATION DEUTSCHLAND, Copyright © 2002 Addison-
Wesley

Autorisierte Übersetzung der englischen Ausgabe mit dem Titel EFFECTIVE JAVA™, PROGRAMMING LANGUAGE
GUIDE, 1. Auflage, von BLOCH, JOSHUA. Veröffentlicht von Pearson Education, Inc., Addison Wesley Professional,
Copyright © 2001 Sun Microsystems, Inc., 901 San Antonio Road, Palo Alto, California 94303 USA.
Alle Rechte vorbehalten.

5 4 3 2 1

05 04 03 02

ISBN 3-8273-1933-1

© 2002 by Addison-Wesley Verlag,
ein Imprint der Pearson Education Deutschland GmbH
Martin-Kollar-Straße 10–12, D-81829 München/Germany
Alle Rechte vorbehalten
Einbandgestaltung: Christine Rechl, München
Titelbild: Mutisia sp., Mutisie. © Karl Blossfeldt Archiv –
Ann und Jürgen Wilde, Zülpich/VG Bild-Kunst Bonn, 2001.
Lektorat: Christiane Auf, cauf@pearson.de
Korrektorat: Susanne Franz, Ottobrunn
Herstellung: Monika Weiher, mweiher@pearson.de
Satz: reemers publishing services gmbh, Krefeld, www.reemers.de
Druck und Verarbeitung: Kösel, Kempten, www.Koeselbuch.de
Printed in Germany

Inhalt

	Vorbemerkung	9
	Vorwort	11
	Danksagungen	13
1	**Einführung**	**15**
2	**Objekte erzeugen und zerstören**	**19**
2.1	Thema 1: Verwenden Sie statische Factory-Methoden statt Konstruktoren	19
2.2	Thema 2: Erzwingen Sie mit einem privaten Konstruktor die Singleton-Eigenschaft	23
2.3	Thema 3: Mit einem privaten Konstruktor Nichtinstanziierbarkeit erzwingen	25
2.4	Thema 4: Vermeiden Sie die Erzeugung von Objektduplikaten	26
2.5	Thema 5: Eliminieren Sie alte Objektreferenzen	30
2.6	Thema 6: Vermeiden Sie Finalizer	33
3	**Allen Objekten gemeinsame Methoden**	**39**
3.1	Thema 7: Halten Sie beim Überschreiben von equals den allgemeinen Vertrag ein	39
3.2	Thema 8: Überschreiben Sie hashCode immer, wenn Sie equals überschreiben	49
3.3	Thema 9: Überschreiben Sie toString immer	55
3.4	Thema 10: Vorsicht beim Überschreiben von clone	57
3.5	Thema 11: Implementieren Sie Comparable	65
4	**Klassen und Interfaces**	**71**
4.1	Thema 12: Minimieren Sie die Zugreifbarkeit von Klassen und Attributen	71
4.2	Thema 13: Bevorzugen Sie Unveränderbarkeit	75
4.3	Thema 14: Komposition ist besser als Vererbung	83
4.4	Thema 15: Entweder Sie entwerfen und dokumentieren für die Vererbung oder Sie verbieten sie	89
4.5	Thema 16: Nutzen Sie besser Interfaces als abstrakte Klassen	94

4.6	Thema 17: Verwenden Sie Interfaces ausschließlich zur Typdefinition	99
4.7	Thema 18: Ziehen Sie statische Attributklassen den nicht-statischen vor	101

5 Ersatz für C-Konstrukte   107

5.1	Thema 19: Ersetzen Sie Strukturen durch Klassen	107
5.2	Thema 20: Ersetzen Sie Unions durch Klassenhierarchien	109
5.3	Thema 21: Ersetzen Sie Enum-Konstrukte durch Klassen	113
5.4	Thema 22: Ersetzen Sie Funktionszeiger durch Klassen und Interfaces	123

6 Methoden   127

6.1	Thema 23: Prüfen Sie die Gültigkeit der Parameter	127
6.2	Thema 24: Machen Sie bei Bedarf defensive Kopien	129
6.3	Thema 25: Entwerfen Sie die Methodensignaturen sorgfältig	133
6.4	Thema 26: Verwenden Sie Methodenüberladung vorsichtig	136
6.5	Thema 27: Geben Sie nicht null, sondern Arrays der Länge null zurück	141
6.6	Thema 28: Schreiben Sie Doc-Kommentare für alle offen gelegten API-Elemente	142

7 Allgemeine Programmierung   147

7.1	Thema 29: Minimieren Sie den Gültigkeitsbereich lokaler Variablen	147
7.2	Thema 30: Sie müssen die Bibliotheken kennen und nutzen	150
7.3	Thema 31: Meiden Sie float und double, wenn Sie genaue Antworten wollen	154
7.4	Thema 32: Vermeiden Sie Strings, wo andere Typen sich besser eignen	156
7.5	Thema 33: Hüten Sie sich vor der Langsamkeit von String-Verkettungen	159
7.6	Thema 34: Referenzieren Sie Objekte über ihre Interfaces	160
7.7	Thema 35: Nutzen Sie eher Interfaces als Reflection	162
7.8	Thema 36: Verwenden Sie native Methoden mit Vorsicht	165
7.9	Thema 37: Optimieren Sie nur mit Vorsicht	166
7.10	Thema 38: Halten Sie sich an die allgemein anerkannten Namenskonventionen	169

8 Ausnahmen   173

8.1	Thema 39: Verwenden Sie Ausnahmen nur für Ausnahmebedingungen	173
8.2	Thema 40: Geprüfte Ausnahmen für behebbare Situationen, Laufzeitausnahmen für Programmierfehler	176
8.3	Thema 41: Vermeiden Sie den unnötigen Einsatz von geprüften Ausnahmen	178
8.4	Thema 42: Bevorzugen Sie Standardausnahmen	180
8.5	Thema 43: Lösen Sie Ausnahmen aus, die zur Abstraktion passen	182
8.6	Thema 44: Dokumentieren Sie alle Ausnahmen, die eine Methode auslöst	184
8.7	Thema 45: Geben Sie in Detailnachrichten Fehlerinformationen an	186
8.8	Thema 46: Streben Sie nach Fehleratomizität	187
8.9	Thema 47: Ignorieren Sie keine Ausnahmen	189

9	**Threads**	**191**
9.1	Thema 48: Synchronisieren Sie den Zugriff auf gemeinsam genutzte, veränderliche Daten	191
9.2	Thema 49: Vermeiden Sie übermäßige Synchronisierung	197
9.3	Thema 50: Rufen Sie wait nie außerhalb einer wait-Schleife auf	202
9.4	Thema 51: Verlassen Sie sich nicht auf den Thread-Planer	204
9.5	Thema 52: Dokumentieren Sie die Thread-Sicherheit	208
9.6	Thema 53: Vermeiden Sie Thread-Gruppen	211
10	**Serialisierung**	**213**
10.1	Thema 54: Implementieren Sie Serializable mit Vorsicht	213
10.2	Thema 55: Ziehen Sie die Nutzung einer eigenen serialisierten Form in Erwägung	218
10.3	Thema 56: Schreiben Sie readObject-Methoden defensiv	224
10.4	Thema 57: Stellen Sie wenn nötig eine readResolve-Methode zur Verfügung	230
	Quellen	**233**
	Index	**237**

Vorbemerkung

Wenn ein Kollege zu Ihnen käme und sagte: »Frau von mir heute nacht wird herstellen das unübliche Essen im Heim. Du komme?«, dann kämen Ihnen vermutlich drei Dinge in den Sinn: Drittens, dass Sie schon zum Essen verabredet sind, zweitens, dass Deutsch wohl nicht die Muttersprache dieses Kollegen ist, und erstens eine große Verwirrung.

Wenn Sie jemals selbst eine Fremdsprache gelernt und dann versucht haben, sie außerhalb des Klassenzimmers anzuwenden, dann wissen Sie, dass Sie drei Dinge beherrschen müssen: Die Struktur der Sprache (ihre Grammatik), die Bezeichnungen der Sachen, über die Sie reden möchten (das Vokabular), und die Art, wie man alltägliche Dinge effektiv und normal ausdrückt (die Verwendung). Leider werden im Unterricht allzu oft nur die ersten beiden Dinge gelehrt, und Sie stellen fest, dass die Muttersprachler nur mit Mühe ernst bleiben können, während Sie versuchen, sich verständlich zu machen.

Mit einer Programmiersprache ist es ganz ähnlich. Sie müssen den Sprachkern verstehen: Ist er algorithmisch, funktional oder objektorientiert? Sie müssen das Vokabular kennen: Welche Datenstrukturen, Operationen und Fähigkeiten stellen die Standardbibliotheken zur Verfügung? Und Sie müssen vertraut sein mit der normalen und effektiven Strukturierung des Codes. Oft behandeln Bücher über Programmiersprachen nur die ersten beiden Themen oder gehen nur punktuell auf die Verwendung ein. Das liegt vielleicht daran, dass die ersten beiden Themen in mancher Hinsicht einfacher sind. Die Grammatik und das Vokabular sind Eigenschaften der Sprache selbst, aber die Verwendung ist eine Eigenschaft der Gemeinschaft, in der die Sprache genutzt wird.

So ist z.B. Java eine objektorientierte Programmiersprache mit Einfachvererbung und unterstützt einen imperativen (anweisungsorientierten) Codierstil in den einzelnen Methoden. Bibliotheken gibt es für die grafische Anzeige, Netzwerkprogrammierung, verteilte Systeme und Sicherheit. Doch wie setzt man die Sprache am besten in die Praxis um?

Es gibt noch einen weiteren Punkt: Im Gegensatz zur gesprochenen Sprache und den meisten Büchern und Zeitschriften ändern sich Programme mit der Zeit. Es reicht nicht, Code zu schreiben, der funktioniert und von anderen Personen verstanden wird;

Sie müssen den Code auch so organisieren, dass er sich leicht ändern lässt. Es gibt immer zehn verschiedene Möglichkeiten, den Code für eine Aufgabe *A* zu schreiben. Von diesen zehn Möglichkeiten sind sieben schräg, ineffizient oder verwirrend. Doch welche der übrigen drei bietet die größte Wahrscheinlichkeit, dass sie dem Code gleichkommt, der nächstes Jahr im Software-Release für die Aufgabe *A* eingesetzt wird?

Die Grammatik von Java können Sie aus einer Vielzahl von Büchern lernen, darunter *Die Programmiersprache Java* von Arnold, Gosling und Holmes [Addison-Wesley, 2001] oder die *Java-Sprachspezifikation* von Gosling, Arnold, Steele und Bracha [Addison-Wesley, 1997]. Und es gibt 'zig Bücher über die Java-Bibliotheken und -APIs.

Dieses Buch kümmert sich um das dritte Bedürfnis beim Lernen einer Sprache: ihre normale und effektive Verwendung. Joshua Bloch hat bei Sun Microsystems Jahre daran gearbeitet, Java zu erweitern, zu implementieren und einzusetzen. Dabei hat er den Code vieler anderer Entwickler gelesen, darunter auch meinen. Hier gibt er nun systematisch strukturiert gute Ratschläge, wie Sie Ihren Code derart aufbauen, dass er gut funktioniert, dass er von anderen verstanden wird, dass spätere Änderungen keine Kopfschmerzen mehr machen müssen, und dass Ihre Programme angenehm, elegant und schön werden.

Guy L. Steele Jr.

Burlington, Massachusetts

April 2001

Vorwort

Im Jahre 1996 machte ich mich auf den großen Treck nach Westen, um für jene Firma zu arbeiten, die sich damals noch JavaSoft nannte, denn jeder wusste, dass dort die Post abging. In den fünf Jahren, die seither vergangen sind, diente ich als Architekt für Bibliotheken der Java-Plattform. Ich entwarf, implementierte und wartete viele dieser Bibliotheken und betreute weitere als Consultant. Diese Bibliotheken in den Jahren zu betreuen, in denen Java reifte, war eine Chance, wie man sie nur einmal im Leben bekommt. Ohne Übertreibung kann ich sagen: Ich hatte das Privileg, mit einigen der besten Software-Entwickler unserer Generation zu arbeiten. Dabei lernte ich viel über die Programmiersprache Java: Was daran funktionierte und was nicht, und wie man aus der Sprache und ihren Bibliotheken am meisten Nutzen zieht.

In diesem Buch versuche ich, meine Erfahrungen an Sie weiterzugeben, damit Sie meine Erfolge teilen können, aber meine Fehler vermeiden. Das Format dieses Buches orientiert sich an *Effective C++* von Scott Meyers [1998]. Es besteht aus fünfzig Themen, die jeweils eine konkrete Regel vermitteln, wie Sie Ihre Programme und Entwürfe verbessern können. Ich fand dieses Format außerordentlich effektiv und hoffe, dass Sie dem zustimmen werden.

In vielen Fällen nahm ich mir die Freiheit, die Themen mit Beispielen aus der Praxis zu veranschaulichen, die den Java-Plattformbibliotheken entnommen sind. Bei der Beschreibung von Dingen, die man auch besser hätte machen können, hielt ich mich möglichst an selbst geschriebenen Code, aber gelegentlich habe ich auch auf Code von Kollegen zurückgegriffen. Es tut mir aufrichtig Leid, falls ich trotz all meiner Bemühungen damit irgendjemand zu nahe getreten sein sollte. Negativbeispiele werden nicht als Schuldzuweisungen sondern im Geiste einer guten Zusammenarbeit aufgeführt, damit wir alle von den Erfahrungen unserer Vorgänger lernen können.

Dieses Buch wendet sich zwar nicht ausschließlich an Entwickler wieder verwendbarer Komponenten, aber natürlich schlagen sich darin meine Erfahrungen aus zwanzig Jahren Entwicklungsarbeit an solchen Komponenten nieder. Ich denke immer daran, APIs zu exportieren, und ermutige Sie, dasselbe zu tun. Auch wenn Sie keine wieder verwendbaren Komponenten entwickeln, verbessert dieser Ansatz die Qualität Ihrer Software. Außerdem geschieht es oft, dass man eine wieder verwendbare Komponente schreibt, ohne es zu wissen: Sie schreiben etwas Nützliches, geben es an Ihren Kollegen nebenan weiter, und ehe Sie sichs versehen, haben Sie schon zehn Benutzer. An diesem Punkt können Sie das API schon nicht mehr nach Belieben ändern und freuen sich, wenn Sie das API schon beim Schreiben der Software sorgfältig entworfen haben.

Meine Konzentration auf den API-Entwurf mag den Anhängern der neuen, leichtgewichtigen Software-Entwicklungsmethoden wie z.B. *Extreme Programming* [Beck, 1999] ein wenig unnatürlich erscheinen. Diese Methoden zielen darauf ab, das einfachste funktionsfähige Programm zu schreiben. Wenn Sie sich einem solchen Verfahren verschrieben haben, werden Sie jedoch feststellen, dass eine Betonung des API-Entwurfs im *Refactoring*-Prozess gute Dienste leistet. Die wichtigsten Ziele des Refactoring sind die Verbesserung der Systemstruktur und die Vermeidung doppelt geschriebenen Codes. Dies kann man unmöglich erreichen, wenn man keine gut entworfenen APIs für die Systemkomponenten hat.

Keine Sprache ist perfekt, aber einige sind hervorragend. Ich habe festgestellt, dass Java und seine Bibliotheken die Qualität und Produktivität immens fördern, und dass es eine Freude ist, damit zu arbeiten. Hoffentlich kann Ihnen dieses Buch einiges von meiner Begeisterung vermitteln und helfen, diese Sprache noch wirkungsvoller und freudiger zu nutzen.

Joshua Bloch

Cupertino, Kalifornien

April 2001

Danksagungen

Ich danke Patrick Chan, der mir vorschlug, dieses Buch zu schreiben, und diese Idee auch Lisa Friendly, der Lektorin dieser Reihe, Tim Lindholm, dem technischen Lektor, und Mike Hendrickson, dem Cheflektor von Addison-Wesley Professional vortrug. Allen drei Verlagsmitarbeitern danke ich dafür, dass sie mich zu diesem Projekt ermutigten und mit übermenschlicher Geduld und unerschütterlichem Glauben darauf vertrauten, dass ich tatsächlich eines Tages dieses Buch schreiben würde.

Ich danke James Gosling und seinem Originalteam dafür, dass sie die fantastische Sache, über die ich schreibe, ersannen und ich danke vielen der Java-Plattform-Ingenieure, die in Goslings Fußstapfen traten. Vor allem danke ich meinen Kollegen in der Java Platform Tools and Libraries Group von Sun für ihre Kommentare, Ermutigung und Unterstützung. Zu dem Team gehören Andrew Bennett, Joe Darcy, Neal Gafter, Iris Garcia, Konstantin Kladko, Ian Little, Mike McCloskey und Mark Reinhold. Früher waren auch Zhenghua Li, Bill Maddox und Naveen Sanjeeva noch dabei.

Ich danke auch meinem Manager Andrew Bennett und meinem Direktor Larry Abrahams, die dieses Projekt uneingeschränkt und mit Begeisterung unterstützten. Rich Green, dem stellvertretenden Engineering-Leiter bei Java Software, danke ich dafür, dass er eine Umgebung schuf, in der Ingenieure die Freiheit haben, kreativ zu denken und ihre Arbeit zu veröffentlichen.

Ich hatte das Glück, die besten Gutachter zu haben, die man sich nur vorstellen kann, und bin jedem von ihnen aufrichtig zu Dank verpflichtet: Andrew Bennett, Cindy Bloch, Dan Bloch, Beth Bottos, Joe Bowbeer, Gilad Bracha, Mary Campione, Joe Darcy, David Eckhardt, Joe Fialli, Lisa Friendly, James Gosling, Peter Haggar, Brian Kernighan, Konstantin Kladko, Doug Lea, Zhenghua Li, Tim Lindholm, Mike McCloskey, Tim Peierls, Mark Reinhold, Ken Russell, Bill Shannon, Peter Stout, Phil Wadler und noch zwei weitere, die ungenannt bleiben möchten. Alle haben eine große Anzahl Vorschläge beigesteuert, die dieses Buch wesentlich verbesserten und mir viele Peinlichkeiten ersparten. Falls noch irgendwelche Fehler übrig sind, so bin nur ich alleine dafür verantwortlich.

Viele Kollegen bei Sun und anderen Unternehmen führten mit mir technische Diskussionen, die die Qualität dieses Buchs verbesserten. Unter anderen steuerten Ben Gomes, Steffen Grarup, Peter Kessler, Richard Roda, John Rose und David Stoutamire nützliche Erkenntnisse bei. Ein besonderer Dank gebührt Doug Lea, der viele Gedanken aus diesem Buch prüfte und großzügig seine Zeit und sein Wissen dafür zur Verfügung stellte.

Ich danke Julie Dinicola, Jacqui Doucette, Mike Hendrickson, Heather Olszyk, Tracy Russ und dem ganzen Addison-Wesley-Team für die Unterstützung und Professionalität. Trotz des unglaublichen Termindrucks blieben sie immer freundlich und zuvorkommend.

Guy Steele danke ich für das Vorwort. Ich fühle mich geehrt, dass er sich bereit erklärt hat, an diesem Projekt mitzuwirken.

Abschließend danke ich meiner Frau Cindy Bloch dafür, dass sie mich ermutigte und bisweilen massiv unter Druck setzte, dieses Buch zu schreiben, jedes Thema in seiner Rohfassung durchlas, mir bei FrameMaker half, den Index erstellte und mein Projekt immer tolerierte.

1 Einführung

Dieses Buch soll Ihnen helfen, die Programmiersprache Java™ und ihre wichtigsten Bibliotheken `java.lang`, `java.util` und in geringerem Maße auch `java.io` möglichst wirkungsvoll einzusetzen. Von Zeit zu Zeit wird hier auch von anderen Bibliotheken die Rede sein, aber die Programmierung grafischer Benutzeroberflächen oder die Enterprise-APIs sind nicht Gegenstand dieses Buchs.

Das Buch besteht aus 57 Themen, die jeweils eine Regel vermitteln. In den Regeln sind Verfahren fixiert, die die meisten erfahrenen Programmierer für die besten halten. Die Themen sind lose in neun Kapitel gruppiert, von denen jedes einen umfangreicheren Aspekt des Software-Entwurfs behandelt. Das Buch ist nicht dafür gedacht, dass man es von vorne bis hinten durchliest: Jedes Thema wird mehr oder weniger selbstständig abgehandelt. Viele Querverweise zwischen den Themen ermöglichen es Ihnen, sich in dem Buch leicht zurechtzufinden.

Die meisten Themen werden durch Beispielprogramme veranschaulicht. Ein wichtiger Bestandteil dieses Buchs sind die Code-Beispiele, die viele Entwurfsmuster und Idiome erklären. Manche sind älteren Datums, wie z.B. Singleton (Thema 2), und andere neuer, wie z.B. Finalizer Guardian (Thema 6) und Defensives `readResolve` (Thema 57). Über einen separaten Index können Sie diese Muster und Idiome leicht nachschlagen. Wo es angebracht war, habe ich Querverweise auf das Standardwerk *Design Patterns* [Gamma 1995] eingefügt, das bei Addison Wesley unter dem Titel *Entwurfsmuster* auch als Übersetzung erschienen ist.

Viele Themen enthalten ein oder mehrere Programmbeispiele, die zeigen, was man möglichst nicht tun sollte. Solche abschreckenden Beispiele sind mit einem Kommentar wie z.B. »`//Tun Sie das nicht!`« deutlich gekennzeichnet. In jedem Fall wird im Thema erklärt, warum dies ein schlechtes Beispiel ist, und ein alternativer Ansatz vorgestellt.

Dies ist kein Anfängerbuch: Es setzt voraus, dass Sie sich bereits gut mit Java auskennen. Wenn das nicht der Fall ist, sollten Sie eine der vielen guten Einführungen in Betracht ziehen, z.B. die von Arnold [2000] oder die von Campione [2000]. Zwar kann jeder, der Java kennt, dieses Buch lesen, aber es soll auch fortgeschrittenen Programmierern noch gute Denkansätze bieten.

Die meisten Regeln in diesem Buch sind von einigen wenigen Grundprinzipien abgeleitet. Klarheit und Einfachheit sind von überragender Bedeutung. Der Benutzer eines Moduls sollte niemals von dessen Verhalten überrascht sein. Module sollten möglichst klein sein, aber auch nicht zu klein. (In diesem Buch meint der Begriff »*Modul*« jede wieder verwendbare Softwarekomponente, angefangen bei einer einzelnen Methode bis hin zu einem komplexen, aus mehreren Paketen bestehenden System.) Code sollte besser wieder verwendet als kopiert werden. Die Abhängigkeiten zwischen Modulen sollten auf ein Minimum reduziert sein. Fehler sollten möglichst frühzeitig entdeckt werden, im Idealfall zur Kompilierungszeit.

Die Regeln in diesem Buch treffen zwar nicht in hundert Prozent der Fälle zu, aber in der überwiegenden Mehrzahl erweisen sie sich als die beste Lösung. Sie sollten die Regeln nicht sklavisch befolgen, sondern gelegentlich davon abweichen, wenn es gute Gründe dafür gibt. Wie fast alles, erlernen Sie auch die Kunst der guten Programmierung am besten, wenn Sie sich zuerst die Regeln einprägen und danach lernen, wann man davon abweichen sollte.

In diesem Buch geht es zumeist nicht um Performance, sondern darum, klare, richtige, benutzbare, stabile, flexible und wartungsfreundliche Programme zu schreiben. Wenn Sie dies können, dann dürfte es Ihnen leicht fallen, die benötigte Leistung zu erzielen (Thema 37). In manchen Themen geht es auch um Performance und einige Themen geben sogar Performance-Messungen an. Diese Zahlen, vor denen immer die Phrase »auf meinem Rechner« steht, sollten Sie bestenfalls als Näherungswerte ansehen.

Mein Rechner ist ein in die Jahre gekommener, selbst zusammengebauter 400-MHz-Pentium® II mit 128 MB RAM, auf dem der 1.3-Release des Java 2 Standard Edition Software Development Kit (SDK) von Sun unter Microsoft Windows NT® 4.0 läuft. Zu dem SDK gehört die Java HotSpot™ Client VM von Sun, eine Client-Implementierung der Java Virtual Machine, die dem neuesten Stand der Technik entspricht.

Manchmal muss man konkrete Releases nennen, wenn man über die Merkmale von Java und seinen Bibliotheken redet. Weil es kürzer ist, verwendet dieses Buch »Engineering-Versionsnummern« an Stelle der offiziellen Namen der Releases. Tabelle 1.1 zeigt die Namen

Offizieller Release-Name	Engineering-Versionsnummer
JDK 1.1.x / JRE 1.1.x	1.1
Java 2-Plattform, Standard Edition, v 1.2	1.2
Java 2-Plattform, Standard Edition, v 1.3	1.3
Java 2-Plattform, Standard Edition, v 1.4	1.4

Tabelle 1.1: Versionen der Java-Plattform

Obwohl in manchen Themen auch neue Features des 1.4-Release vorkommen, werden diese – von wenigen Ausnahmen abgesehen – in den Programmbeispielen nicht genutzt. Die Beispiele wurden mit den 1.3-Releases getestet. Die meisten, wenn nicht sogar alle, dürften mit dem Release 1.2 unverändert laufen.

Die Beispiele sind in vernünftigem Maße vollständig, wobei allerdings die Lesbarkeit an erster Stelle steht. Sie verwenden freizügig Klassen der Pakete java.util und java.io. Um die Beispiele kompilieren zu können, müssen Sie gegebenenfalls eine oder beide der folgenden Importanweisungen angeben:

```
import java.util.*;
import java.io.*;
```

Auch andere Quelltextteile wurden ausgelassen. Unter *http://java.sun.com/docs/books/ effective* finden Sie die Website zu diesem Buch; sie enthält zu jedem Beispiel eine erweiterte Version, die Sie kompilieren und ausführen können.

Technische Begriffe werden zumeist so verwendet, wie Sie in der *Java-Sprachspezifikation* (2. Auflage) definiert sind. Einige wenige Begriffe verdienen es, gesondert erwähnt zu werden. Java unterstützt vier Arten von Typen: *Interfaces*, *Klassen*, *Arrays* und *Grundtypen*. Die ersten drei sind *Referenztypen*. Klasseninstanzen und Arrays sind *Objekte*, Grundtypen sind es nicht. Zu den *Attributen* einer Klasse gehören *Felder*, *Methoden*, *Attributklassen* und *Attribut-Interfaces*. Eine Methoden*signatur* besteht aus dem Namen der Methode und den Typen ihrer formalen Parameter, aber der Rückgabetyp der Methode gehört nicht zur Signatur.

In diesem Buch werden einige Termini abweichend von der *Java-Sprachspezifikation* verwendet. Im Gegensatz zur Sprachspezifikation verwenden wir hier *Vererbung* als Synonym für *Unterklassenbildung*. Wir wenden den Begriff der Vererbung nicht auf Interfaces an, sondern sagen, dass eine Klasse ein Interface *implementiert*, oder dass ein Interface ein anderes *erweitert*. Für die Zugriffsebene, die gilt, wenn nichts anderes angegeben ist, verwendet dieses Buch den aussagekräftigen Begriff »*paketprivat*« anstatt des technisch korrekten Wortes »*Standardzugriff* [JLS, 6.6.1]«.

Dieses Buch verwendet einige technische Begriffe, die in der *Java Language Specification* nicht definiert werden. Der Begriff »*exportiertes API*« oder schlicht »*API*« meint Klassen, Interfaces, Konstruktoren, Attribute und serialisierte Formen, mit denen ein Programmierer auf eine Klasse, ein Interface oder ein Paket zugreift. (Der Begriff *API* – kurz für *Application Programming Interface* – wird dem ansonsten gern genutzten Wort *Interface* vorgezogen, um eine Verwechslung mit dem gleichnamigen Sprachkonstrukt zu vermeiden.) Ein Programmierer, der ein Programm unter Verwendung eines API schreibt, wird als *Benutzer* des betreffenden API bezeichnet. Eine Klasse, deren Implementierung ein API verwendet, nennen wir einen *Client* des betreffenden API.

Klassen, Interfaces, Konstruktoren, Attribute und serialisierte Zugriffsformen werden kollektiv als *API-Elemente* bezeichnet. Ein exportiertes API besteht aus den API-Elementen, auf die von außerhalb des Pakets, in dem das API definiert ist, zugegriffen werden kann. Dies sind die API-Elemente, die jeder Client nutzen kann, und deren Unterstützung der Autor des API zusichert. Es ist kein Zufall, dass dies auch die Elemente sind, für die das Javadoc-Programm im Standardmodus seine Dokumentationen generiert. Grob gesagt besteht das exportierte API eines Pakets aus den öffentlichen und geschützten Attributen und Konstruktoren jeder öffentlichen Klasse und jedes öffentlichen Interfaces dieses Pakets.

2 Objekte erzeugen und zerstören

Dieses Kapitel handelt davon, wie Objekte erzeugt und zerstört werden: Wann und wie Sie Objekte anlegen, wann und wie Sie das Anlegen von Objekten eher vermeiden, wie Sie eine rechtzeitige Zerstörung der Objekte gewährleisten und wie Sie die Bereinigung managen, die der Objektzerstörung vorausgehen muss.

2.1 Thema 1: Verwenden Sie statische Factory-Methoden statt Konstruktoren

Der normale Weg, auf dem eine Klasse einem Client eine Instanz gibt, besteht darin, einen öffentlichen Konstruktor zur Verfügung zu stellen. Es gibt jedoch noch eine andere, weniger bekannte Technik, die dennoch zum Arsenal jedes Programmierers gehören sollte: Eine Klasse kann auch eine *statische Factory-Methode* zur Verfügung stellen. Diese ist einfach eine statische Methode, die eine Instanz der Klasse zurückgibt. Im Folgenden sehen Sie ein einfaches Beispiel aus der Klasse Boolean (der Hüllenklasse für den Grundtyp boolean). Diese statische Factory-Methode, die im 1.4-Release neu hinzukam, übersetzt einen Wert mit dem Grundtyp boolean in eine Boolean-Objektreferenz:

```
public static Boolean valueOf(boolean b) {
    return (b ? Boolean.TRUE : Boolean.FALSE);
}
```

Eine Klasse kann ihren Clients statische Factory-Methoden zusätzlich zu oder an Stelle von Konstruktoren zur Verfügung stellen. Dies hat Vor- und Nachteile.

Ein Vorteil der statischen Factory-Methoden besteht darin, dass sie im Gegensatz zu Konstruktoren Namen haben. Wenn die Parameter eines Konstruktors das Rückgabeobjekt nicht beschreiben, dann kann eine Klasse durch eine statische Factory-Methode mit einem gut gewählten Namen leichter benutzbar und der resultierende Client-Code leichter lesbar werden. So könnte man z.B. den Konstruktor BigInteger(int, int, Random), der einen BigInteger zurückliefert, der wahrscheinlich eine Primzahl ist, besser als statische Factory-Methode mit dem Namen BigInteger.probablePrime ausdrücken. (Diese statische Factory-Methode wurde schließlich auch im 1.4-Release hinzugefügt.)

Eine Klasse kann nur einen einzigen Konstruktor mit einer gegebenen Signatur haben. Programmierer lavieren um diese Einschränkung herum, indem sie zwei Konstruktoren angeben, deren Parameterlisten sich nur im Hinblick auf die Reihenfolge der Parametertypen unterscheiden. Das ist jedoch kein gutes Verfahren. Der Benutzer eines solchen APIs wird sich nie merken können, welcher Konstruktor welcher ist, und irgendwann versehentlich den verkehrten aufrufen. Der Leser eines Programms, das diese Konstruktoren verwendet, weiß nicht, was der Code eigentlich tut, es sei denn, er schlägt in der Klassendokumentation nach.

Da statische Factory-Methoden Namen haben, unterliegen sie nicht wie Konstruktoren der Einschränkung, dass eine Klasse nur eine solche Methode mit einer gegebenen Signatur haben kann. Wenn bei Ihnen der Fall eintritt, dass eine Klasse offenbar mehrere Konstruktoren mit derselben Signatur benötigt, dann sollten Sie in Erwägung ziehen, einen oder mehrere Konstruktoren durch statische Factory-Methoden zu ersetzen, deren Unterschiede durch gut gewählte Namen hervorgehoben werden.

Ein zweiter Vorteil statischer Factory-Methoden besteht darin, dass sie im Gegensatz zu Konstruktoren nicht bei jedem Aufruf ein neues Objekt erzeugen müssen. Dies ermöglicht es unveränderlichen Klassen (Thema 13), vorgefertigte Instanzen zu verwenden oder Instanzen bei ihrer Erzeugung zu cachen und dann wiederholt auszugeben. So werden überflüssige Objektduplikate vermieden. Die Methode `Boolean.valueOf(boolean)` veranschaulicht diese Technik: Sie erzeugt nie ein Objekt. Dieses Verfahren kann die Performance massiv steigern, wenn häufig äquivalente Objekte angefordert werden, vor allem, wenn diese Objekte auch noch aufwändig zu erzeugen sind.

Die Fähigkeit statischer Factory-Methoden, bei wiederholten Aufrufen immer dasselbe Objekt zurückzugeben, können Sie auch nutzen, um streng zu kontrollieren, welche Instanzen zu einem gegebenen Zeitpunkt existieren. Dies kann aus zwei Gründen nötig sein: Erstens gewährleistet es, dass Sie ein Singleton-Objekt haben (Thema 2), und zweitens kann eine unveränderliche Klasse auf diese Art sicherstellen, dass keine zwei gleichen Instanzen vorhanden sind. `a.equals(b)` genau dann wenn `a==b`. Wenn eine Klasse dies garantieren kann, dann können ihre Clients den Operator == an Stelle der Methode `equals(Object)` nutzen und damit massive Performance-Vorteile erzielen. Das in Thema 21 beschriebene Muster einer *typsicheren Enum* implementiert diese Optimierung und die Methode `String.intern` tut dies in einer eingeschränkten Weise ebenfalls.

Der dritte Vorteil der statischen Factory-Methoden besteht darin, dass sie im Gegensatz zu Konstruktoren ein Objekt von jedem Untertyp ihres Rückgabetyps liefern können. So können Sie die Klasse des Rückgabeobjekts sehr flexibel wählen.

Eine Anwendung dieser Flexibilität sehen Sie, wenn ein API Objekte zurückgeben kann, ohne deren Klassen öffentlich zu machen. Wenn die Implementierungsklassen in dieser Weise verborgen bleiben, kann dies ein API sehr kompakt machen. Diese Technik wird z.B. bei Interface-basierten Architekturen eingesetzt, in denen Interfaces natürliche Rückgabetypen für statische Factory-Methoden zur Verfügung stellen.

So verfügt z.B. das Collections Framework über zwanzig Bequemlichkeitsimplementierungen seiner Sammlungs-Interfaces, darunter unveränderliche Sammlungen, synchronisierte Sammlungen und andere mehr. Die Mehrzahl dieser Implementierungen werden über statische Factory-Methoden in eine einzelne, nicht-instanziierbare Klasse (`java.util.Collections`) exportiert. Die Klassen der Rückgabeobjekte sind nichtöffentlich.

Das Collections Framework API ist viel kleiner, als es sein würde, wenn es zwanzig separate öffentliche Klassen für die Bequemlichkeitsimplementierungen exportieren würde. Es wurde nicht nur die schiere Substanz des APIs reduziert, sondern auch sein »konzeptionelles Gewicht«. Da der Benutzer weiß, dass das Rückgabeobjekt exakt das vom entsprechenden Interface spezifizierte API hat, braucht er keine zusätzlichen Klassendokumentationen zu lesen. Außerdem erfordert die Verwendung einer solchen statischen Factory-Methode, dass der Client das Rückgabeobjekt nicht über dessen Implementierungsklasse, sondern über dessen Interface referenziert, was allgemein als guter Stil betrachtet wird (Thema 34).

Die Klasse eines von einer öffentlichen statischen Factory-Methode zurückgegebenen Objekts kann nicht nur nichtöffentlich sein; sie kann sich auch je nach den Werten der Parameter, die der statischen Factory übergeben werden, von Aufruf zu Aufruf ändern. Jede Klasse, die ein Untertyp des deklarierten Rückgabetyps ist, ist zulässig. Die Klasse des Rückgabeobjekts kann sich außerdem von Release zu Release ändern, um die Software wartungsfreundlicher zu machen.

Die Klasse des Objekts, das eine statische Factory-Methode zurückliefert, braucht zu dem Zeitpunkt, an dem die Klasse mit der statischen Factory-Methode geschrieben wird, noch nicht einmal zu existieren. Solche flexiblen statischen Factory-Methoden bilden die Grundlage von *Dienstanbieterarchitekturen* wie der Java Cryptography Extension (JCE). Eine Dienstanbieterarchitektur ist ein System, in dem die Anbieter den Nutzern der Architektur mehrere Implementierungen eines API zur Verfügung stellen. Es liefert einen Mechanismus zum *Registrieren* dieser Implementierungen, der diese zur Nutzung bereitstellt. Die Clients der betreffenden Architektur nutzen das API ohne sich um die Implementierung kümmern zu müssen.

In der JCE registriert der Systemadministrator eine Implementierungsklasse, indem er einer `Properties`-Datei einen Eintrag hinzufügt, der einen String-Schlüssel dem entsprechenden Klassennamen zuordnet. Clients verwenden eine statische Factory-Methode, die den Schlüssel als Parameter entgegennimmt. Die statische Factory-Methode schlägt das `Class`-Objekt in einer Map nach, die mit der `Properties`-Datei initialisiert wurde, und instanziiert die Klasse mit der Methode `Class.newInstance`. Die folgende Implementierungsskizze soll diese Technik verdeutlichen:

```
// Skizze einer Dienstanbieterarchitektur
public abstract class Foo {
    // Ordnet String-Schlüssel dem Class-Objekt zu
    private static Map implementations = null;

    // Initialisiert beim ersten Aufruf die Implementierungs-Map
    private static synchronized void initMapIfNecessary() {
        if (implementations == null) {
            implementations = new HashMap();

            // Lade Implementierungsklassennamen und -schlüssel aus
            // Eigenschaftsdatei; übersetze Namen mit Class.forName
            // in Class-Objekte und speichere Zuordnungen.
            ...
        }
    }

    public static Foo getInstance(String key) {
        initMapIfNecessary();
        Class c = (Class) implementations.get(key);
        if (c == null)

         return new DefaultFoo();

        try {
            return (Foo) c.newInstance();
        } catch (Exception e) {
            return new DefaultFoo();
        }
    }
}
```

Der wichtigste Nachteil statischer Factory-Methoden ist der, dass Sie von Klassen ohne öffentliche oder geschützte Konstruktoren keine Unterklassen bilden können. Das gilt auch für nichtöffentliche Klassen, die von öffentlichen statischen Factorys zurückgegeben wurden. So ist es z.B. nicht möglich, irgendeine der Klassen der Bequemlichkeitsimplementierungen aus dem Collections Framework zu erweitern. Möglicherweise ist dies jedoch eigentlich ein Segen, da es Programmierer ermutigt, Komposition statt Vererbung zu nutzen (Thema 14).

Ein zweiter Nachteil der statischen Factory-Methoden besteht darin, dass sie sich nicht so leicht von anderen statischen Methoden unterscheiden lassen. Sie sind in der API-Dokumentation nicht in gleicher Weise wie die Konstruktoren hervorgehoben. Außerdem stellen sie eine Abweichung von der Norm dar. Daher können Sie möglicherweise nur schwerlich aus der Klassendokumentation ersehen, wie Sie eine Klasse instanziieren, die statt Konstruktoren statische Factory-Methoden zur Verfügung stellt. Diesen Nachteil können Sie abmildern, indem Sie sich an die Standard-Namenskonventionen halten. Diese Konventionen sind zwar noch nicht abschließend definiert, aber es kristallisieren sich zwei gebräuchliche Namen für statische Factory-Methoden heraus:

- `valueOf` gibt eine Instanz zurück, die grob gesagt denselben Wert wie ihre Parameter hat. Statische Factory-Methoden dieses Namens sind eigentlich Operatoren zur Typumwandlung.
- `getInstance` gibt eine Instanz zurück, die zwar durch ihre Parameter beschrieben ist, aber nicht wirklich denselben Wert wie diese hat. Gibt im Falle von Singleton-Objekten die einzige Instanz zurück. Dieser Name kommt oft in Dienstanbieterarchitekturen vor.

Zusammengefasst kann man sagen, dass statische Factory-Methoden und öffentliche Konstruktoren beide ihren Zweck haben, und dass es sich lohnt, ihre jeweiligen Stärken zu kennen. Bitte stellen Sie nicht gleich reflexartig Konstruktoren bereit, ohne zuvor auch über statische Factorys nachgedacht zu haben, die oft besser geeignet sind. Wenn Sie beide Möglichkeiten gegeneinander abgewogen haben und immer noch unentschlossen sind, dann sollten Sie schon allein deshalb eher einen Konstruktor definieren, weil es so die Norm ist.

2.2 Thema 2: Erzwingen Sie mit einem privaten Konstruktor die Singleton-Eigenschaft

Ein Singleton ist eine Klasse, die genau ein Mal instanziiert wird [Gamma 1998, S. 127]. In der Regel repräsentieren Singletons eine Systemkomponente, die inhärent einzigartig ist, z.B. einen Videobildschirm oder ein Dateisystem.

Singletons können Sie auf zwei Arten implementieren. Beide Möglichkeiten stützen sich darauf, den Konstruktor privat zu halten und ein öffentliches statisches Attribut bereitzustellen, mit dem Clients auf die einzige Instanz der Klasse zugreifen können. In dem einen Ansatz ist dieses öffentliche statische Attribut ein finales Feld:

```
// Singleton mit finalem Feld
public class Elvis {
    public static final Elvis INSTANCE = new Elvis();

    private Elvis() {
        ...
    }

    ... // Rest wird ausgelassen
}
```

Der private Konstruktor wird nur ein Mal aufgerufen, nämlich, um das öffentliche, statische, finale Feld `Elvis.INSTANCE` zu initialisieren. Das Fehlen eines öffentlichen oder geschützten Konstruktors garantiert für ein »monoelvistisches« Universum: Sobald die Klasse `Elvis` initialisiert wurde, gibt es genau eine `Elvis`-Instanz – nicht mehr und nicht weniger. Ein Client kann dies nicht ändern.

Der zweite Ansatz besteht darin, statt des öffentlichen, statischen, finalen Felds eine öffentliche statische Factory-Methode zu liefern:

```
// Singleton mit statischer Factory
public class Elvis {
    private static final Elvis INSTANCE = new Elvis();

    private Elvis() {
        ...
    }

    public static Elvis getInstance() {
        return INSTANCE;
    }

    ... // Rest wird ausgelassen
}
```

Jeder Aufruf der statischen Methode `Elvis.getInstance` gibt dieselbe Objektreferenz zurück, und kein anderer `Elvis` wird je erzeugt.

Der Hauptvorteil des ersten Ansatzes besteht darin, dass die Deklarationen der Attribute, die die Klasse ausmachen, bereits klarstellen, dass diese Klasse ein Singleton ist: Da das öffentliche statische Feld final ist, wird es immer dieselbe Objektreferenz speichern. Eventuell ergibt sich dadurch auch ein kleiner Performance-Vorteil für den ersten Ansatz, aber eine gute JVM-Implementierung dürfte diesen wieder wettmachen, indem sie den Aufruf der statischen Factory-Methode im zweiten Ansatz direkt an die benötigte Stelle setzt (inlining).

Der zweite Ansatz hat den Hauptvorteil, dass er Ihnen die Flexibilität gibt, ohne Änderung des APIs zu entscheiden, ob die Klasse ein Singleton sein soll oder nicht. Die statische Factory-Methode für einen Singleton gibt die eine vorhandene Instanz der Klasse zurück, könnte aber mit Leichtigkeit so modifiziert werden, dass sie z.B. für jeden Thread, der die Methode aufruft, eine eindeutige Instanz zurückliefert.

Alles in allem ist also der erste Ansatz sinnvoll, wenn Sie ganz sicher sind, dass die Klasse für immer ein Singleton bleibt. Wenn Sie sich später eventuell umentscheiden möchten, sollten Sie den zweiten Ansatz wählen.

Um eine Singleton-Klasse serialisierbar zu machen (Kapitel 10), genügt es nicht, ihrer Deklaration lediglich `implements Serializable` hinzuzufügen. Um die Singleton-Garantie zu erhalten, müssen Sie auch eine `readResolve`-Methode zur Verfügung stellen

(Thema 57). Andernfalls führt jede Deserialisierung einer serialisierten Instanz dazu, dass eine neue Instanz gebildet wird, die im Falle unseres Beispiels wiederum das Auftreten mehrerer Elvisse zur Folge hat. Um dies zu verhindern, schreiben Sie in die `Elvis`-Klasse folgende `readResolve`-Methode:

```
// Diese readResolve-Methode erhält die Singleton-Eigenschaft
private Object readResolve() throws ObjectStreamException {
    /*
     * Gib den einzig wahren Elvis zurück und überlasse die
     * Elvis-Imitatoren der Garbage Collection.
     */
    return INSTANCE;
}
```

Dieses Thema und das Thema 21 haben eine Gemeinsamkeit: Sie behandeln das *typsichere Enum-Muster*. In beiden Fällen werden in Verbindung mit den öffentlichen, statischen Attributen private Konstruktoren eingesetzt, um zu gewährleisten, dass nach ihrer Initialisierung keine neuen Instanzen der jeweiligen Klasse mehr erzeugt werden. Bei diesem Thema wird nur eine einzige Instanz der Klasse erzeugt und beim Thema 21 wird für jedes Attribut des Aufzählungstyps (enumerated type) genau eine Instanz erzeugt. Im nächsten Thema (Thema 3) führen wir diesen Ansatz noch einen Schritt weiter: Das Fehlen eines öffentlichen Konstruktors wird genutzt, um sicherzustellen, dass niemals irgendwelche Instanzen der Klasse erzeugt werden.

2.3 Thema 3: Mit einem privaten Konstruktor Nichtinstanziierbarkeit erzwingen

Gelegentlich möchten Sie eine Klasse schreiben, die nur eine Zusammenstellung von statischen Methoden und statischen Feldern ist. Solche Klassen haben einen schlechten Ruf, denn manche Programmierer missbrauchen sie dazu, prozedurale Programme in objektorientierten Programmiersprachen zu schreiben. Es gibt jedoch auch zulässige Nutzungsmöglichkeiten für sie. Man kann sie verwenden, um verwandte Methoden für Werte oder Arrays von Grundtypen zusammenzufassen, wie dies in `java.lang.Math` oder `java.util.Arrays` der Fall ist, oder um statische Methoden für Objekte zusammenzufassen, die ein bestimmtes Interface in der Art von `java.util.Collections` implementieren. Außerdem kann man damit Methoden für eine finale Klasse zusammenfassen, um die Klasse nicht erweitern zu müssen.

Solche Dienstklassen wurden nicht dafür geschaffen, instanziiert zu werden: Eine Instanz davon wäre unsinnig. Mangels expliziter Konstruktoren stellt jedoch der Compiler einen öffentlichen, parameterlosen *Standardkonstruktor* zur Verfügung. Für den Benutzer ist dieser Konstruktor nicht von einem anderen zu unterscheiden. Es kommt gar nicht so selten vor, dass in veröffentlichten APIs Klassen ungewollt instanziierbar sind.

Sie können die Nichtinstanziierbarkeit einer Klasse nicht erzwingen, indem Sie sie abstrakt machen. Die Klasse kann immer noch erweitert und die Unterklasse instanziiert werden. Außerdem verleitet das den Benutzer zu der irrigen Annahme, die Klasse sei zur Vererbung da (Thema 15). Es gibt jedoch ein Idiom, mit dem Sie die Nichtinstanziierbarkeit gewährleisten können. Da ein Standardkonstruktor nur dann generiert wird, wenn eine Klasse keine expliziten Konstruktoren besitzt, **können Sie eine Klasse nichtinstanziierbar machen, indem Sie einen einzigen, expliziten privaten Konstruktor hineinschreiben**.

```
// Nichtinstanziierbare Dienstklasse

   public class UtilityClass {

      // Unterdrücke Standardkonstruktor, damit keine Instanziierung möglich
      private UtilityClass() {
         // Dieser Konstruktor wird nie aufgerufen
      }
      ...  // Rest wird ausgelassen
   }
```

Da der explizite Konstruktor privat ist, kann man von außerhalb der Klasse nicht darauf zugreifen. So ist garantiert, dass die Klasse nie instanziiert wird, da man davon ausgehen kann, dass der Konstruktor nicht von innerhalb der Klasse aus aufgerufen wird. Dieses Idiom ist gelinde gesagt nicht sehr intuitiv: Ein Konstruktor wird extra dafür zur Verfügung gestellt, um nicht aufgerufen zu werden. Daher sollten Sie einen Kommentar einfügen, der den Zweck des Konstruktors beschreibt.

Ein Nebeneffekt dieses Idioms ist, dass es auch eine Unterklassenbildung der betreffenden Klasse verhindert. Alle Konstruktoren müssen explizit oder implizit einen zugreifbaren Konstruktor der Oberklasse aufrufen und eine eventuelle Unterklasse hätte keinen Oberklassenkonstruktor, den sie aufrufen könnte.

2.4 Thema 4: Vermeiden Sie die Erzeugung von Objektduplikaten

Oft ist es angebracht, ein einzelnes Objekt wieder zu verwenden, anstatt jedes Mal, wenn es nötig ist, ein ganz neues funktionell äquivalentes Objekt anzulegen. Wiederverwendung geht schneller und ist besserer Stil. Ein Objekt ist immer wieder verwendbar, wenn es *unveränderlich* ist (Thema 13).

Die folgende Anweisung gibt ein Extrembeispiel, wie Sie es gerade nicht machen sollten:

```
String s = new String("blöd");  // Tun Sie das nicht!
```

Thema 4: Vermeiden Sie die Erzeugung von Objektduplikaten

Die Anweisung erzeugt bei jeder Ausführung eine neue String-Instanz und keine dieser Objekterzeugungen ist wirklich notwendig. Das Argument des String-Konstruktors ("blöd") ist selbst eine Instanz von String, die funktionell identisch zu allen von diesem Konstruktor angelegten Objekten ist. Wenn Sie dies in einer Schleife oder einer häufig aufgerufenen Methode tun, können Millionen überflüssiger String-Instanzen erzeugt werden.

Eine verbesserte Version ist die folgende:

```
String s = "Nicht mehr blöd";
```

Diese Version benutzt nur eine Instanz von String, anstatt bei jeder Ausführung eine neue zu erschaffen. Außerdem ist gewährleistet, dass das Objekt von jedem anderen Code wieder verwendet wird, der in derselben virtuellen Maschine läuft und zufällig denselben Zeichenkettenliteral verwendet (JLS, 3.10.5).

Oft können Sie Objektduplikate vermeiden, indem Sie auf unveränderlichen Klassen, die beide Möglichkeiten bieten, statische Factory-Methoden (Thema 1) statt Konstruktoren verwenden. So ist z.B. die statische Factory-Methode Boolean.valueOf(String) dem Konstruktor Boolean(String) fast immer vorzuziehen. Der Konstruktor erzeugt bei jedem Aufruf ein neues Objekt, während die statische Factory-Methode dies zu keinem Zeitpunkt tun muss.

Sie können nicht nur unveränderliche Objekte wieder verwenden, sondern auch veränderliche Objekte, von denen Sie wissen, dass sie nie modifiziert werden. Hier sehen Sie ein etwas subtileres und wesentlich häufigeres Beispiel für etwas, das Sie nie tun sollten. Es geht um veränderliche Objekte, die nicht mehr modifiziert werden, nachdem ihre Werte einmal berechnet worden sind:

```
public class Person {
    private final Date birthDate;
    // Weitere Felder werden ausgelassen

    public Person(Date birthDate) {
        this.birthDate = birthDate;
    }
    // Tun Sie das nicht!
    public boolean isBabyBoomer() {
        Calendar gmtCal =
            Calendar.getInstance(TimeZone.getTimeZone("GMT"));
        gmtCal.set(1946, Calendar.JANUARY, 1, 0, 0, 0);
        Date boomStart = gmtCal.getTime();
        gmtCal.set(1965, Calendar.JANUARY, 1, 0, 0, 0);
        Date boomEnd = gmtCal.getTime();
        return .birthDate.compareTo(boomStart) >= 0 &&
                birthDate.compareTo(boomEnd)   <  0;
    }
}
```

Die Methode `isBabyBoomer` erzeugt bei jedem Aufruf unnötigerweise einen neuen `Calendar`, eine neue `TimeZone` und zwei neue `Date`-Instanzen. Die folgende Version behebt diese Ineffizienz durch einen statischen Initialisierer:

```
class Person {
    private final Date birthDate;

    public Person(Date birthDate) {
        this.birthDate = birthDate;
    }


    /**
     * Anfangs- und Enddatum des Babybooms.
     */
    private static final Date BOOM_START;
    private static final Date BOOM_END;

    static {
        Calendar gmtCal =
            Calendar.getInstance(TimeZone.getTimeZone("GMT"));
        gmtCal.set(1946, Calendar.JANUARY, 1, 0, 0, 0);
        BOOM_START = gmtCal.getTime();
        gmtCal.set(1965, Calendar.JANUARY, 1, 0, 0, 0);
        BOOM_END = gmtCal.getTime();
    }

    public boolean isBabyBoomer() {
        return .birthDate.compareTo(BOOM_START) >= 0 &&
            birthDate.compareTo(BOOM_END)   < 0;
    }
}
```

Die verbesserte Version der Klasse `Person` erzeugt `Calendar`-, `TimeZone`- und `Date`-Instanzen nur ein einziges Mal bei ihrer Initialisierung, und nicht jedes Mal, wenn `isBabyBoomer` aufgerufen wird. Das führt zu bedeutenden Performance-Gewinnen, wenn die Methode häufig aufgerufen wird. Auf meinem Rechner braucht die Ursprungsversion für eine Million Aufrufe 36.000 Millisekunden, die verbesserte Version hingegen nur 370 Millisekunden: Sie ist hundertmal schneller. Und nicht nur die Performance, auch die Klarheit wächst. Wenn Sie `boomStart` und `boomEnd` aus lokalen Variablen in finale statische Felder verwandeln, verdeutlichen Sie damit, dass diese Daten als Konstanten behandelt werden und machen den Code letztlich leichter verständlich. Der Vollständigkeit halber sei allerdings gesagt, dass diese Art von Optimierung nicht in jedem Falle derart drastische Einsparungen zur Folge hat, da `Calendar`-Instanzen ganz besonders aufwändig zu erzeugen sind.

Wenn die Methode `isBabyBoomer` nie aufgerufen wird, dann initialisiert die verbesserte Version der `Person`-Klasse die Felder `BOOM_START` und `BOOM_END` ganz unnötigerweise. Sie können diese überflüssigen Initialisierungen zwar verhindern, indem Sie diese Felder beim ersten Aufruf der Methode `isBabyBoomer` *faul initialisieren* (Thema 48), aber ratsam ist das nicht. Wie es bei der faulen Initialisierung oft der Fall ist, würde dies die Implementierung verkomplizieren und wahrscheinlich keine spürbare Performance-Steigerung zur Folge haben (Thema 37).

In allen bisherigen Beispielen zu diesem Thema war offensichtlich, dass die betreffenden Objekte wieder verwendbar waren, weil sie unveränderlich waren. Es gibt andere Fälle, wo dies nicht so offensichtlich ist. Betrachten Sie z.B. *Adapter* [Gamma 1998, S. 139], auch *Views* genannt. Ein Adapter ist ein Objekt, das etwas an ein dahinter stehendes Objekt delegiert und somit für dieses dahinter stehende Objekt ein alternatives Interface darstellt. Da ein Adapter keinen anderen Zustand als den des dahinter stehenden Objekts hat, erübrigt es sich, mehr als eine Instanz eines gegebenen Adapters eines gegebenen Objekts zu erzeugen.

So gibt z.B. die `keySet`-Methode des `Map`-Interfaces eine `Set`-View des `Map`-Objekts zurück, die aus allen in der `Map` befindlichen Schlüsseln besteht. Wenn man naiv ist, könnte man meinen, dass jeder Aufruf von `keySet` eine neue Instanz von `Set` erzeugen müsste. Doch in Wirklichkeit gibt jeder Aufruf von `keySet` auf einem gegebenen `Map`-Objekt dieselbe Instanz von `Set` zurück. Zwar ist die zurückgelieferte `Set`-Instanz eigentlich veränderlich, aber alle Rückgabeobjekte sind funktionell identisch: Wenn sich ein Rückgabeobjekt ändert, tun dies auch alle anderen, weil hinter allen dieselbe Instanz von `Map` steht.

Sie sollten dieses Thema nicht dahingehend missverstehen, dass Sie nun denken, Objekterzeugung sein grundsätzlich aufwändig und daher zu vermeiden. Im Gegenteil: Die Erzeugung und Anforderung kleiner Objekte, deren Konstruktoren wenig expliziter Arbeit verrichten, ist billig. Das gilt besonders für moderne JVM-Implementierungen. Generell ist es eine gute Sache, wenn Sie zusätzliche Objekte erzeugen, um ein Programm klarer, einfacher oder mächtiger zu machen.

Umgekehrt ist es schlecht, wenn Sie das Erzeugen neuer Objekte vermeiden, indem Sie einen eigenen Objektpool pflegen, es sei denn, die Objekte im Pool sind extreme Schwergewichte. Ein prototypisches Beispiel eines Objekts, das einen Objektpool wirklich rechtfertigt, ist eine Datenbankverbindung. Der Aufwand, eine Verbindung aufzubauen, ist so groß, dass es sinnvoll ist, solche Objekte wiederzuverwenden. Im Allgemeinen führt die Pflege eigener Objektpools jedoch zu unübersichtlichem Code, erhöhtem Hauptspeicher-Footprint und Performance-Einbußen. Moderne JVM-Implementierungen haben optimierte Garbage Collectors, die solche Objektpools locker überflüssig machen, wenn es um leichtgewichtige Objekte geht.

Das Gegenargument zu diesem Thema ist Thema 24 über das defensive Kopieren. Das vorliegende Thema rät: »Erzeugen Sie kein neues Objekt, wenn Sie ein bestehendes wieder verwenden können,« während Thema 24 sagt: »Verwenden Sie ein bestehendes

Objekt nicht erneut, wenn Sie auch ein neues erzeugen können«. Die Kosten der Wiederverwendung eines Objekts sind jedoch, wenn defensives Kopieren erforderlich wird, viel größer als die Kosten einer unnötigen Erzeugung eines Objektduplikats. Wenn Sie nicht dort, wo es nötig ist, defensive Kopien anlegen, können Sie sich grässliche Fehler und Sicherheitslöcher einhandeln; eine überflüssige Objekterzeugung beeinträchtigt hingegen nur den Stil und die Performance.

2.5 Thema 5: Eliminieren Sie alte Objektreferenzen

Wenn Sie von einer Sprache mit manueller Speicherverwaltung wie C oder C++ zu einer Sprache mit Garbage Collection wechseln, wird Ihr Job als Programmierer viel leichter, weil Ihre Objekte automatisch bereinigt werden, wenn Sie sie nicht mehr benötigen. Beim ersten Mal ist es fast wie Zauberei. Leicht entsteht dabei der Eindruck, dass Sie sich nun um die Speicherverwaltung überhaupt nicht mehr zu kümmern brauchen, aber dies ist nicht ganz richtig.

Betrachten Sie bitte die folgende einfache Stack-Implementierung:

```java
// Finden Sie das ""Speicherleck"?
public class Stack {
    private Object[] elements;
    private int size = 0;

    public Stack(int initialCapacity) {
        this.elements = new Object[initialCapacity];
    }

    public void push(Object e) {
        ensureCapacity();
        elements[size++] = e;
    }

    public Object pop() {
        if (size == 0)
            throw new EmptyStackException();
        return elements[--size];
    }

    /**
     * Schaffe für mindestens ein weiteres Element Platz,
     * indem du die Kapazität jedes Mal, wenn das Array
     * wachsen muss, ungefähr verdoppelst.
     */
    private void ensureCapacity() {
        if (elements.length == size) {
            Object[] oldElements = elements;
            elements = new Object[2 * elements.length + 1];
```

```
            System.arraycopy(oldElements, 0, elements, 0, size);
        }
    }
}
```

Dieses Programm hat keine offensichtlichen Fehler. Sie können es eingehend testen und es würde jeden Test bestehen, aber da lauert noch ein Problem. Salopp gesagt hat das Programm ein »Speicherleck«, das sich stillschweigend in Form von Performance-Einbußen niederschlagen kann, verursacht durch eine erhöhte Aktivität des Garbage Collectors oder einen erhöhten Hauptspeicher-Footprint. In Extremfällen können solche Speicherlecks zu Festplatten-Paging oder sogar einem Programmabsturz wegen eines `OutOfMemoryError` führen, aber solche Abstürze sind extrem selten.

Wo also steckt dieses Speicherleck? Wenn ein Stack wächst und dann wieder schrumpft, werden die Objekte, die aus dem Stack geholt wurden, nicht mit der Garbage Collection bereinigt. Das gilt auch, wenn das Programm, das den Stack benutzt, keine Referenzen mehr auf diese Objekte enthält. Der Grund dafür ist, dass der Stack *alte Referenzen* auf diese Objekte behält. Eine alte Referenz ist eine Referenz, die niemals dereferenziert wird. In diesem Fall sind alle Referenzen außerhalb des »aktiven Teils« des Element-Arrays alt. Der aktive Teil besteht aus den Elementen, deren Index kleiner als `size` ist.

Speicherlecks in Sprachen mit Garbage Collection (man spricht auch treffender von *unbeabsichtigt zurückgehaltenen Objekten*) sind perfide. Wird eine Objektreferenz unbeabsichtigt zurückbehalten, so ist nicht nur das betreffende Objekt von der Garbage Collection ausgenommen, sondern auch alle Objekte, von denen es Referenzen hat usw. Selbst wenn nur ein paar Objektreferenzen unbeabsichtigt zurückbehalten werden, kann das eine große Menge Objekte von der Garbage Collection ausschließen und eventuell die Performance stark beeinträchtigen.

Probleme dieser Art lassen sich ganz leicht beheben: Wenn Referenzen obsolet werden, machen Sie Nullreferenzen daraus. Im Falle unserer `Stack`-Klasse wird die Referenz auf ein Objekt obsolet, sobald es dem Stack entnommen wird. Die korrigierte Version der `pop`-Methode sieht also folgendermaßen aus:

```
public Object pop() {
    if (size==0)
        throw new EmptyStackException();
    Object result = elements[--size];
    elements[size] = null; // Eliminiere alte Referenz
    return result;
}
```

Wenn Sie alte Referenzen auf null setzen, hat dies noch einen Vorteil: Werden sie später versehentlich dereferenziert, so bricht das Programm sofort mit einer `NullPointerException` ab, anstatt stillschweigend etwas Verkehrtes zu machen. Es ist immer gut, Programmierfehler so früh wie möglich zu entdecken.

Wenn Programmierer dieses Problem erstmals erkannt haben, überkompensieren sie gelegentlich, indem sie jede Objektreferenz auf null setzen, sobald das Programm sie nicht mehr benötigt. Das ist weder nötig noch wünschenswert, weil es das Programm unnötig voll stopft und eventuell sogar auf Kosten der Performance geht. Das »Ausnullen« von Objektreferenzen sollte nicht die Regel, sondern die Ausnahme sein. Die beste Möglichkeit, eine alte Referenz zu eliminieren, besteht darin, die Variable, in der sie gespeichert war, entweder wiederzuverwenden oder sie aus dem Gültigkeitsbereich herausfallen zu lassen. Das geschieht ganz natürlich, wenn Sie jede Variable im kleinstmöglichen Gültigkeitsbereich definieren (Thema 29). Bitte beachten Sie, dass es bei modernen JVM-Implementierungen nicht reicht, nur den Block zu verlassen, in der eine Variable definiert ist: Sie müssen auch die umgebende Methode verlassen, damit die Referenz verschwindet.

Wann also sollte man eine Referenz auf null setzen? Welcher Aspekt der Klasse Stack macht sie verdächtig, Speicherlecks zu verursachen? Einfach ausgedrückt *verwaltet* die Klasse Stack *ihren eigenen Speicher*. Der *Speicher-Pool* besteht aus den Elementen des items-Arrays (den Zellen mit den Objektreferenzen, nicht den Objekten selbst). Die Elemente im aktiven Teil des Arrays (wie er oben definiert wurde) sind *zugewiesen* und die im restlichen Teil sind *frei*. Der Garbage Collector kann dies nicht wissen: Für ihn sind alle Objektreferenzen des items-Arrays gleichermaßen gültig. Nur der Programmierer weiß, dass der inaktive Teil des Arrays unwichtig ist. Dies kann er dem Garbage Collector mitteilen, indem er die Array-Elemente manuell ausnullt, sobald sie in den inaktiven Teil des Arrays rutschen.

Allgemein ausgedrückt: Immer wenn eine Klasse ihren eigenen Speicher verwaltet, sollte der Programmierer auf Speicherlecks achten. Bei jeder Elementfreigabe sollten alle in diesem Element gespeicherten Referenzen ausgenullt werden.

Auch Caches sind eine häufige Ursache für Speicherlecks. Wenn Sie eine Objektreferenz cachen, dann kann sie leicht in Vergessenheit geraten und noch lange im Cache verbleiben, wenn sie längst irrelevant geworden ist. Für dieses Problem gibt es zwei mögliche Lösungen. Wenn Sie einen Cache implementieren, in dem ein Eintrag genau so lange relevant bleibt, wie es außerhalb des Caches Referenzen auf den Schlüssel dieses Eintrags gibt, dann sollten Sie diesen Cache als WeakHashMap anlegen. Die Einträge werden dann automatisch aus ihm entfernt, sobald sie obsolet werden. Der häufigere Fall ist jedoch, dass der Zeitraum nicht so genau definiert ist, für den ein Cache-Eintrag relevant bleibt: Die Einträge verlieren einfach mit wachsendem Alter an Wert. Dann sollte der Cache gelegentlich von nicht mehr benutzten Einträgen gereinigt werden. Diese Bereinigung können Sie von einem Hintergrund-Thread (z.B. über das API java.util.Timer) erledigen lassen oder als Nebeneffekt des Cachens neuer Einträge implementieren. Die im Release 1.4 hinzugekommene Klasse java.util.LinkedHashMap hat eine Methode namens removeEldestEntry, die den zweiten Ansatz erleichtert.

Da sich Speicherlecks nicht durch offensichtliche Fehlfunktionen äußern, können sie jahrelang in einem System verbleiben. Normalerweise entdecken Sie Speicherlecks nur durch sorgfältige Untersuchung des Codes oder mithilfe eines Debugging-Tools namens *Heap-Profiler*. Daher sollten Sie möglichst lernen, Probleme wie dieses schon ehe sie auftreten zu antizipieren und zu vermeiden.

2.6 Thema 6: Vermeiden Sie Finalizer

Finalizer sind unberechenbar, manchmal gefährlich und fast immer überflüssig. Sie können Fehlverhalten, Leistungsverschlechterungen und Portierprobleme verursachen. Zwar gibt es auch für Finalizer ein paar zulässige Einsatzmöglichkeiten, aber grundsätzlich sollten Sie Finalizer vermeiden.

C++-Programmierer sollen bitte Finalizer nicht als Entsprechung der C++-Destruktoren betrachten. In C++ sind Destruktoren das normale Verfahren, mit dem die Ressourcen eines Objekts wieder freigegeben werden; sie sind das notwendige Gegenstück zu den Konstruktoren. Doch Java hat den Garbage Collector, um den Speicher eines Objekts wieder zurückzuholen, wenn dieses nicht mehr referenziert wird; der Programmierer braucht dazu nichts zu tun. C++-Destruktoren holen auch andere als Speicherressourcen zurück. In Java gibt es zu diesem Zweck den `try-finally`-Block.

Es gibt keine Garantie dafür, dass die Finalizer auch prompt ausgeführt werden [JLS, 12.6]. Zwischen dem Zeitpunkt, zu dem ein Objekt unerreichbar wird, und dem Zeitpunkt, zu dem sein Finalizer ausgeführt wird, kann beliebig viel Zeit vergehen. Das bedeutet, dass Sie **niemals einen Finalizer für zeitkritische Dinge einsetzen** dürfen. Es wäre z.B. ein grober Fehler, mit einem Finalizer offene Dateien zu schließen, denn Deskriptoren für offene Dateien stehen nur begrenzt zur Verfügung. Wenn viele Dateien offen bleiben, weil die JVM Finalizer erst spät ausführt, dann stürzt ein Programm möglicherweise ab, weil es keine Dateien mehr öffnen kann.

Wie schnell Finalizer ausgeführt werden, hängt vor allem vom Garbage-Collection-Algorithmus ab. Dieser ist jedoch bei jeder JVM-Implementierung ganz unterschiedlich. Das Verhalten eines Programms, das sich auf eine rasche Ausführung der Finalizer stützt, kann entsprechend unterschiedlich sein. Es ist gut möglich, dass ein solches Programm auf der JVM, auf der Sie es testen, perfekt funktioniert, und dann auf der JVM, die Ihr wichtigster Kunde bevorzugt, schmählich scheitert.

Ein verspäteter Objektabschluss ist nicht nur ein theoretisches Problem. Wenn Sie einer Klasse einen Finalizer geben, kann sich unter ganz speziellen Bedingungen die Freigabe der Instanzen dieser Klasse auf unbestimmte Zeit verschieben. Ein Kollege von mir suchte einmal den Fehler in einer lang laufenden GUI-Applikation, die aus unerfindlichen Gründen immer mit einem `OutOfMemoryError` abstürzte. Bei der Analyse zeigte sich, dass die Applikation zum Zeitpunkt ihres Scheiterns Tausende von Grafikobjekten in ihrer Finalizer-Schlange stehen hatte, die nur darauf warteten, abgeschlossen und freigegeben zu werden. Doch leider war der Finalizer-Thread von allen Threads der Applikation der mit der niedrigsten Priorität und daher wurden die Objekte nicht in demselben Maße abgeschlossen, wie sie unerreichbar wurden. Da sich die JLS nicht darauf festlegt, welcher Thread die Finalizer letztlich ausführt, können sie diese Art von Problemen in portierbarer Form nur ausschalten, indem Sie auf Finalizer verzichten.

Die JLS bietet nicht nur keine Garantie für eine prompte Ausführung der Finalizer, sie bietet noch nicht einmal eine Garantie dafür, dass diese *überhaupt* ausgeführt werden. Es ist gut möglich und sogar wahrscheinlich, dass ein Programm endet, ohne auf einigen unerreichbar gewordenen Objekten einen Finalizer auch nur aufgerufen zu haben. Daher dürfen Sie **sich nie darauf verlassen, dass ein Finalizer einen wichtigen persistenten Zustand aktualisiert**. Wenn Sie sich z.B. darauf verlassen, dass ein Finalizer eine persistente Sperre auf einer gemeinsam genutzten Ressource wie beispielsweise einer Datenbank freigibt, laufen Sie Gefahr, dass Ihr gesamtes verteiltes System eine Vollbremsung macht.

Lassen Sie sich nicht von den Methoden `System.gc` und `System.runFinalization` in Versuchung führen. Diese vergrößern vielleicht die Chancen, dass Finalizer ausgeführt werden, aber garantieren tun sie dies nicht. Die einzigen Methoden, die dies angeblich garantieren sind `System.runFinalizersOnExit` und ihr Gegenstück `Runtime.runFinalizersOnExit`. Doch diese Methoden haben tödliche Fehler und wurden deswegen verworfen.

Wenn Sie nun immer noch nicht davon überzeugt sind, dass Finalizer gemieden werden sollten, gebe ich Ihnen noch etwas Anderes zu bedenken: Wenn beim Objektabschluss eine nicht abgefangene Ausnahme ausgelöst wird, so wird diese ignoriert und der Abschluss des betreffenden Objekts beendet [JLS, 12.6]. Nicht abgefangene Ausnahmen können Objekte in inkonsistentem Zustand zurücklassen. Wenn ein anderer Thread ein solches inkonsistentes Objekt zu nutzen versucht, kann es zu irgendeinem nicht-deterministischen Verhalten kommen. Normalerweise beendet eine nicht abgefangene Ausnahme den Thread und gibt einen Stack-Trace aus, aber nicht, wenn sie in einem Finalizer auftritt: In einem solchen Fall generiert sie noch nicht einmal eine Warnung.

Was sollten Sie also anderes tun, als einen Finalizer zu schreiben, wenn Sie eine Klasse haben, deren Objekte Ressourcen wie z.B. Dateien oder Threads kapseln, die abgeschlossen werden müssen? **Sie stellen einfach eine** *explizite Abschlussmethode* **zur Verfügung** und verlangen von Clients der Klasse, dass sie diese Methode auf jeder Instanz aufrufen, die nicht mehr benötigt wird. Hier muss erwähnt werden, dass die Instanz nachvollziehen muss, ob sie abgeschlossen wurde: Die explizite Abschlussmethode muss in einem privaten Feld aufzeichnen, dass das Objekt ungültig geworden ist, und andere Methoden müssen dieses Feld betrachten und eine `IllegalStateException` auslösen, wenn sie nach Abschluss des Objekts noch aufgerufen wurden.

Ein typisches Beispiel für eine explizite Abschlussmethode ist die `close`-Methode auf `InputStream` und `OutputStream`. Ein weiteres Beispiel ist die `cancel`-Methode auf `java.util.Timer`, die für die erforderliche Zustandsänderung sorgt, damit der Thread einer `Timer`-Instanz sich selbst reibungslos abschließt. Beispiele aus `java.awt` sind `Graphics.dispose` und `Window.dispose`. Diese Methoden werden oft übersehen, was sich absehbar stark auf die Leistung auswirkt. Eine verwandte Methode ist `Image.flush`: Sie gibt alle Ressourcen frei, die mit einer `Image`-Instanz verbunden sind, lässt diese Instanz jedoch in einem nach wie vor benutzbaren Zustand und reserviert die betreffenden Ressourcen wenn nötig erneut.

Oft verbinden Sie die expliziten Abschlussmethoden mit dem `try-finally`-Konstrukt, um einen raschen Objektabschluss zu gewährleisten. Der Aufruf der expliziten Abschlussmethode innerhalb der `finally`-Klausel sorgt dafür, dass die Methode auch dann ausgeführt wird, wenn während der Objektnutzung eine Ausnahme ausgelöst wird:

```
// try-finally-Block garantiert Ausführung der Abschlussmethode
Foo foo = new Foo(...);
try {
    // Machen Sie mit foo alles Nötige
    ...
} finally {
    foo.terminate();  // Explizite Abschlussmethode
}
```

Wozu sind denn nun die Finalizer gut? Es gibt zwei zulässige Anwendungen dafür. Zum einen sind Finalizer ein »Sicherheitsnetz« für den Fall, dass der Inhaber eines Objekts vergisst, die explizite Abschlussmethode aufzurufen, die Sie gemäß meinem Ratschlag im vorigen Absatz zur Verfügung gestellt haben. Zwar gibt es keine Garantie dafür, dass der Finalizer prompt aufgerufen wird, aber Sie geben die wichtige Ressource besser spät als nie frei. Das gilt für die (hoffentlich seltenen) Fälle, in denen der Client seinen Teil der Vereinbarung nicht einhält und die explizite Abschlussmethode nicht aufruft. Die drei Klassen, die als Beispiele für explizite Abschlussmethoden genannt wurden (`InputStream`, `OutputStream` und `Timer`), haben auch Finalizer als Sicherheitsnetz für den Fall, dass ihre Abschlussmethoden nicht aufgerufen werden.

Zweitens haben Finalizer ihre Berechtigung bei Objekten mit *Native Peers*. Ein Native Peer ist ein natives Objekt mit normalen Objekt-Delegierungen über native Methoden. Da ein Native Peer kein normales Objekt ist, hat der Garbage Collector keine Kenntnis von ihm und kann es auch nicht freigeben, wenn sein normaler Peer freigegeben wird. Ein Finalizer eignet sich dann gut für diese Aufgabe, *wenn der Native Peer keine wichtigen Ressourcen hält*. Hält er jedoch Ressourcen, die rasch abgeschlossen werden müssen, dann sollte die Klasse, wie oben bereits gesagt, eine explizite Abschlussmethode haben. Die Abschlussmethode sollte alles Erforderliche tun, damit die wichtige Ressource wieder frei wird. Die Abschlussmethode kann selbst eine native Methode sein oder sie kann eine native Methode aufrufen.

Es ist wichtig darauf hinzuweisen, dass »FinalizerVerkettung« nicht automatisch stattfindet. Wenn eine andere Klasse als `Object` einen Finalizer hat und eine Unterklasse diesen überschreibt, muss der Unterklassen-Finalizer den Oberklassen-Finalizer manuell aufrufen. Sie sollten die Unterklasse in einem `try`-Block abschließen und den Oberklassen-Finalizer in dem dazu gehörigen `finally`-Block aufrufen. So ist gewährleistet, dass der Oberklassen-Finalizer auch dann ausgeführt wird, wenn der Unterklassen-Abschluss eine Ausnahme auslöst und umgekehrt:

```
// Manuelle Finalizer-Verkettung
protected void finalize() throws Throwable {
    try {
        // Schließ den Unterklassen-Zustand ab
        ...
    } finally {
        super.finalize();
    }
}
```

Wenn etwas, das die Unterklasse implementiert, den Finalizer der Oberklasse überschreibt, dabei aber vergisst, den Oberklassen-Finalizer manuell aufzurufen (oder dies absichtlich nicht tut), dann wird dieser Oberklassen-Finalizer nie aufgerufen. Sie können sich gegen eine derart nachlässig oder bösartig geschriebene Unterklasse wehren, indem Sie für jedes abzuschließende Objekt ein zusätzliches Objekt erzeugen. Anstatt den Finalizer in die Klasse zu setzen, die abgeschlossen werden soll, setzen Sie ihn in eine anonyme Klasse (Thema 18), die einzig dazu da ist, die sie umgebende Instanz abzuschließen. Für jede Instanz der umgebenden Klasse wird eine einzige Instanz der anonymen Klasse – ein so genannter *Finalizer-Wächter* – erzeugt. Die umgebende Klasse speichert die einzige Referenz auf ihren Finalizer-Wächter in einem privaten Instanzfeld, damit der Finalizer-Wächter unmittelbar vor der umgebenden Instanz ein Kandidat für den Objektabschluss wird. Wenn der Wächter abgeschlossen wird, führt er die für die umgebende Instanz gewünschte Abschlussaktivität durch, gerade so, als sei sein Finalizer eine Methode dieser umgebenden Klasse:

```
// Idiom für einen Finalizer-Wächter
public class Foo {
    // Der einzige Zweck dieses Objekts ist der Abschluss des äußeren Foo-Objekts
    private final Object finalizerGuardian = new Object() {
        protected void finalize() throws Throwable {
            // Schließe das äußere Foo-Objekt ab
            ...
        }
    };
    ... // Rest wird ausgelassen
}
```

Beachten Sie, dass die öffentliche Klasse Foo keinen Finalizer (außer dem trivialen, von Object geerbten) hat. Daher spielt es keine Rolle, ob ein Unterklassen-Finalizer super.finalize aufruft oder nicht. Diese Technik sollten Sie für jede nicht-finale öffentliche Klasse in Betracht ziehen, die einen Finalizer hat.

Fazit: Verwenden Sie Finalizer nur als Sicherheitsnetz oder um unwichtige native Ressourcen abzuschließen. In den seltenen Fällen, in denen Sie einen Finalizer einsetzen, dürfen Sie nicht vergessen, super.finalize aufzurufen. Zum Schluss ein Tipp: Wenn Sie einen Finalizer mit einer öffentlichen, nicht-finalen Klasse benutzen müssen, sollten Sie auch einen Finalizer-Wächter erstellen, um die Ausführung des Finalizers auch dann zu gewährleisten, wenn ein Unterklassen-Finalizer super.finalize nicht aufruft.

3 Allen Objekten gemeinsame Methoden

Object ist zwar eine konkrete Klasse, in erster Linie darauf angelegt, erweitert zu werden. Alle ihre nicht-finalen Methoden (equals, hashCode, toString, clone und finalize) haben explizite *allgemeine Verträge*, da sie dafür entworfen sind, überschrieben zu werden. Jede Klasse, die diese Methoden überschreibt, muss den allgemeinen Vertrag dieser Methoden einhalten, da ansonsten andere Klassen, die von diesen Verträgen abhängig sind, nicht einwandfrei mit dieser Klasse zusammenarbeiten können.

In diesem Kapitel erfahren Sie, wann und wie Sie die nicht-finalen Object-Methoden überschreiben. Die Methode finalize besprechen wir nicht in diesem Kapitel, sondern im Thema 6. Comparable.compareTo ist zwar keine Methode der Klasse Object, wird wegen ihres ähnlichen Charakters aber ebenfalls in diesem Kapitel behandelt.

3.1 Thema 7: Halten Sie beim Überschreiben von equals den allgemeinen Vertrag ein

Das Überschreiben der Methode equals scheint zwar einfach zu sein, man kann dabei aber viele und zum Teil fatale Fehler machen. Am einfachsten vermeiden Sie Probleme, indem Sie die Methode equals überhaupt nicht überschreiben. Auf diese Art ist jede Instanz nur mit sich selbst gleich. Dies ist immer dann die richtige Entscheidung, wenn eine der folgenden Bedingungen zutrifft:

▷ **Jede Instanz der Klasse ist ihrer Natur nach eindeutig.** Dies trifft auf Klassen zu, die keine Werte, sondern aktive Entitäten repräsentieren. Ein Beispiel sind Threads. Die von Object bereitgestellte Implementierung von equals hat für derartige Klassen genau das richtige Verhalten.

▷ **Es spielt für Sie keine Rolle, ob die Klasse einen Test auf »logische Gleichheit« bereitstellt.** So kann es z.B. sein, dass java.util.Random die Methode equals überschrieben hat, um zu prüfen, ob zwei Random-Instanzen dieselbe Folge von Zufallszahlen hervorbringen, die Designer aber der Meinung waren, dass die Kunden diese Funktionalität weder benötigen noch wünschen. Unter diesen Umständen reicht die aus Object geerbte Implementierung von equals aus.

▸ **Eine Oberklasse hat** `equals` **bereits überschrieben und das aus der Oberklasse geerbte Verhalten passt auch für diese Klasse.** So erben z.B. die meisten Implementierungen von `Set` die `equals`-Implementierung aus `AbstractSet`, Implementierungen von `List` erben aus `AbstractList` und Implementierungen von `Map` erben aus `AbstractMap`.

▸ **Die Klasse ist privat oder paketprivat und Sie sind sicher, dass die Methode** `equals` **nie aufgerufen wird.** Unter diesen Umständen sollten Sie die Methode `equals` für den Fall, dass sie eines Tages doch aufgerufen wird, *unbedingt* überschreiben:

```
public boolean equals(Object o) {
    throw new UnsupportedOperationException();
}
```

Wann soll man `Object.equals` also überschreiben? Wenn eine Klasse die *logische Gleichheit* kennt, die sich von der reinen Gleichheit der Objekte unterscheidet, dann hat eine Oberklasse `equals` bereits überschrieben, um das gewünschte Verhalten zu implementieren. Dies ist normalerweise bei *Wertklassen* wie z.B. `Integer` oder `Date` der Fall. Ein Programmierer, der mit der Methode `equals` Referenzen auf Wertobjekte vergleicht, möchte nicht herausfinden, ob sie auf dasselbe Objekte referieren, sondern ob sie logisch äquivalent sind. Das Überschreiben der Methode `equals` ist nicht nur nötig, um die Erwartungen der Programmierer zu erfüllen, sondern ermöglicht es den Instanzen der Klasse auch, als Zuordnungsschlüssel oder Mengenelemente mit vorhersehbarem und wünschenswertem Verhalten zu dienen.

Der Wertklassentyp *typsichere Enum* (Thema 21) verlangt *nicht*, dass die Methode `equals` überschrieben wird. Da typsichere `Enum`-Klassen gewährleisten, dass es jeweils mindestens ein Objekt mit jedem Wert gibt, ist die Methode `equals` der Klasse `Object` gleichbedeutend mit einer logischen `equals`-Methode für derartige Klassen.

Wenn Sie die Methode `equals` überschreiben, brauchen Sie ihren allgemeinen Vertrag nicht zu ändern. Den folgenden Vertrag haben wir aus der Spezifikation zu `java.lang.Object` kopiert:

Die Methode `equals` implementiert eine *Äquivalenzbeziehung*:

- Sie ist *reflexiv*: Für jeden Referenzwert `x` muss `x.equals(x)` den Wert `true` zurückgeben.
- Sie ist *symmetrisch*: Für alle Referenzwerte `x` und `y` muss `x.equals(y)` genau dann den Wert `true` zurückgeben, wenn `y.equals(x)` den Wert `true` zurückgibt.
- Sie ist *transitiv*: Für alle Referenzwerte `x`, `y` und `z` muss `x.equals(z)` den Wert `true` zurückgeben, wenn `x.equals(y)` den Wert `true` zurückgibt und `y.equals(z)` den Wert `true` zurückgibt.

- Sie ist *konsistent*: Für alle Referenzwerte x und y geben Mehrfachaufrufe von x.equals(y) konsistent true oder konsistent false zurück, sofern keine Informationen, die in equals-Vergleichen auf dem Objekt verwendet werden, geändert wurden.

- Für jeden Referenzwert x, der nicht null ist, muss x.equals(null) den Wert false zurückgeben.

Wenn Sie kein Faible für Mathematik haben, erscheint Ihnen dieser Vertrag zwar möglicherweise etwas erschreckend, aber ignorieren Sie ihn auf keinen Fall! Wenn Sie ihn verletzen, kann es geschehen, dass sich Ihr Programm unberechenbar verhält oder abstürzt, und es kann sehr schwierig werden, die Fehlerquelle ausfindig zu machen. Um mit John Donne zu sprechen: Keine Klasse ist eine Insel. Instanzen einer Klasse werden häufig an eine andere Klasse übergeben. Viele Klassen, auch alle Sammlungsklassen, verlassen sich darauf, dass die ihnen übergebenen Objekte dem Vertrag der Methode equals entsprechen.

Nachdem Sie nun wissen, welche Konsequenzen Verletzungen des Vertrags von equals nach sich ziehen können, wollen wir uns den Vertrag genauer ansehen. Die gute Nachricht ist, dass der Vertrag zwar vielleicht kompliziert aussieht, aber nicht wirklich sonderlich kompliziert ist. Wenn Sie ihn einmal verstanden haben, können Sie ihn leicht einhalten. Sehen wir uns also die fünf Bedingungen der Reihe nach an:

Reflexivität: Die erste Bedingung besagt einfach, dass ein Objekt mit sich selbst gleich sein muss. Man kann sich kaum vorstellen, dass jemand diese Bedingungen unbeabsichtigt verletzt. Wenn Sie sie verletzen und dann eine Instanz Ihrer Klasse einer Sammlung hinzufügen, teilt die Methode contains der Sammlung höchstwahrscheinlich mit, dass die Sammlung die Instanz, die Sie gerade hinzugefügt haben, nicht enthält.

Symmetrie: Die zweite Bedingung besagt, dass zwei Objekte sich darüber einigen müssen, ob sie gleich sind. Im Gegensatz zur ersten Bedingungen sind unbeabsichtigte Verletzungen dieser Bedingung durchaus vorstellbar. Betrachten Sie z.B. die folgende Klasse:

```
/**
 * String, der die Groß-/Kleinschreibung nicht
 * berücksichtigt. Die Groß-/Kleinschreibung der ursprünglichen
 * String wird von toString beibehalten, in Vergleichen aber
 * ignoriert.
 */
public final class CaseInsensitiveString {
    private String s;

    public CaseInsensitiveString(String s) {
        if (s == null)
            throw new NullPointerException();
```

```
        this.s = s;
    }

    // Fehler - verletzt die Symmetrie!
    public boolean equals(Object o) {
        if (o instanceof CaseInsensitiveString)
            return s.equalsIgnoreCase(
                ((CaseInsensitiveString)o).s);
        if (o instanceof String)  // Ein-Weg-Interoperabilität!
            return s.equalsIgnoreCase((String)o);
        return false;
    }
    ... // Rest wird ausgelassen
}
```

Die wohlmeinende `equals`-Methode in dieser Klasse versucht naiv, mit gewöhnlichen Strings zu arbeiten. Nehmen wir z.B. an, wir hätten einen String, der die Groß- und Kleinschreibung berücksichtigt, und einen normalen String:

```
CaseInsensitiveString cis = new CaseInsensitiveString("Polish");
String s = "polish";
```

Erwartungsgemäß gibt `cis.equals(s)` den Wert `true` zurück. Das Problem besteht hier darin, dass zwar die Methode `equals` in `CaseInsensitiveString` normale Strings kennt, die Methode `equals` in `String` aber Strings, die die Groß- und Kleinschreibung ignorieren, einfach übersieht. `s.equals(cis)` gibt daher `false` zurück und verletzt damit eindeutig die Symmetrie. Nehmen wir nun an, Sie fügten der Sammlung einen String hinzu, die die Groß- und Kleinschreibung nicht berücksichtigt:

```
List list = new ArrayList();
list.add(cis);
```

Was gibt die Methode `list.contains(s)` hier zurück? Das weiß niemand. In Suns aktueller Implementierung gibt sie zufällig `false` zurück, aber das ist eben nur ein Kunstprodukt dieser Implementierung. In einer anderen Implementierung kann die Methode genauso gut `true` zurückgeben oder eine Laufzeitausnahme auslösen. Sobald Sie den Vertrag von `equals` verletzt haben, können Sie nicht mehr vorhersagen, wie andere Objekte sich bei einem Zusammentreffen mit Ihrem Objekt verhalten werden.

Um dieses Problem zu beheben, brauchen Sie nur den schlecht durchdachten Versuch rückgängig zu machen, aus der Methode `equals` heraus mit `String` zusammenarbeiten zu wollen. Sobald Sie dies gemacht haben, können Sie die Methode so abändern, dass sie nur noch ein `return` hat:

```
public boolean equals(Object o) {
    return o instanceof CaseInsensitiveString &&
        ((CaseInsensitiveString)o).s.equalsIgnoreCase(s);
}
```

Transitivität: Die dritte Bedingung des Vertrags von `equals` besagt Folgendes: Wenn das erste Objekt mit dem zweiten und das zweite mit dem dritten gleich ist, dann ist auch das erste Objekt mit dem dritten gleich. Auch hier kann man sich wieder leicht vorstellen, dass diese Bedingung unbeabsichtigt verletzt wird. Nehmen wir z.B. an, dass ein Programmierer eine Unterklasse erstellt, die ihrer Oberklasse einen neuen *Aspekt* hinzufügt. Anders ausgedrückt: Die Unterklasse fügt eine Information hinzu, die sich auf den `equals`-Vergleich auswirkt. Beginnen wir mit einer einfachen, unveränderlichen, zweidimensionalen Klasse namens `Point`:

```
public class Point {
    private final int x;
    private final int y;
    public Point(int x, int y) {
        this.x = x;
        this.y = y;
    }

    public boolean equals(Object o) {
        if (!(o instanceof Point))
            return false;
        Point p = (Point)o;
        return p.x == x && p.y == y;
    }

    ... // Rest wird ausgelassen
}
```

Angenommen, Sie wollten diese Klasse so erweitern, dass ein Punkt auch eine Farbe haben kann:

```
public class ColorPoint extends Point {
    private Color color;

    public ColorPoint(int x, int y, Color color) {
        super(x, y);
        this.color = color;
    }

    ... // Rest wird ausgelassen
}
```

Wie sollte die Methode `equals` aussehen? Wenn Sie sie ganz weglassen, ist die Implementierung aus `Point` geerbt und Informationen zur Farbe werden in `equals`-Vergleichen ignoriert. Dies verletzt zwar den Vertrag von `equals` nicht, ist aber dennoch eindeutig nicht akzeptabel. Nehmen wir an, Sie schrieben eine `equals`-Methode, die nur dann `true` zurückgibt, wenn ihr Argument ein anderer Farbpunkt mit derselben Farbe und Position ist:

```java
// Fehler - verletzt die Symmetrie!
public boolean equals(Object o) {
    if (!(o instanceof ColorPoint))
        return false;
    ColorPoint cp = (ColorPoint)o;
    return super.equals(o) && cp.color == color;
}
```

Bei dieser Methode besteht das Problem darin, dass Sie möglicherweise verschiedene Ergebnisse erhalten, wenn Sie einen Punkt mit einem Farbpunkt vergleichen und umgekehrt: Der erste Vergleich ignoriert die Farbe, der zweite gibt immer false zurück, da das Argument nicht den richtigen Typ hat. Um dies zu veranschaulichen, wollen wir einen Punkt und einen Farbpunkt erstellen:

```java
Point p = new Point(1, 2);
ColorPoint cp = new ColorPoint(1, 2, Color.RED);
```

Hier gibt p.equals(cp) den Wert true, cp.equals(p) hingegen false zurück. Sie können dieses Problem zu lösen versuchen, indem Sie dafür sorgen, dass ColorPoint.equals bei »gemischten Vergleichen« die Farbe ignoriert:

```java
// Fehler - verletzt die Transitivität.
public boolean equals(Object o) {
    if (!(o instanceof Point))
        return false;

    // Wenn o ein normaler Point ist, dann führe einen
    // farbenblinden Vergleich durch.
    if (!(o instanceof ColorPoint))
        return o.equals(this);

    // o ist ein ColorPoint; führe einen vollständigen Vergleich
    // durch
    ColorPoint cp = (ColorPoint)o;
    return super.equals(o) && cp.color == color;
}
```

Dieses Verfahren sorgt zwar für Symmetrie, allerdings auf Kosten der Transitivität:

```java
ColorPoint p1 = new ColorPoint(1, 2, Color.RED);
Point p2 = new Point(1, 2);
ColorPoint p3 = new ColorPoint(1, 2, Color.BLUE);
```

Hier geben p1.equals(p2) und p2.equals(p3) den Wert true zurück, während p1.equals(p3) den Wert false zurückgibt, wodurch die Transitivität eindeutig verletzt wird. Die ersten beiden Vergleiche sind »farbenblind«, während der dritte die Farbe berücksichtigt.

Wie sieht die Lösung also aus? Dies ist offenbar ein grundlegendes Problem von Äquivalenzbeziehungen in objektorientierten Sprachen. **Es gibt keine Möglichkeit, wie man eine instanziierbare Klasse erweitern und einen Aspekt hinzufügen und**

zugleich den Vertrag von `equals` **einhalten kann.** Allerdings gibt es eine gute Umgehungsmöglichkeit: Folgen Sie dem Rat im Thema 14, »Komposition ist besser als Vererbung«: Machen Sie die Klasse `ColorPoint` nicht zu einer Erweiterung von `Point`, sondern geben Sie ihr ein privates `Point`-Feld und eine öffentliche `view`-Methode (Thema 4), die den Punkt zurückgibt, der sich an derselben Position befindet wie dieser Farbpunkt:

```java
// Fügt einen Aspekt hinzu, ohne den Vertrag von equals zu
// verletzen.
public class ColorPoint {
   private Point point;
   private Color color;

   public ColorPoint(int x, int y, Color color) {
      point = new Point(x, y);
      this.color = color;
   }

   /**
    * Gibt die Punktansicht dieses Farbpunkts zurück.
    */
   public Point asPoint() {
      return point;
   }

   public boolean equals(Object o) {
      if (!(o instanceof ColorPoint))
         return false;
      ColorPoint cp = (ColorPoint)o;
      return cp.point.equals(point) && cp.color.equals(color);
   }

   ...   // Rest wird ausgelassen
}
```

In Javas Plattformbibliotheken gibt es einige Klassen, die eine instanziierbare Klasse erweitern und einen Aspekt hinzufügen. So erweitert `java.sql.Timestamp` z.B. `java.util.Date` und fügt das Feld `nanoseconds` hinzu. Die `equals`-Implementierung für `Timestamp` verletzt die Symmetrie und kann zu unvorhergesehenem Verhalten führen, falls `Timstamp`- und `Date`-Objekte in derselben Sammlung verwendet oder auf andere Art miteinander vermischt werden. Die Klasse `Timestamp` enthält eine Haftungsausschlussklausel, die die Programmierer davor warnt, `Date`- und `Timestamp`-Objekte zu vermischen. Solange Sie beide nicht vermischen, kommt es auch nicht zu Problemen, aber es wurden auch keine Vorkehrungen getroffen, um Sie vom Vermischen abzuhalten, und die daraus resultierenden Fehler können schwer zu beheben sein. Die Klasse `TimeStamp` ist eine Anomalie und sollte nicht emuliert werden.

Beachten Sie, dass Sie einer *abstrakten* Klasse durchaus einen Aspekt hinzufügen *können*, ohne den Vertrag von `equals` zu verletzen. Dies ist für diejenigen Klassenhierarchien wichtig, die Sie erhalten, wenn Sie dem Rat in Thema 20 befolgen: »Ersetzen Sie Unions durch Klassenhierarchien«. So können Sie z.B. die abstrakte Klasse `Shape` mit den beiden Unterklassen `Circle` und `Rectangle` haben, wobei `Shape` keine Aspekte hat, `Circle` das Feld `radius` hinzufügt und `Rectangle` die Felder `length` und `width` hinzufügt. Derartige Probleme treten nicht auf, wenn es unmöglich ist, eine Instanz der Oberklasse zu erzeugen.

Konsistenz: Die vierte Bedingung des Vertrags von `equals` besagt, dass zwei gleiche Objekte für immer gleich bleiben müssen, sofern nicht eines von ihnen (oder beide) geändert wird. Dies ist eigentlich weniger eine echte Bedingung als vielmehr eine Erinnerung daran, dass veränderliche Objekte im Gegensatz zu unveränderlichen zu verschiedenen Zeiten mit verschiedenen Objekten gleich sein können. Wenn Sie eine Klasse schreiben, müssen Sie genau überlegen, ob sie unveränderlich sein soll (Thema 13). Wenn Sie zu dem Schluss kommen, dass die Klasse nicht unveränderlich sein soll, dann müssen Sie sicherstellen, dass die Methode `equals` die Restriktion durchsetzt, dass gleiche Objekte für immer gleich und ungleiche Objekte für immer ungleich bleiben.

Nicht-Null: Die letzte Bedingung besagt, dass alle Objekte ungleich `null` sein müssen. Man kann sich zwar kaum vorstellen, dass man bei einem Aufruf von `o.equals(null)` aus Versehen `true` zurückgibt, aber es ist durchaus vorstellbar, dass man aus Versehen eine `NullPointerException` auslöst. Der allgemeine Vertrag lässt dies nicht zu. Viele Klassen haben `equals`-Methoden, die davor durch einen ausdrücklichen `null`-Test schützen:

```
public boolean equals(Object o) {
    if (o == null)
        return false;
    ...
}
```

Dieser Test ist nicht unbedingt erforderlich. Damit die Methode `equals` ihr Argument auf Gleichheit hin prüfen kann, muss sie das Argument zuerst in einen passenden Typ umwandeln, damit seine Zugreifer aufgerufen und auf seine Felder zugegriffen werden kann. Vor der Umwandlung muss die Methode mit dem Operator `instanceof` prüfen, ob ihr Argument den richtigen Typ hat:

```
public boolean equals(Object o) {
    if (!(o instanceof MyType))
        return false;
    ...
}
```

Wenn diese Typprüfung fehlt und der Methode `equals` ein Argument des falschen Typs übergeben wird, dann löst die Methode `equals` eine `ClassCastException` aus, die den Vertrag von `equals` verletzt. Aber der Operator `instanceof` ist so angegeben, dass er unabhängig vom Typ des zweiten Operanden `false` zurückgibt, falls sein erster Operand null ist [JSL, 15.19.2]. Daher gibt die Typprüfung `false` zurück, falls `null` übergeben wird. Sie brauchen also keine eigene `null`-Prüfung durchzuführen. Im Folgenden fassen wir die Anleitung für eine hochwertige `equals`-Methode noch einmal zusammen:

1. **Prüfen Sie mit dem Operator ==, ob das Argument eine Referenz auf dieses Objekt ist.** Wenn dies der Fall ist, geben Sie `true` zurück. Dies ist lediglich eine Leistungsoptimierung, allerdings eine, die sich bei potenziell aufwändigen Vergleichen lohnt.

2. **Prüfen Sie mit dem Operator `instanceof`, ob das Argument den richtigen Typ hat.** Ist dies nicht der Fall, dann geben Sie `false` zurück. Normalerweise ist der richtige Typ die Klasse, in der die Methode vorkommt. Gelegentlich ist er auch ein von dieser Klasse implementiertes Interface. Verwenden Sie dann ein Interface, wenn die Klasse ein Interface implementiert, das den Vertrag von `equals` so verfeinert, dass Vergleiche über mehrere Klassen zulässig sind, die dieses Interface implementieren. Die Sammlungs-Interfaces `Set`, `List`, `Map` und `Map.Entry` haben diese Eigenschaft.

3. **Wandeln Sie das Argument in den richtigen Typ um.** Da dieser Umwandlung ein `instanceof`-Test vorangeht, ist sie auf jeden Fall erfolgreich.

4. **Prüfen Sie für jedes »bedeutungstragende« Feld der Klasse, ob dieses Feld des Arguments mit dem entsprechenden Feld des Objekts übereinstimmt.** Wenn alle diese Prüfungen erfolgreich verlaufen, geben Sie `true` zurück, anderenfalls geben Sie `false` zurück. Wenn der Typ im Schritt 2 ein Interface ist, dann müssen Sie mit Interface-Methoden auf die bedeutungstragenden Felder des Arguments zugreifen. Wenn der Typ eine Klasse ist, können Sie je nach der Zugriffsmodifikation vielleicht direkt auf die Felder zugreifen. Bei einfachen Feldern, deren Typ weder `float` noch `double` ist, verwenden Sie für Vergleiche den Operator ==. Für Referenzfelder rufen Sie die Methode `equals` rekursiv auf, bei `float`-Feldern übersetzen Sie die `int`-Werte mit `Float.floatToIntBits` und vergleichen die `int`-Werte mit dem Operator ==. Bei `double`-Feldern übersetzen Sie die `long`-Werte mit `Double.doubleToLongbits` und vergleichen die `long`-Werte mit dem Operator ==. (Die besondere Behandlung von `float`- und `double`-Feldern ist wegen `Float.NaN`, `-0.0f` und der analogen `double`-Konstanten erforderlich. Weitere Informationen dazu finden Sie in der Dokumentation zu `Float.equals`.) Bei Array-Feldern wenden Sie diese Richtlinien auf jedes Element an. Bei einigen Felder von Objektreferenzen sind `null`-Werte zulässig. Um eine `NullPointerException` zu vermeiden, vergleichen Sie solche Felder mit dem folgenden Ausdruck:

    ```
    (field == null ? o.field == null : field.equals(o.field))
    ```

    Diese Alternative ist möglicherweise schneller, wenn `field` und `o.field` häufig identische Objektreferenzen sind.

    ```
    (field == o.field || (field != null && field.equals(o.field)))
    ```

Bei einigen Klassen wie z.B. der bereits gezeigten `CaseInsensitiveString` sind die Feldvergleiche komplexer als einfache Gleichheitsprüfungen. Ob dies zutrifft, sollte aus der Spezifikation zu der betreffenden Klasse hervorgehen. Wenn dies der Fall ist, sollten Sie eventuell in jedem Objekt eine *Hauptform* speichern, damit die Methode `equals` auf diesen Hauptformen statt aufwändigeren ungenauen Vergleichen genaue Vergleiche ohne großen Aufwand durchführen kann. Dieses Verfahren ist für *unveränderliche* Klassen (Thema 13) besser geeignet, da die Hauptform bei Änderungen des Objekts immer aktuell gehalten werden muss.

Die Reihenfolge, in der die Felder verglichen werden, kann sich auf die Leistung der Methode `equals` auswirken. Um die bestmögliche Leistung zu erzielen, sollten Sie zuerst diejenigen Felder vergleichen, bei denen Unterschiede wahrscheinlicher sind oder deren Vergleich aufwändiger ist oder bei denen im Idealfall beides zutrifft. Vergleichen Sie auf keinen Fall Felder, die nicht zum logischen Zustand eines Objekts gehören, also z.B. `Object`-Felder, die der Synchronisierung von Operationen dienen. *Redundante Felder*, die aus »bedeutungstragenden« Feldern berechnet werden können, brauchen Sie zwar nicht zu vergleichen, allerdings können Sie dadurch die Leistung der Methode `equals` verbessern. Wenn ein redundantes Feld eine zusammenfassende Beschreibung des gesamten Objekts ist, dann erspart Ihnen der Vergleich dieses Felds die Mühe, bei einem Scheitern des Vergleichs die tatsächlichen Daten vergleichen zu müssen.

5. **Wenn Sie die Methode** `equals` **geschrieben haben, stellen Sie sich drei Fragen: Ist sie symmetrisch? Ist sie transitiv? Ist sie konsistent?** (Die anderen beiden Möglichkeiten kümmern sich selbst um sich.) Trifft dies nicht zu, so müssen Sie herausfinden, warum diese Eigenschaften nicht zutreffen, und die Methode entsprechend ändern.

Unter dem Thema 8 finden Sie ein konkretes Beispiel für eine `equals`-Methode, die nach diesem Rezept konstruiert wurde. Abschließend noch ein paar Warnungen:

▷ **Überschreiben Sie** `hashCode` **immer, wenn Sie** `equals` **überschreiben.** (Thema 8)

▷ **Versuchen Sie nicht, schlau zu sein.** Wenn Sie Felder einfach auf Gleichheit prüfen, können Sie den Vertrag von `equals` problemlos einhalten. Wenn Sie zu aggressiv nach Äquivalenz suchen, geraten Sie schnell in Schwierigkeiten. Ganz allgemein sind alle Arten von Aliasnamen eine schlechte Idee. So sollte die Klasse `File` z.B. nicht versuchen, symbolische Links gleichzusetzen, die auf dieselbe Datei verweisen. Zum Glück macht sie dies auch nicht.

▷ **Schreiben Sie keine** `equals`**-Methode, die sich auf unzuverlässige Ressourcen stützt.** Wenn Sie dies machen, wird es Ihnen extrem schwer fallen, die Konsistenzbedingung zu erfüllen. Die `equals`-Methode von `java.net.URL` verlässt sich z.B. darauf, dass die IP-Adressen der Hosts in URLs verglichen werden. Die Übersetzung eines Host-Namens in eine IP-Adresse kann einen Netzwerkzugriff erforderlich machen und es gibt keine Garantie dafür, das sie über längere Zeit immer dasselbe Ergebnis liefert. Dadurch kann es geschehen, dass URLs equals-Methode den Vertrag von equals verletzt. In der Praxis hat dies bereits zu Problemen geführt. (Leider kann dieses Verhalten auf Grund von Kompatibilitätsanforderungen nicht geändert werden.) Abgesehen von einigen Ausnahmen sollten equals-Methoden immer deterministische Berechnungen auf speicherresidenten Objekten vornehmen.

▸ **Ersetzen Sie** Object **in der Deklaration von** equals **nicht durch einen anderen Typ.** Nicht selten schreiben Programmierer eine equals-Methode wie die folgende und benötigen dann Stunden, um herauszufinden, warum sie nicht funktioniert:

```
public boolean equals(MyClass o) {
    ...
}
```

Das Problem besteht hier darin, dass diese Methode die Methode Object.equals, deren Typ Object ist, nicht *überschreibt*, sondern *überlädt* (Thema 26). Es ist zwar in Ordnung, eine solche »stark typisierte« equals-Methode *zusätzlich* zu der normalen bereitzustellen, solange beide Methoden dasselbe Ergebnis zurückgeben, aber einen zwingenden Grund gibt es hierfür nicht. Unter bestimmten Umständen mag dies die Leistung zwar geringfügig verbessern, was jedoch nicht für die erhöhte Komplexität entschädigt (Thema 37).

3.2 Thema 8: Überschreiben Sie hashCode immer, wenn Sie equals überschreiben

Häufig entstehen Fehler dadurch, dass man die Methode hashCode zu überschreiben vergisst. **Sie müssen** hashCode **in jeder Klasse überschreiben, die** equals **überschreibt.** Wenn Sie dies nicht machen, verletzen Sie den allgemeinen Vertrag von Object.hashCode. Dann kann Ihre Klasse mit den Hash-basierten Sammlungen, wozu auch HashMap, HashSet und Hashtable gehören, nicht mehr richtig zusammenarbeiten.

Den folgenden Vertrag haben wir aus der Spezifikation für java.lang.Object kopiert:

▸ Wenn die Methode hashCode während der Ausführung einer Anwendung mehr als ein Mal auf demselben Objekt aufgerufen wird, muss sie konsistent dieselbe ganze Zahl zurückgeben, sofern keine in equals-Vergleichen auf dem Objekt verwendeten Informationen geändert wurden. Diese ganze Zahl braucht zwischen mehreren Ausführungen derselben Anwendung nicht konsistent zu bleiben.

▸ Wenn zwei Objekte laut der Methode equals(Object) gleich sind, dann muss ein Aufruf der Methode hashCode auf beiden Objekten dasselbe ganzzahlige Ergebnis erbringen.

▶ Es ist nicht erforderlich, dass ein Aufruf der Methode hashCode bei zwei Objekten, die laut der Methode equals(Object) ungleich sind, auf jedem der Objekte ein eindeutiges ganzzahliges Ergebnis liefert. Allerdings sollte dem Programmierer bewusst sein, dass eindeutige ganzzahlige Ergebnisse bei ungleichen Objekten die Leistung von Hash-Tabellen verbessern können.

Die wesentliche Bedingung, die verletzt wird, wenn Sie hashCode **nicht überschreiben, ist die zweite: Gleiche Objekte müssen gleiche Hash-Codes haben.** Möglicherweise sind zwei eindeutige Instanzen laut der equals-Methode der Klasse logisch gleich, aber für die Methode hashCode der Klasse Object sind sie dennoch nur zwei Objekte, die nichts miteinander gemeinsam haben. Daher gibt die Methode hashCode des Objekts nicht, wie der Vertrag es verlangt, zwei gleiche Zahlen, sondern zwei scheinbar zufällig Zahlen zurück.

Betrachten Sie z.B. die folgende vereinfachte Klasse PhoneNumber, deren equals-Methode wir nach der Anleitung im Thema 7 konstruiert haben:

```
public final class PhoneNumber {
    private final short areaCode;
    private final short exchange;
    private final short extension;

    public PhoneNumber(int areaCode, int exchange,
                       int extension) {
        rangeCheck(areaCode,    999, "area code");
        rangeCheck(exchange,    999, "exchange");
        rangeCheck(extension, 9999, "extension");
        this.areaCode  = (short) areaCode;
        this.exchange  = (short) exchange;
        this.extension = (short) extension;
    }

    private static void rangeCheck(int arg, int max,
                                   String name) {
        if (arg < 0 || arg > max)
            throw new IllegalArgumentException(name +": " + arg);
    }

    public boolean equals(Object o) {
        if (o == this)
            return true;
        if (!(o instanceof PhoneNumber))
            return false;
        PhoneNumber pn = (PhoneNumber)o;
        return pn.extension == extension &&
               pn.exchange  == exchange  &&
               pn.areaCode  == areaCode;
    }
```

```
    // Keine hashCode-Methode!

    ... // Rest wird ausgelassen
}
```

Nehmen wir nun an, Sie versuchten diese Klasse mit einer `HashMap` zu verwenden:

```
Map m = new HashMap();
m.put(new PhoneNumber(408, 867, 5309), "Jenny");
```

Hier erwarten Sie vielleicht, dass `m.get(new PhoneNumber(408, 867, 5309))`den Wert `"Jenny"` zurückgibt. Tatsächlich wird aber `null` zurückgegeben. Beachten Sie, dass wir zwei Instanzen von `PhoneNumber` verwenden: eine für Einträge in die `HashMap` und eine zweite, identische, für den (versuchten) Abruf. Dadurch, dass die Klasse `PhoneNumber` die Methode `hashCode` nicht überschreibt, haben die beiden gleichen Instanzen ungleiche Hash-Codes. Der Vertrag von `hashCode` wird also verletzt. So kommt es, dass die Methode `put` die Telefonnummer in dem einen Hash-Bucket speichert, die Methode `get` diese Nummer aber in einem anderen Hash-Bucket sucht. Um dieses Problem zu lösen, brauchen Sie für die Klasse `PhoneNumber` nur die richtige `hashCode`-Methode bereitzustellen.

Wie sollte die Methode `hashCode` also aussehen? Es ist einfach, eine Methode zu schreiben, die zwar zulässig, aber nicht gut ist. Die folgende ist z.B. zulässig, sollte aber keinesfalls verwendet werden:

```
// Die schlechteste zulässige Hash-Funktion überhaupt -
// verwenden Sie sie nie!
public int hashCode() { return 42; }
```

Diese Methode ist zulässig, da sie gewährleistet, dass gleiche Objekte auch den gleichen Hash-Code haben. Sie ist miserabel, da sie gewährleistet, dass *alle* Objekte denselben Hash-Code haben. Alle Objekte verwenden also denselben Hash-Bucket und aus Hash-Tabellen werden verkettete Listen. Programme, die linearen Zeitaufwand benötigen sollten, benötigen stattdessen einen quadratischen Zeitaufwand. Bei großen Hash-Tabellen ist dies gleichbedeutend mit dem Unterschied zwischen Funktionieren und Nichtfunktionieren.

Eine gute Hash-Funktion bringt für ungleiche Objekte normalerweise ungleiche Hash-Codes hervor. Dies ist genau das, was die dritte Bedingung des Vertrags von `hashCode` bedeutet. Im Idealfall sollte eine Hash-Funktion eine vernünftige Sammlung ungleicher Instanzen gleichmäßig über alle möglichen Hash-Werte verteilen. Es kann extrem schwierig sein, dieses Ideal zu erreichen. Glücklicherweise ist eine recht gute Annäherung nicht allzu schwer zu erzielen. Im Folgenden zeigen wir Ihnen eine einfache Anleitung:

1. Speichern Sie einige konstante Nicht-Null-Werte, z.B. 17, in die `int`-Variable `result`.

2. Gehen Sie bei jedem bedeutungstragenden Feld f in Ihrem Objekt (d.h. bei jedem Feld, das von der equals-Methode berücksichtigt wird) folgendermaßen vor:

    a. Berechnen Sie für das Feld den int-Hashcode c:

        i. Wenn das Feld ein boolean ist, berechnen Sie (f ? 0 : 1).

        ii. Wenn das Feld ein byte, char, short oder int ist, berechnen Sie (int)f.

        iii. Wenn das Feld ein long ist, berechnen Sie (int)(f ^ (f >>> 32)).

        iv. Wenn das Feld ein float ist, berechnen Sie Float.floatToIntBits(f).

        v. Wenn das Feld ein double ist, berechnen Sie Double.doubleToLongBits(f) und stellen Sie den dadurch erhaltenen long-Wert wie im Schritt 2.a.iii dar.

        vi. Wenn das Feld eine Objektreferenz ist und die Methode equals dieser Klasse das Feld durch einen rekursiven Aufruf von equals vergleicht, dann rufen Sie hashCode auf diesem Feld rekursiv auf. Wenn ein komplexerer Vergleich erforderlich ist, berechnen Sie eine »kanonische Darstellung« für dieses Feld und rufen hashCode auf der kanonischen Darstellung auf. Wenn der Wert des Feldes null ist, geben Sie 0 (oder eine andere Konstante, aber 0 ist der gängige Wert) zurück.

        vii. Wenn das Feld ein Array ist, behandeln Sie es so, als sei jedes Element ein separates Feld. Berechnen Sie also für jedes bedeutungstragende Element einen Hash-Code, indem Sie diese Regeln rekursiv anwenden, und kombinieren Sie diese Werte, wie es im Schritt 2.b beschrieben wird.

    b. Kombinieren Sie den in Schritt a berechneten Hash-Code c folgendermaßen in result:

        result = 37*result + c;

3. Geben Sie result zurück.

4. Wenn Sie die Methode hashCode geschrieben haben, fragen Sie sich selbst, ob gleiche Instanzen auch gleiche Hash-Codes haben. Ist dies nicht der Fall, so finden Sie den Grund heraus und beheben Sie das Problem.

Es ist möglich, *redundante Felder* aus der Berechnung des Hash-Codes auszuschließen. Anders ausgedrückt: Es ist möglich, alle Felder auszuschließen, deren Wert aus Feldern berechnet werden kann, die in die Berechnung aufgenommen wurden. Sie müssen *unbedingt* alle Felder ausschließen, die nicht in Gleichheitsvergleichen verwendet werden. Wenn Sie diese Felder nicht ausschließen, verletzen Sie möglicherweise die zweite Bedingung des Vertrages von hashCode.

Da im Schritt 1 ein Anfangswert verwendet wird, der nicht 0 ist, beeinflussen Anfangsfelder, deren im zweiten Schritt berechneter Hash-Wert 0 ist, den Hash-Wert. Würden Sie im ersten Schritt als Anfangswert 0 verwenden, dann hätten solche Anfangsfelder

Thema 8: Überschreiben Sie hashCode immer, wenn Sie equals überschreiben

keinerlei Auswirkung auf den Hash-Wert, wodurch die Anzahl der Kollisionen zunehmen könnte. Den Wert 17 haben wir willkürlich gewählt.

Auf Grund der Multiplikation im Schritt 2.b ist der Hash-Wert von der Reihenfolge der Felder abhängig. Dadurch erhalten Sie eine wesentlich bessere Hash-Funktion, falls die Klasse mehrere ähnliche Felder enthält. Wenn Sie die Multiplikation z.B. aus einer nach unserer Anleitung erstellten String-Hash-Funktion weglassen, haben alle Anagramme identische Hash-Codes. Den Multiplikator 37 haben wir gewählt, da dies eine ungerade Primzahl ist. Wäre der Multiplikator gerade und die Multiplikation flösse über, dann gingen Informationen verloren, weil die Multiplikation mit 2 mit der Verschiebung gleichbedeutend ist. Die Vorteile der Verwendung von Primzahlen sind weniger klar. Es ist einfach üblich, für diesen Zweck Primzahlen zu verwenden.

Wenden wir diese Anleitung nun also auf die Klasse PhoneNumber an. Es gibt drei bedeutungstragende Felder, die alle den Typ short haben. Eine unkomplizierte Anwendung der Anleitung ergibt die folgende Hash-Funktion:

```
public int hashCode() {
    int result = 17;
    result = 37*result + areaCode;
    result = 37*result + exchange;
    result = 37*result + extension;
    return result;
}
```

Da diese Methode das Ergebnis einer einfachen, deterministischen Berechnung zurückgibt, bei der nur die drei bedeutungstragenden Felder in einer Instanz von PhoneNumber eingegeben werden, sollte klar sein, dass gleiche Instanzen von PhoneNumber auch gleiche Hash-Codes haben. Diese Methode ist eine durchaus vernünftige Implementierung von hashCode für PhoneNumber und steht denen in Javas Plattformbibliotheken der Version 1.4 in nichts nach. Sie ist einfach, relativ schnell und verteilt die ungleichen Telefonnummern gut auf die einzelnen Hash-Buckets.

Falls eine Klasse unveränderlich und der Aufwand für die Berechnung des Hash-Codes erheblich ist, sollten Sie den Hash-Code eventuell im Objekt zwischenspeichern, statt ihn jedes Mal, wenn er angefordert wird, neu zu berechnen. Wenn Sie erwarten, dass die meisten Objekte dieses Typs als Hash-Keys verwendet werden, dann sollten Sie den Hash-Code dann berechnen, wenn die Instanz erzeugt wird. Ansonsten können Sie den Hash-Code auch *faul initialisieren*, wenn hashCode zum ersten Mal aufgerufen wird (Thema 48). Möglicherweise verdient unsere Klasse PhoneNumber diese Behandlung nicht, aber wir zeigen Ihnen dennoch, wie Sie dies machen:

```
// faul initialisierte, gecachte hashCode-Methode
private volatile int hashCode = 0;  // (Siehe Thema 48)

public int hashCode() {
```

```
    if (hashCode == 0) {
        int result = 17;
        result = 37*result + areaCode;
        result = 37*result + exchange;
        result = 37*result + extension;
        hashCode = result;
    }
    return hashCode;
}
```

Die Anleitung in diesem Thema ergibt zwar einigermaßen gute Hash-Funktionen, aber keine perfekten. Auch Javas Plattformbibliotheken der Version 1.4 enthalten keine derartigen Hash-Funktionen. Das Schreiben solcher Hash-Funktionen ist ein Thema für aktive Forschungsarbeit und wird am besten Mathematikern und Informatikern überlassen. Vielleicht wird eine zukünftige Version der Java-Plattform perfekte Hash-Funktionen für ihre Klassen und Dienstmethoden bereitstellen, damit auch ein Durchschnittsprogrammierer derartige Hash-Funktionen konstruieren kann. Bis dahin sollten die in diesem Thema beschriebenen Verfahren für die meisten Anwendungen ausreichen.

Lassen Sie sich nicht dazu hinreißen, bedeutungstragende Teile eines Objekts aus der Berechnung des Hash-Codes auszuschließen, um die Leistung zu verbessern. Dadurch erhalten Sie eine Hash-Funktion, die möglicherweise schneller läuft, deren Qualität aber so weit absinkt, dass Hash-Tabellen auf Grund ihrer Langsamkeit nicht mehr verwendbar sind. Insbesondere die Hash-Funktion kann in der Praxis mit einer großen Sammlung von Instanzen konfrontiert sein, die sich in den Bereichen, die Sie ignorieren, erheblich unterscheiden. Wenn dies geschieht, ordnet die Hash-Funktion alle Instanzen einigen wenigen Hash-Codes zu und der Zeitaufwand für auf Hashes basierende Sammlungen potenziert sich. Dieses Problem besteht nicht nur in der Theorie. Die bis zur Version 1.2 in allen Java-Plattformversionen implementierte Hash-Funktion String hat höchstens sechzehn Zeichen geprüft, die vom ersten Zeichen ab gleichmäßig über den String verteilt waren. Bei großen Sammlungen hierarchischer Namen (z.B. URLs) hat diese Hash-Funktion genau das gerade beschriebene fehlerhafte Verhalten an den Tag gelegt.

Viele Klassen in Javas Plattformbibliotheken wie z.B. String, Integer und Date geben den genauen Wert, den ihre hashCode-Methode zurückgibt, als Funktion des Instanzwertes an. In der Regel ist dies *keine* gute Idee, da es Ihre Möglichkeiten, die Hash-Funktion in späteren Versionen zu verbessern, erheblich einschränkt. Wenn Sie die Einzelheiten einer Hash-Funktion nicht angeben und dann einen Fehler finden, können Sie diesen Fehler in der nächsten Version der Hash-Funktion beheben, ohne fürchten zu müssen, dass sie vielleicht nicht mehr mit den Clients kompatibel ist, die von den genauen von der Hash-Funktion zurückgegebenen Werten abhängen.

3.3 Thema 9: Überschreiben Sie toString immer

`java.lang.Object` stellt zwar eine Implementierung der Methode `toString` bereit, gibt aber einen String zurück, der meist nicht den Erwartungen der Benutzer Ihrer Klasse entspricht. Er besteht aus einem Klassennamen gefolgt vom »at«-Zeichen (@) und der Hexadezimaldarstellung des Hash-Codes ohne Vorzeichen: »`PhoneNumber@163b91`«. Der allgemeine Vertrag von `toString` besagt, dass der zurückgegebene String »eine knappe, aber aussagekräftige und für Menschen leicht lesbare Darstellung« sein soll. Man könnte zwar argumentieren, dass der String »`PhoneNumber@163b91`« knapp und leicht lesbar ist, aber im Vergleich zu »`(408) 867-5309`« sagt er sicher nicht sehr viel aus. Der Vertrag von `toString` enthält außerdem den Satz »Es wird empfohlen, dass alle Unterklassen diese Methode überschreiben.« Ein wirklich guter Rat!

Eine gute `String`-Implementierung ist zwar weniger wichtig als die Einhaltung der Verträge von `equals` und `hashCode` (Themen 7 und 8), aber **indem Sie eine gute `String`-Implementierung bereitstellen, erleichtern Sie die Verwendung Ihrer Klasse erheblich**. Die Methode `toString` wird automatisch aufgerufen, wenn Ihr Objekt an `println`, an den String-Verkettungsoperator + oder (ab Version 1.4) an `assert` übergeben wird. Wenn Sie eine gute `toString`-Methode bereitstellen, können Sie mit der folgenden Codezeile ganz einfach eine sinnvolle Diagnosenachricht erstellen:

```
System.out.println("Failed to connect: " + phoneNumber);
```

Die Programmierer werden Diagnosemeldungen auf jeden Fall auf diese Art schreiben, ob Sie `toString` nun überschreiben oder nicht. Aber Sie werden die Meldungen nur lesen können, wenn Sie `toString` überschreiben. Die Vorteile einer guten `toString`-Methode sind nicht auf Instanzen der Klasse beschränkt, sondern erstrecken sich auch auf die Objekte, die Referenzen auf diese Instanzen enthalten, also insbesondere auf Sammlungen. Welche Formulierung würden Sie lieber sehen, wenn Sie eine Zuordnung ausgeben: »`{Jenny=PhoneNumber@163b91}`« oder »`{Jenny=(408) 867-5309}`«?

Wenn möglich, sollte die Methode `toString` *alle* im Objekt enthaltenen interessanten Informationen zurückgeben, wie wir es gerade im Beispiel mit den Telefonnummern gezeigt haben. Nicht möglich ist dies dann, wenn das Objekt zu groß ist oder einen Zustand enthält, der der String-Darstellung nicht förderlich ist. In diesem Fall sollte `toString` eine Zusammenfassung wie z.B. »Telefonbuch von Manhattan (1487536 Einträge)« oder »Thread[main, 5, main]« zurückgeben. Im Idealfall sollte der String keiner Erklärung bedürfen. (Das Thread-Beispiel besteht diesen Test nicht.)

Eine wichtige Entscheidung, die Sie bei der Implementierung der Methode `toString` treffen müssen, ist die, ob Sie das Format des Ergebniswerts in der Dokumentation angeben möchten. Wir empfehlen Ihnen, diese Angabe bei *Wertklassen* wie z.B. Telefonnummern oder Matrizen zu machen. Die Angabe des Formats hat den Vorteil, dass sie eine eindeutige und für Menschen lesbare Standarddarstellung des Objekts liefert.

Diese Darstellung kann für die Ein- und Ausgabe und in persistenten, für Menschen lesbaren Datenobjekten wie z.B. XML-Dokumenten verwendet werden. Wenn Sie das Format angeben, sollten Sie in der Regel auch einen passenden String-Konstruktor (oder eine statische Factory; vgl. Thema 1) angeben, damit die Programmierer leicht zwischen dem Objekt und seiner String-Darstellung hin- und herübersetzen können. Dieses Verfahren verwenden viele Wertklassen in Javas Plattformbibliotheken, u.a. BigInteger, BigDecimal und die meisten einfachen Hüllenklassen.

Andererseits hat die Angabe des Formats für den Ergebniswert von toString den Nachteil, dass Sie bei dem einmal angegebenen Format bleiben müssen, sofern Ihre Klasse stark genutzt wird. Die Programmierer schreiben Code, um die Darstellung zu parsen, zu generieren und in persistente Daten einzubetten. Wenn Sie die Darstellung in einer späteren Version ändern, zerstören Sie den Code und die Daten dieser Programmierer, wodurch Sie sich nicht gerade beliebt machen. Wenn Sie kein Format angeben, sichern Sie sich die erforderliche Flexibilität, um in einer späteren Version Informationen hinzuzufügen oder das Format zu verbessern.

Unabhängig davon, ob Sie das Format angeben, sollten Sie Ihre Absichten sorgfältig dokumentieren. Wenn Sie das Format angeben, sollten Sie dies sehr präzise machen. Der folgende Code zeigt die Methode toString für die Klasse PhoneNumber aus dem Thema 8.

```
/**
 * Gibt die String-Darstellung dieser Telefonnummer zurück.
 * Der String besteht aus vierzehn Zeichen mit dem Format
 * "(XXX) YYY-ZZZZ", wobei XXX die Ortsnetzkennzahl, YYY die
 * Vermittlungsstelle und ZZZZ die Erweiterung ist. (Jeder
 * Großbuchstabe steht für eine Dezimalziffer.)
 *
 * Wenn einer der drei Teile dieser Telefonnumer zu klein ist,
 * um sein Feld zu füllen, dann wird das Feld mit führenden Nullen
 * gefüllt. Wenn der Wert der Erweiterung z.B. 123 ist, dann lauten
 * die letzten vier Zeichen der String-Darstellung "0123".
 *
 * Beachten Sie, dass zwischen der schließenden Klammer der
 * Ortskennzahl und der ersten Ziffer der Vermittlung eine einzelne
 * Leerstelle eingefügt wird.
 */
public String toString() {
    return "(" + toPaddedString(areaCode, 3) + ") " +
            toPaddedString(exchange, 3) + "-" +
            toPaddedString(extension, 4);
}

/**
 * Übersetzt ein int in einen string der angegebenen Länge, mit
 * führenden Nullen als Auspolsterung. Nimmt an, dass i >= 0,
 * 1 <= length <= 10, and Integer.toString(i) <= length.
```

```
    */
    private static String toPaddedString(int i, int length) {
        String s = Integer.toString(i);
        return ZEROS[length - s.length()] + s;
    }

    private static String[] ZEROS =
        {"", "0", "00", "000", "0000", "00000",
         "000000", "0000000", "00000000", "000000000"};
```

Wenn Sie kein Format angeben möchten, sollte der Dokumentationskommentar ungefähr folgendermaßen aussehen:

```
/**
 * Gibt eine kurze Beschreibung des Verfahrens zurück. Die genauen
 * Einzelheiten der Darstellung sind nicht angegeben und können
 * geändert werden, aber die folgende Darstellung ist gängig:
 *
 * "[Potion #9: type=love, smell=turpentine, look=india ink]"
 */
public String toString() { ... }
```

Wenn ein Programmierer diesen Kommentar liest und trotzdem Code oder persistente Daten produziert, die von Einzelheiten des Formats abhängen, ist er für Schäden in Folge von Änderungen des Formats selbst verantwortlich.

Unabhängig davon, ob Sie das Format angeben, **ist es immer sinnvoll, den Programmzugriff auf alle Informationen zu ermöglichen, die im von** toString **zurückgegebenen Wert enthalten sind**. So sollte die Klasse PhoneNumber zB. den Zugriff auf die Ortsnetzkennzahl, die Vermittlungsstelle und die Erweiterung ermöglichen. Wenn Sie dies nicht machen, zwingen Sie die Programmierer, die diese Informationen benötigen, den String zu parsen. Dieser Prozess verringert nicht nur die Leistung und lädt den Programmierern unnötige Arbeit auf, sondern ist auch fehleranfällig und lässt Systeme bei Änderungen des Formats abstürzen. Wenn Sie keine Zugriffsmöglichkeit bieten, machen Sie aus dem String-Format ein De-Facto-API, auch wenn Sie angegeben haben, dass sich das Format ändern kann.

3.4 Thema 10: Vorsicht beim Überschreiben von clone

Das Interface Cloneable war als *Mixin-Interface* (Thema 16) gedacht, mit dem Objekte bekannt geben können, dass Sie das Klonen zulassen. Leider wird es dieser Intention nicht gerecht. Sein erster Mangel besteht darin, dass es keine clone-Methode hat und die clone-Methode der Klasse Object geschützt ist. Die einzige Möglichkeit, die Methode clone auf einem Objekt aufzurufen, das einfach nur Cloneable implementiert, ist die *Reflection* (Thema 35). Selbst ein reflexiver Aufruf ist nicht unbedingt erfolgreich, da es keine Garantie dafür gibt, dass das Objekt eine clone-Methode hat, auf die man zugreifen kann. Trotz dieses und anderer Mängel wird dieses Interface doch so häufig verwendet, dass es sich lohnt, es zu verstehen. In diesem Thema erfahren Sie, wie Sie eine `clone`-Methode mit gutem Verhalten implementieren, wann dies angemessen ist und welche Alternativen es gibt.

Was macht `Cloneable` also *wirklich*, wenn es keine Methoden enthält? Es bestimmt das Verhalten von `Objects` geschützter `clone`-Implementierung: Wenn eine Klasse `Coneable` implementiert, dann gibt die `clone`-Methode von `Object` eine Feld-für-Feld-Kopie des Objekts zurück. Ansonsten löst sie eine `CloneNotSupportedException` aus. Dies ist eine für Interfaces höchst untypische Verwendung, die nicht emuliert werden sollte. Wenn Sie ein Interface implementieren, sagen Sie dadurch normalerweise etwas darüber aus, was eine Klasse für ihre Clients tun kann. Bei `Cloneable` hingegen ändern Sie dadurch das Verhalten einer geschützten Methode in einer Oberklasse.

Damit die Implementierung des Interface `Cloneable` sich auf eine Klasse auswirkt, müssen die Klasse und alle ihre Oberklassen ein relativ komplexes, nicht erzwingbares und größtenteils nicht dokumentiertes Protokoll einhalten. Dadurch ergibt sich ein *außersprachlicher* Mechanismus: Dieser erzeugt ein Objekt, ohne einen Konstruktor aufzurufen.

Der allgemeine Vertrag der Methode `clone` ist dürftig. Wir haben ihn aus der Spezifikation zu `java.lang.Object` kopiert:

> Erzeugt eine Kopie dieses Objekts und gibt sie zurück. Die genaue Bedeutung des Wortes »Kopie« kann von der Klasse des Objekts abhängen. Allgemein hat der Ausdruck
>
> `x.clone() != x`
>
> für jedes Objekt x den Wert `true` und der folgende Ausdruck
>
> `x.clone().getClass() == x.getClass()`
>
> ist `true`. Dies sind jedoch keine absoluten Anforderungen.
>
> `x.clone().equals(x)`
>
> ist normalerweise zwar `true`, aber dies ist nicht absolut erforderlich. Das Kopieren eines Objekts erfordert normalerweise die Erzeugung einer neuen Instanz der Klasse dieses Objekts, kann aber auch das Kopieren interner Datenstrukturen erfordern. Es werden keine Konstruktoren aufgerufen.

Bei diesem Vertrag gibt es mehrere Probleme. Die Bedingung, dass keine Konstruktoren aufgerufen werden, ist zu stark. Eine `clone`-Methode mit gutem Verhalten kann Konstruktoren aufrufen, um intern in dem gerade erstellten `clone` Objekte zu erzeugen. Wenn die Klasse `final` ist, kann `clone` sogar ein von einem Konstruktor erzeugtes Objekt zurückgeben.

Die Bedingung, dass `x.clone().getClass()` normalerweise mit `x.getClass()` identisch sein soll, ist zu schwach. In der Praxis gehen die Programmierer davon aus, dass dann, wenn sie eine Klasse erweitern und `super.clone` aus der Oberklasse aufrufen, das zurückgegebene Objekt eine Instanz der Oberklasse sein wird. Die *einzige* Art, wie eine Oberklasse diese Funktionalität bereitstellen kann, besteht darin, ein durch einen Aufruf von `super.clone` erhaltenes Objekt zurückzugeben. Wenn eine `clone`-Methode ein Objekt zurückgibt, das von einem Konstruktor erzeugt wurde, dann wird es die falsche Klasse haben. **Wenn Sie die `clone`-Methode in einer nicht-finalen Klasse überschreiben, sollten Sie daher ein Objekt zurückgeben, das Sie durch einen Aufruf von `super.clone` erhalten haben**. Wenn alle Oberklassen einer Klasse diese Regel befolgen, dann ruft ein Aufruf von `super.clone` letztlich die `clone`-Methode von `Object` auf und erzeugt eine Instanz der richtigen Klasse. Dieses Verfahren hat gewisse Ähnlichkeit mit der automatischen Konstruktorverkettung, wird jedoch nicht erzwungen.

In der Version 1.3 formuliert das Interface `Cloneable` nicht ausdrücklich, welche Verantwortung eine Klasse durch die Implementierung dieses Interface übernimmt. Die Spezifikation beschränkt sich darauf, anzugeben, wie die Implementierung des Interface das Verhalten der `clone`-Implementierung in `Object` beeinflusst. **In der Praxis erwartet man von einer Klasse, die `Cloneable` implementiert, dass sie eine ordentlich funktionierende öffentliche `clone`-Methode bereitstellt.** Normalerweise ist dies nur dann möglich, wenn alle Oberklassen der Klasse eine öffentliche oder geschützte `clone`-Implementierung mit gutem Verhalten bereitstellen.

Nehmen wir z.B. an, Sie wollten `Cloneable` in einer Klasse implementieren, deren Oberklassen `clone`-Methoden mit gutem Verhalten bereitstellen. Ob das Objekt, das Sie von `super.clone()` erhalten, dem Ergebnis gleicht, das Sie am Ende zurückgeben werden, hängt von der Natur der Klasse ab. Aus der Sicht der einzelnen Oberklassen ist dieses Objekt ein voll funktionsfähiger Klon des ursprünglichen Objekts. Die in Ihrer Klasse deklarierten Felder (falls es welche gibt) haben Werte, die mit denen des geklonten Objekts identisch sind. Falls jedes Feld einen einfachen Wert oder eine Referenz auf ein unveränderliches Objekt enthält, entspricht das zurückgegebene Objekt vielleicht genau Ihren Bedürfnissen. In diesem Fall ist keine weitere Verarbeitung erforderlich. Dies ist z.B. bei der Klasse `PhoneNumber` im Thema 8 der Fall. Hier brauchen Sie nur noch eine öffentliche Zugriffsmöglichkeit auf die geschützte `clone`-Methode der Klasse `Object` bereitzustellen:

```java
public Object clone() {
    try {
        return super.clone();
    } catch(CloneNotSupportedException e) {
        throw new Error("Assertion failure");   // Nie möglich
    }
}
```

Wenn Ihr Objekt jedoch Felder enthält, die auf veränderliche Objekte referieren, kann diese Implementierung der Methode clone fatale Folgen haben. Betrachten Sie z.B. die Klasse Stack im Thema 5:

```
public class Stack {
    private Object[] elements;
    private int size = 0;

    public Stack(int initialCapacity) {
        this.elements = new Object[initialCapacity];
    }

    public void push(Object e) {
        ensureCapacity();
        elements[size++] = e;
    }

    public Object pop() {
        if (size == 0)
            throw new EmptyStackException();
        Object result = elements[--size];
        elements[size] = null; // eliminiere obsolete Referenz
        return result;
    }

    // Sichere Raum für mindestens ein weiteres Element.
    private void ensureCapacity() {
        if (elements.length == size) {
            Object oldElements[] = elements;
            elements = new Object[2 * elements.length + 1];
            System.arraycopy(oldElements, 0, elements, 0, size);
        }
    }
}
```

Angenommen, Sie möchten diese Klasse klonierbar machen. Wenn ihre clone-Methode nur super.clone() zurückgibt, dann wird die resultierende Stack-Instanz zwar in ihrem size-Feld den korrekten Wert aufweisen, doch ihr elements-Feld wird nach wie vor auf dasselbe Array referieren wie die ursprüngliche Stack-Instanz. Eine Modifikation des Originals wird die Invarianten des Klons zerstören und umgekehrt. Sie werden rasch feststellen, dass Ihr Programm unsinnige Ergebnisse hervorbringt oder eine ArrayIndexOutOfBoundsException auslöst.

Wenn Sie den einzigen Konstruktor der Stack-Klasse aufrufen, dann kann es nie zu dieser Situation kommen. **Tatsächlich fungiert die clone-Methode als eine andere Art Konstruktor: Sie müssen sicherstellen, dass sie das Originalobjekt nicht schädigt und dass sie die Invarianten auf dem Klon korrekt einrichtet.** Damit die clone-

Thema 10: Vorsicht beim Überschreiben von clone 61

Methode auf Stack richtig funktioniert, muss sie die Interna des Stacks kopieren. Dies tun Sie am einfachsten, indem Sie clone rekursiv auf dem elements-Array aufrufen:

```
public Object clone() throws CloneNotSupportedException {
    Stack result = (Stack) super.clone();
    result.elements = (Object[]) elements.clone();
    return result;
}
```

Beachten Sie, dass diese Lösung nicht funktionieren würde, wenn das buckets-Feld final wäre. Dann dürfte die clone-Methode dem Feld keinen neuen Wert zuweisen. Dies ist ein Grundsatzproblem: **Die clone-Architektur ist mit der normalen Benutzung von final-Feldern, die sich auf veränderliche Objekte beziehen, nicht vereinbar**. Davon ausgenommen sind Fälle, in denen veränderliche Objekte in sicherer Weise von einem Objekt und seinem Klon gemeinsam genutzt werden können. Eventuell müssen Sie von einigen Feldern die final-Modifikatoren entfernen, um eine Klasse klonierbar zu machen.

Es ist nicht immer ausreichend, clone rekursiv aufzurufen. Nehmen wir z.B. an, Sie schreiben eine clone-Methode für eine Hash-Tabelle, deren Interna in einem Array von Buckets bestehen, wobei jeder Bucket den ersten Eintrag in einer verketteten Liste von Schlüssel/Wert-Paaren referenziert oder – im Falle eines leeren Buckets – null ist. Aus Leistungsgründen implementiert die Klasse eine eigene, leichtgewichtige einfach verkettete Liste anstatt java.util.LinkedList intern zu verwenden:

```
public class HashTable implements Cloneable {
    private Entry[] buckets = ...;

    private static class Entry {
        Object key;
        Object value;
        Entry  next;

        Entry(Object key, Object value, Entry next) {
            this.key   = key;
            this.value = value;
            this.next  = next;
        }
    }

    ... // Rest wird weggelassen
}
```

Angenommen, Sie klonen nur das Bucket-Array rekursiv, wie wir es auch mit dem Stack taten:

```
// Kaputt - führt zu gemeinsamem internen Zustand!
public Object clone() throws CloneNotSupportedException {
    HashTable result = (HashTable) super.clone();
```

```
        result.buckets = (Entry[]) buckets.clone();
        return result;
    }
```

Obwohl der Klon sein eigenes Bucket-Array hat, referenziert dieses Array dieselben verketteten Listen wie das Original. Das kann leicht zu nicht-deterministischem Verhalten des Klons und seines Originals führen. Um dieses Problem zu beheben, müssen Sie die verkettete Liste kopieren, die jeden Bucket einzeln enthält. Im Folgenden sehen Sie ein gebräuchliches Verfahren:

```
public class HashTable implements Cloneable {
    private Entry[] buckets = ...;

    private static class Entry {
        Object key;
        Object value;
        Entry  next;

        Entry(Object key, Object value, Entry next) {
            this.key   = key;
            this.value = value;
            this.next  = next;
        }

        // Kopiere rekursiv die verkettete Liste, die mit
        // diesem Entry anfängt
        Entry deepCopy() {
            return new Entry(key, value,
                next == null ? null : next.deepCopy());
        }
    }

    public Object clone() throws CloneNotSupportedException {
        HashTable result = (HashTable) super.clone();
        result.buckets = new Entry[buckets.length];
        for (int i = 0; i < buckets.length; i++)
            if (buckets[i] != null)
                result.buckets[i] = (Entry)
                    buckets[i].deepCopy();

        return result;
    }
    ... // Rest wird weggelassen
}
```

Die private Klasse `HashTable.Entry` wurde so ergänzt, dass sie nunmehr auch eine Methode für »tiefes Kopieren« unterstützt. Die `clone`-Methode auf `HashTable` weist ein neues `buckets`-Array der richtigen Größe zu und durchläuft das ursprüngliche `buckets`-Array, wobei sie von jedem nicht-leeren Bucket eine Tiefenkopie anfertigt. Die Tiefenkopiemethode auf `Entry` ruft sich selbst rekursiv auf, um die gesamte verkettete Liste zu kopieren, die mit dem Eintrag beginnt. Diese Technik ist gut und schön und funktioniert auch, wenn die Buckets nicht zu lang sind, aber sie ist kein gutes Verfahren zum Klonen einer verketteten Liste, da sie für jedes Element der Liste einen Stack-Frame konsumiert. Wenn die Liste lang ist, kann sie leicht einen Stack-Überlauf verursachen. Damit es dazu nicht kommt, können Sie die Rekursion in deepCopy durch Iteration ersetzen:

```
// Kopiere iterativ die verkettete Liste, die mit
// diesem Entry beginnt
Entry deepCopy() {
    Entry result = new Entry(key, value, next);

    for (Entry p = result; p.next != null; p = p.next)
        p.next = new Entry(p.next.key, p.next.value, p.next.next);

    return result;
}
```

Der letzte Ansatz zum Klonen komplexer Objekte ist Folgender: Sie rufen super.clone auf, setzen alle Felder des resultierenden Objekts in ihren jungfräulichen Zustand und rufen dann übergeordnete Methoden auf, um den Zustand des Objekts wiederherzustellen. In unserem Hashtable-Beispiel würde das buckets-Feld mit einem neuen Bucket-Array initialisiert und die (hier nicht gezeigte) Methode put(key, value) für jede Schlüssel-Wert-Entsprechung in der zu klonenden Hash-Tabelle aufgerufen. Mit diesem Verfahren erhalten Sie eine einfache, recht elegante clone-Methode, die allerdings nicht ganz so schnell ist wie die clone-Methode, die das Innenleben des Objekts und seines Klons direkt manipuliert.

Wie ein Konstruktor, so sollte auch eine clone-Methode auf dem Klon, der gerade angelegt wird, keine nicht-finalen Methoden aufrufen (Thema 15). Wenn clone eine überschriebene Methode aufruft, dann wird diese ausgeführt, noch ehe die Unterklasse, in der sie definiert ist, Gelegenheit hatte, ihren Zustand in dem Klon festzulegen. Das würde wahrscheinlich den Klon und das Original inkonsistent machen. Daher sollte die im vorigen Abschnitt beschriebene put(key,value)-Methode entweder final oder privat gemacht werden. (Wenn sie privat ist, dann ist sie vermutlich die »Hilfsmethode« zu einer nicht-finalen öffentlichen Methode.)

Die clone-Methode von Object ist so deklariert, dass sie eine CloneNotSupportedException auslöst, aber überschreibende clone-Methoden haben eventuell diese Deklaration nicht. Die clone-Methoden finaler Klassen sollten diese Deklaration weglassen, da Methoden, die keine geprüften Exceptions auslösen, einfacher zu benutzen sind (Thema 41). Wenn eine erweiterbare Klasse – vor allem eine, die für die Vererbung geschaffen wurde (Thema 15) – die clone-Methode überschreibt, dann sollte die überschreibende clone-Methode die Deklaration der CloneNotSupportedException einschließen. Dann können sich Unterklassen auf elegante Weise auch gegen die Klonierbarkeit entscheiden, indem sie die folgende `clone`-Methode bereitstellen:

```
// Clone-Methode, mit der Instanzen garantiert
// nicht geklont werden können
public final Object clone() throws CloneNotSupportedException {
    throw new CloneNotSupportedException();
}
```

Die Befolgung dieses Ratschlags ist zwar nicht unabdingbar, da die `clone`-Methode einer Unterklasse, die kein Klonen zulassen soll, immer noch eine Ausnahme wie die `UnsupportedOperationException` auslösen kann, wenn die von ihr überschriebene `clone`-Methode keine `CloneNotSupportedException` deklariert. In der Praxis gilt jedoch, dass unter solchen Umständen die `CloneNotSupportedException` die einzig korrekte ist.

Rekapitulieren wir: Alle Klassen, die `Cloneable` implementieren, sollten `clone` mit einer öffentlichen Methode überschreiben. Diese öffentliche Methode sollte zuerst `super.clone` aufrufen und dann die Felder reparieren, die dies eventuell nötig haben. Das bedeutet in aller Regel, dass veränderliche Objekte, die die interne »Tiefenstruktur« des zu klonenden Objekts ausmachen, kopiert und die Referenzen auf diese Objekte durch Referenzen auf die Kopien ersetzt werden. Sie können diese internen Kopien zwar generell anlegen, indem Sie `clone` rekursiv aufrufen, aber dies ist nicht immer das beste Verfahren. Wenn die Klasse nur primitive Felder oder Referenzen auf unveränderliche Objekte enthält, dann brauchen wahrscheinlich überhaupt keine Felder repariert zu werden. Doch auch von dieser Regel gibt es Ausnahmen. So müssen Sie z.B. ein Feld, das eine Seriennummer oder eine andere eindeutige Identifikation enthält, oder ein Feld, das den Erstellungszeitpunkt des Objekts repräsentiert, auch dann reparieren, wenn es einen Grundtyp hat oder unveränderlich ist.

Muss es wirklich so kompliziert sein? Nur selten. Wenn Sie eine Klasse erweitern, die `Cloneable` implementiert, haben Sie gar keine andere Wahl als eine `clone`-Methode mit gutem Verhalten zu implementieren. Anderenfalls **liefern Sie vielleicht besser ein anderes Mittel zum Kopieren von Objekten oder verzichten einfach auf diese Fähigkeit**. Es hat z.B. kaum Sinn, wenn unveränderliche Klassen Objektkopien unterstützen, da die Kopien buchstäblich nicht vom Original zu unterscheiden wären.

Eine schöne Sache zum Kopieren von Objekten ist ein *Kopiekonstruktor*. Dabei handelt es sich einfach um einen Konstruktor, der ein einziges Argument entgegennimmt, dessen Typ die Klasse ist, die den Konstruktor enthält. Ein Beispiel:

```
public Yum(Yum yum);
```

Eine kleinere Abwandlung besteht darin, anstelle eines Konstruktors eine statische Factory-Methode zur Verfügung zu stellen.:

```
public static Yum newInstance(Yum yum);
```

Der Ansatz mit dem Kopiekonstruktor und seiner Variante einer statischen Factory kann gegenüber `Cloneable/clone` viele Vorteile bieten: Er stützt sich auf keinen riskanten Objekterzeugungsmechanismus außerhalb der Sprache, er erfordert keine Befolgung schlecht dokumentierter Konventionen, die sich nicht erzwingen lassen, er widerspricht nicht der eigentlichen Verwendung finaler Felder, er verlangt vom Client nicht, eine überflüssige, geprüfte Ausnahme abzufangen und er stellt dem Client ein statisch typgebundenes Objekt zur Verfügung. Es ist zwar unmöglich, einen Kopiekonstruktor oder eine statische Factory in ein Interface zu packen, aber auch `Cloneable` funktioniert nicht als Interface, weil es keine öffentliche `clone`-Methode hat. Daher büßen Sie auch keine Inferface-Funktionalität ein, wenn Sie statt einer `clone`-Methode einen Kopiekonstruktor verwenden.

Außerdem kann ein Kopiekonstruktor (oder eine statische Factory) ein Argument entgegennehmen, deren Typ ein geeignetes, von der Klasse implementiertes Interface ist. So stellen z.B. alle Allzweck-Implementierungen von Sammlungsklassen per Konvention einen Kopiekonstruktor zur Verfügung, dessen Argument den Typ `Collection` oder `Map` hat. Kopiekonstruktoren von Interfaces gestatten es dem Client, die Implementierung der Kopie zu wählen, anstatt ihm die Implementierung des Originals aufzuzwingen. Angenommen, Sie haben z.B. `LinkedList l` und möchten sie als `ArrayList` kopieren. Die `clone`-Methode bietet diese Funktionalität nicht, aber mit einem Kopiekonstruktor geht es ganz leicht: `new ArrayList(l)`.

In Anbetracht all der Probleme, die `Cloneable` aufwirft, kann man guten Gewissens sagen, dass andere Interfaces diese Klasse nicht erweitern sollten, und dass Klassen, die für die Vererbung entworfen werden (Thema 15), sie nicht implementieren sollten. Wegen ihrer vielen Schwächen wird die `clone`-Methode von manchen Profi-Programmierern nie überschrieben oder aufgerufen, es sei denn, um Arrays billig zu kopieren. Wenn Sie auf einer für die Vererbung entworfenen Klasse nicht wenigstens eine *geschützte* `clone`-Methode mit gutem Verhalten liefern, dann können Unterklassen dieser Klasse `Cloneable` nicht implementieren.

3.5 Thema 11: Implementieren Sie Comparable

Im Gegensatz zu den anderen in diesem Kapitel besprochenen Methoden ist `compareTo` nicht in `Object` deklariert, sondern es ist die einzige Methode des Interface `java.lang.Comparable`. Ihrem Wesen nach ähnelt sie der `equals`-Methode aus `Object`, doch sie gestattet neben einfachen Gleichheitsvergleichen auch Vergleiche der Reihenfolge. Eine Klasse, die `Comparable` implementiert, zeigt dadurch, dass ihre Instanzen eine *natürliche Reihenfolge* haben. Ein Array von Objekten, die `Comparable` implementieren, ist ganz einfach zu sortieren:

```
Arrays.sort(a);
```

Ebenso einfach ist es, das Array zu durchsuchen, Extremwerte zu berechnen und automatisch sortierte Sammlungen von `Comparable`-Objekten zu pflegen. So gibt z.B. das folgende Programm, das darauf beruht, dass `Comparable` von `String` implementiert wird, eine alphabetisierte Liste seiner Kommandozeilenargumente aus, aus der die Duplikate getilgt sind:

```
public class WordList {
    public static void main(String[] args) {
        Set s = new TreeSet();
        s.addAll(Arrays.asList(args));
        System.out.println(s);
    }
}
```

Indem Sie `Comparable` implementieren, ermöglichen Sie es Ihrer Klasse, mit all den vielen generischen Algorithmen und Sammlungsklassenimplementierungen zusammenzuarbeiten, die sich auf dieses Interface stützen. Mit minimalem Aufwand erreichen Sie einen gewaltigen Machtzuwachs. Buchstäblich alle Wertklassen der Java-Plattformbibliotheken implementieren `Comparable`. Wenn Sie eine Wertklasse mit einer offensichtlichen natürlichen Ordnung schreiben – z.B. mit alphabetischer Reihenfolge oder nummerischer oder chronologischer Ordnung –, dann müssen Sie dieses Interface unbedingt implementieren. Wie sie dabei vorgehen, erfahren Sie in diesem Thema.

Der allgemeine Vertrag für die Methode `compareTo` ähnelt dem Wesen nach dem der `equals`-Methode. Ich habe ihn aus der Spezifikation von `Comparable` für Sie kopiert:

Vergleicht dieses Objekt hinsichtlich der Reihenfolge mit dem angegebenen Objekt. Gibt eine negative ganze Zahl, null oder eine positive ganze Zahl zurück, je nachdem, ob dieses Objekt kleiner, gleich oder größer als das angegebene Objekt ist. Löst `ClassCastException` *aus, wenn der Typ des angegebenen Objekts einen Vergleich mit diesem Objekt unmöglich macht.*

In der nachfolgenden Beschreibung meint die Notation `sgn(Ausdruck)` *die mathematische signum-Funktion, die definitionsgemäß –1, 0 oder 1 zurückgibt, je nachdem, ob der Wert von Ausdruck negativ, null oder positiv ist.*

Der Implementor muss für alle x und y gewährleisten, dass `sgn(x.compareTo(y)) == -sgn(y.compareTo(x))`*. (Das impliziert, dass* `x.compareTo(y)` *eine Ausnahme auslösen muss, genau dann wenn* `y.compareTo(x)` *eine Ausnahme auslöst.)*

– *Der Implementor muss außerdem gewährleisten, dass die Relation transitiv ist:* `(x.compareTo(y)>0 && y.compareTo(z)>0)` *impliziert* `x.compareTo(z)>0`.

– *Außerdem muss der Implementor gewährleisten, dass für alle z gilt:* `x.compareTo(y) == 0` *impliziert, dass* `sgn(x.compareTo(z)) == sgn(y.compareTo(z))`.

– *Es ist unbedingt ratsam, aber nicht strikt erforderlich, dass* `(x.compareTo(y)==0) == (x.equals(y))`. *Jede Klasse, die das* `Comparable`-*Interface implementiert und diese Bedin-*

gung verletzt, muss dies klar anzeigen. Wir empfehlen die Formulierung: »Hinweis: Die natürliche Ordnung dieser Klasse ist inkonsistent mit equals.«

Lassen Sie sich nicht von der mathematischen Natur dieses Vertrags ablenken. Wie der Vertrag von equals (Thema 7) ist auch der compareTo-Vertrag weniger kompliziert als er aussieht. Jede vernünftige Ordnungsbeziehung innerhalb einer Klasse genügt dem compareTo-Vertrag. Im Gegensatz zu equals muss compareTo nicht klassenübergreifend funktionieren: Wenn sich zwei zu vergleichende Objektreferenzen auf Objekte unterschiedlicher Klassen beziehen, darf compareTo auch eine ClassCastException auslösen. Und genau das sollte compareTo unter solchen Umständen auch tun. Obwohl der Vertrag Vergleiche zwischen Klassen nicht von vornherein ausschließt, gibt es auch im Release 1.4 keine Klassen in den Java-Plattformbibliotheken, die solche Vergleiche unterstützen.

Wie eine Klasse, die den hashCode-Vertrag verletzt, andere, vom Hashing abhängige Klassen zerstören kann, so kann auch eine Klasse, die den compareTo-Vertrag verletzt, andere Klassen zerstören, die von Vergleichen abhängen. Dazu gehören auch sortierte Sammlungen, TreeSet und TreeMap sowie die Hilfsklassen Collections und Arrays, die Such- und Sortieralgorithmen enthalten.

Gehen wir einmal den compareTo-Vertrag durch. Als Erstes besagt er: Wenn Sie die Vergleichsrichtung zwischen zwei Objektreferenzen umkehren, dann geschieht das, was man erwarten würde: Wenn das erste Objekt kleiner als das zweite ist, dann muss das zweite größer als das erste sein, wenn das erste Objekt gleich dem zweiten ist, dann muss auch das zweite gleich dem ersten sein, und wenn das erste Objekt größer als das zweite ist, dann muss das zweite kleiner als das erste sein. Als Zweites besagt der Vertrag: Ist ein Objekt größer als das zweite und das zweite größer als das dritte, dann muss das erste auch größer als das dritte sein. Die letzte Aussage des Vertrags ist: Alle Objekte, die gleich sind, müssen auch dann gleich sein, wenn man sie mit einem anderen Objekt dieser Menge vergleicht.

Aus diesen drei Vorschriften ergibt sich, dass der Gleichheitstest einer compareTo-Methode denselben Beschränkungen unterliegt, die auch der equals-Vertrag vorsieht: Reflexivität, Symmetrie, Transitivität und Nicht-Null-Vorschrift. Also gibt es auch dieselbe Falle: Es gibt einfach keine Möglichkeit, eine instanziierbare Klasse um einen neuen Aspekt zu erweitern und dabei den compareTo-Vertrag beizubehalten (Thema 7). Es gibt jedoch auch denselben Workaround: Wenn Sie einer Klasse, die Comparable implementiert, einen wichtigen Aspekt hinzufügen möchten, dann erweitern Sie sie nicht, sondern schreiben eine separate Klasse, die ein Feld der ersten Klasse enthält. Dann stellen Sie eine »View«-Methode zur Verfügung, die dieses Feld zurückliefert. Nun können Sie auf der zweiten Klasse jede beliebige compareTo-Methode implementieren. Indessen kann der Client der Klasse, wenn nötig, die zweite Klasse als eine Instanz der ersten betrachten.

Der letzte Absatz des `compareTo`-Vertrags, der eher einen dringenden Rat als eine Vorschrift darstellt, besagt einfach, dass der von `compareTo` geforderte Gleichheitstest generell dieselben Ergebnisse zurückgeben sollte wie der der `equals`-Methode. Wenn diese Vorschrift befolgt wird, so sagt man: Die von `compareTo` geforderte Ordnung ist *konsistent mit equals*. Wird die Vorschrift nicht befolgt, so ist die Ordnung *inkonsistent mit equals*. Eine Klasse, deren `compareTo`-Methode eine mit equals inkonsistente Ordnung verlangt, funktioniert zwar dennoch, aber sortierte Sammlungen, die Elemente der Klasse enthalten, gehorchen möglicherweise nicht dem allgemeinen Vertrag des passenden Sammlungs-Interfaces (`Collection`, `Set` oder `Map`). Das liegt daran, dass die allgemeinen Verträge für diese Interfaces auf der Grundlage der equals-Methode definiert sind, sortierte Sammlungen jedoch nicht den Gleichheitstest von `equals`, sondern den von `compareTo` anwenden. Das ist zwar noch keine Katastrophe, aber Sie sollten sich dennoch davor hüten.

Betrachten Sie z.B. die Klasse `Float`, deren `compareTo`-Methode inkonsistent mit `equals` ist. Wenn Sie ein `HashSet` erzeugen und `Float(-0.0f)` sowie `Float(0.0f)` hinzufügen, dann enthält die Menge zwei Elemente, da die beiden hinzugekommenen Instanzen von `Float` bei einem Vergleich mit der `equals`-Methode ungleich sind. Wenn Sie aber dasselbe mit einem `TreeSet` anstelle eines `HashSet` machen, dann wird die Menge nur ein Element enthalten, da die beiden `Float`-Instanzen bei einem Vergleich mit der `compareTo`-Methode gleich sind. (Einzelheiten darüber finden Sie in der Dokumentation zu `Float`.)

Das Schreiben einer `compareTo`-Methode ähnelt dem Schreiben einer `equals`-Methode, aber es gibt einige wichtige Unterschiede. Sie brauchen den Typ des Arguments vor der Typumwandlung nicht zu prüfen. Hat das Argument nicht den passenden Typ, dann *müsste* die `compareTo`-Methode eine `ClassCastException` auslösen. Ist das Argument null, dann *müsste* sie eine `NullPointerException` auslösen. Dies ist genau dasselbe Verhalten, das Sie feststellen, wenn Sie nur das Argument in den passenden Typ umwandeln und dann auf seine Attribute zugreifen.

Die Vergleiche zwischen den Feldern sind eher Reihenfolgenvergleiche als Gleichheitsvergleiche. Vergleichen Sie Objektreferenzfelder, indem Sie die `compareTo`-Methode rekursiv aufrufen. Wenn ein Feld `Comparable` nicht implementiert oder Sie eine nichtstandardmäßige Reihenfolge möchten, dann können Sie stattdessen einen expliziten `Comparator` einsetzen. Entweder schreiben Sie einen eigenen oder Sie verwenden einen bereits vorhandenen wie z.B. den der folgenden `compareTo`-Methode der Klasse `CaseInsensitiveString` aus Thema 7:

```
public int compareTo(Object o) {
    CaseInsensitiveString cis = (CaseInsensitiveString)o;
    return String.CASE_INSENSITIVE_ORDER.compare(s, cis.s);
}
```

Thema 11: Implementieren Sie Comparable

Vergleichen Sie primitive Felder mit den relationalen Operatoren `<` und `>` und Arrays, indem Sie diese Richtlinien auf die einzelnen Elemente anwenden. Wenn eine Klasse mehrere wichtige Felder hat, ist die Reihenfolge, in der Sie diese Felder vergleichen, von Bedeutung. Sie müssen mit dem wichtigsten Feld beginnen und sich nach unten vorarbeiten. Wenn ein Vergleich etwas anderes als null ergibt (null bedeutet Gleichheit), dann sind Sie fertig und geben einfach das Ergebnis zurück. Wenn die wichtigsten Felder gleich sind, vergleichen Sie die zweitwichtigsten Felder usw. Sind alle Felder gleich, so sind die Objekte gleich und Sie geben null zurück. Die folgende `compareTo`-Methode aus der Klasse `PhoneNumber` aus Thema 8 demonstriert diese Technik:

```
public int compareTo(Object o) {
    PhoneNumber pn = (PhoneNumber)o;

    // Vergleiche Vorwahlen
    if (areaCode < pn.areaCode)
        return -1;
    if (areaCode > pn.areaCode)
        return  1;

    // Vorwahlen sind gleich,
    // vergleiche Hauptnummern
    if (exchange < pn.exchange)
        return -1;
    if (exchange > pn.exchange)
        return  1;

    // Vorwahlen und Hauptnummern sind gleich,
    // vergleiche Durchwahlen
    if (extension < pn.extension)
        return -1;
    if (extension > pn.extension)
        return  1;

    return 0;  // Alle Felder sind gleich
}
```

Obwohl diese Methode gut arbeitet, lässt sie sich noch verbessern. Erinnern Sie sich, dass der Vertrag für `compareTo` nicht die Größenordnung, sondern nur das Vorzeichen des Rückgabewerts angibt. Diesen Umstand können Sie nutzen, um den Code einfacher und schneller zu machen:

```
public int compareTo(Object o) {
    PhoneNumber pn = (PhoneNumber)o;

    // Vergleiche Vorwahlen
    int areaCodeDiff = areaCode - pn.areaCode;
    if (areaCodeDiff != 0)
        return areaCodeDiff;
```

```
    // Vorwahlen sind gleich,
    // vergleiche Hauptnummern
    int exchangeDiff = exchange - pn.exchange;
    if (exchangeDiff != 0)
        return exchangeDiff;

    // Vorwahlen und Hauptnummern sind gleich,
    // vergleiche Durchwahlen
    return extension - pn.extension;
}
```

Dieser Trick funktioniert hier gut; er sollte aber nur mit extremer Vorsicht angewandt werden. Tun Sie dies nur, wenn Sie ganz sicher sind, dass das betreffende Feld nicht negativ sein kann oder – allgemeiner ausgedrückt – dass die Differenz zwischen dem Höchst- und dem Mindestwert, den das Feld haben kann, kleiner oder gleich INTEGER.MAX_VALUE (2^{31}-1) ist. Der Trick ist nicht allgemeingültig, weil ein vorzeichenbehafteter 32-Bit-Integer zu klein ist, um die Differenz zwischen zwei beliebigen 32-Bit-Integern aufzunehmen. Wenn i ein großer positiver Integer und j ein großer negativer Integer ist, dann führt (i-j) zu einem Überlauf und gibt einen negativen Wert zurück. Dann funktioniert die resultierende compareTo-Methode nicht, gibt für manche Argumente sinnlose Ergebnisse zurück und verletzt die ersten beiden Vorschriften des compareTo-Vertrags. Dieses Problem existiert nicht nur in der Theorie; es hat schon echte Systeme zum Absturz gebracht. Solche Fehler sind nur schwer zu beheben, da die schadhafte compareTo-Methode mit vielen Eingabewerten korrekt arbeitet.

4 Klassen und Interfaces

Klassen und Interfaces sind das Herz der Programmiersprache Java: Sie sind ihre elementarsten Abstraktionseinheiten. Java hat viele mächtige Elemente, mit denen Sie Klassen und Interfaces entwerfen können. Dieses Kapitel enthält Richtlinien, die Ihnen helfen, diese Elemente bestmöglich zu nutzen, damit Ihre Klassen und Interfaces verwendbar, stabil und flexibel werden.

4.1 Thema 12: Minimieren Sie die Zugreifbarkeit von Klassen und Attributen

Der wichtigste Faktor, der ein gutes Modul von einem schlechten unterscheidet, ist das Ausmaß, in dem das Modul seine internen Daten und Implementierungsdetails vor anderen Modulen verbirgt. Ein gut entworfenes Modul verbirgt alle seine Implementierungsdetails und hat eine klare Trennung von API und Implementierung. Dann kommunizieren Module nur über ihre APIs miteinander und kümmern sich nicht um die Interna des jeweils anderen. Dieses *Verbergen von Informationen*, auch *Kapselung* genannt, ist eine der Grundsäulen des Software-Designs [Parnas72].

Das Verbergen von Informationen ist aus vielen Gründen wichtig, die zumeist darauf beruhen, dass dadurch die Module, die ein System bilden, voneinander *abgekoppelt* werden. So können Sie sie einzeln entwickeln, testen, optimieren, einsetzen, verstehen und ändern. Dies verkürzt die Entwicklungszeit, da die Module parallel entwickelt werden können. Es erleichtert die Wartung, da Module schnell verstanden und debuggt werden können, ohne andere Module in Mitleidenschaft zu ziehen. Zwar führt das Verbergen von Informationen an und für sich noch nicht zu einer Leistungsverbesserung, aber es schafft eine Grundlage für wirkungsvolles Leistungs-Tuning. Sobald ein System vollständig ist und ein Systemprofil gezeigt hat, welche Module Leistungsprobleme verursachen (Thema 37), können Sie diese Module optimieren, ohne die Korrektheit der anderen Module zu beeinträchtigen. Das Verbergen von Informationen fördert auch die Wiederverwendung von Software, da die einzelnen Module nicht voneinander abhängen und sich oft in anderen Zusammenhängen als denen, in denen sie entwickelt wurden, als nützlich erweisen. Überdies mindert das

Verbergen von Informationen die Risiken bei der Erstellung großer Systeme: Einzelne Module können auch dann gut sein, wenn das System insgesamt noch nichts taugt.

Die Programmiersprache Java hat viele Funktionen, die beim Verbergen von Informationen helfen. Eine derartige Funktion ist der *Zugriffskontroll*mechanismus [JLS, 6.6], der über die *Zugreifbarkeit* von Klassen, Interfaces und Attributen entscheidet. Die Zugreifbarkeit eines Elements wird durch die Stelle festgelegt, an der es deklariert ist, und durch einen eventuell in seiner Deklaration vorhandenen Zugriffsmodifikator (`private`, `protected` und `public`). Für das Verbergen von Informationen ist die richtige Benutzung dieser Modifikatoren von zentraler Bedeutung.

Als Faustregel gilt: Schränken Sie den Zugriff auf jede Klasse und jedes Attribut so weit wie möglich ein. Mit anderen Worten: Sie sollten die niedrigste Zugriffsebene wählen, bei der Ihre Software noch funktioniert.

Für Toplevel-Klassen und -Interfaces (also keine geschachtelten) gibt es zwei mögliche Zugriffsebenen: *paketprivat* und *öffentlich*. Wenn Sie eine Toplevel-Klasse oder ein Toplevel-Interface mit dem Modifikator `public` deklarieren, ist der Zugriff öffentlich; andernfalls ist er paketprivat. Sie sollten eine Toplevel-Klasse oder ein Toplevel-Interface so oft wie irgend möglich als paketprivat deklarieren. Dadurch wird diese Klasse oder dieses Interface ein Bestandteil der Implementierung und nicht des exportierten APIs seines Pakets, und Sie können es in einem nachfolgenden Release ändern, ersetzen oder herausnehmen, ohne Schaden für die bestehenden Clients befürchten zu müssen. Wenn Sie diese Elemente öffentlich machen, sind Sie aus Kompatibilitätsgründen verpflichtet, sie für immer zu unterstützen.

Wenn Sie eine paketprivate Toplevel-Klasse oder ein paketprivates Toplevel-Interface nur von einer einzigen Klasse aus nutzen, sollten Sie diese(s) als private, geschachtelte Klasse (oder privates geschachteltes Interface) der benutzenden Klasse definieren (Thema 18). Das schränkt die Zugriffsmöglichkeit noch mehr ein. Noch wichtiger ist es jedoch, dass Sie eine unnötigerweise öffentliche Klasse paketprivat machen, denn eine paketprivate Klasse gehört zur Implementierung und nicht zum API eines Pakets.

Für Attribute (Felder, Methoden, geschachtelte Klassen und geschachtelte Interfaces) sind vier Zugriffsebenen möglich. Diese sind hier nach zunehmenden Zugriffsmöglichkeiten aufgelistet:

▶ **privat** – Das Attribut ist nur innerhalb der Toplevel-Klasse zugreifbar, in der es deklariert ist.

▶ **paketprivat** – Auf das Attribut kann jede Klasse des Pakets, in dem es deklariert ist, zugreifen. Diese Zugriffsebene, die man auch als *Standard*zugriff bezeichnet, gilt, wenn kein Zugriffsmodifikator angegeben wird.

- **geschützt** – Mit gewissen Einschränkungen [JLS, 6.6.2] können auch Unterklassen der Klasse, in der das betreffende Attribut deklariert ist, sowie jede andere Klasse des Pakets, in dem es deklariert ist, auf das Attribut zugreifen.
- **öffentlich** – Auf das Attribut kann von überall her zugegriffen werden.

Nachdem Sie das öffentliche API Ihrer Klasse sorgfältig entworfen haben, sollte Ihr erster Reflex sein, alle anderen Attribute privat zu machen. Nur wenn eine andere Klasse in demselben Paket wirklich auf eines dieser Attribute zugreifen muss, sollten Sie den Modifikator `private` beiseite lassen, wodurch das Attribut paketprivat wird. Wenn das oft erforderlich wird, sollten Sie sich Ihren Systementwurf noch einmal genauer ansehen: Vielleicht erhalten Sie mit einer anderen Dekomposition Klassen, die besser voneinander abgekoppelt sind. Private und paketprivate Attribute sind beide Teil der Implementierung einer Klasse und haben normalerweise keinen Einfluss auf ihr exportiertes API. Dennoch können diese Felder ein »Leck« zur exportierten API haben, wenn die Klasse `Serializable` implementiert (Themen 54 und 55).

Viel umfangreicher wird der Zugriff auf Attribute öffentlicher Klassen, wenn die Zugriffsebene von paketprivat auf geschützt umgestellt wird. Ein geschütztes Attribut ist Teil des exportierten APIs einer Klasse und muss in alle Ewigkeit unterstützt werden. Ja mehr noch, ein geschütztes Attribut einer exportierten Klasse gibt ein öffentliches Versprechen für ein Implementierungsdetail ab (Thema 15). Geschützte Attribute sind nur relativ selten wirklich nötig.

Es gibt eine Regel, die Ihre Möglichkeiten mindert, den Zugriff auf Methoden einzuschränken. Wenn eine Methode eine Oberklassenmethode überschreibt, dann darf sie in der Unterklasse keine niedrigere Zugriffsebene als in der Oberklasse haben [JLS, 8.4.6.3]. So wird gewährleistet, dass eine Instanz der Unterklasse überall dort benutzbar ist, wo auch eine Instanz der Oberklasse benutzbar ist. Wenn Sie gegen diese Regel verstoßen, meldet Ihnen der Compiler einen Fehler, sobald Sie versuchen, die Unterklasse zu kompilieren. Ein Sonderfall dieser Regel ist: Wenn eine Klasse ein Interface implementiert, müssen alle Klassenmethoden, die auch in dem Interface vorhanden sind, als öffentlich deklariert sein. Das ist so, weil alle Methoden in einem Interface implizit öffentlich sind.

Öffentliche Klassen sollten wenn überhaupt nur selten öffentliche Felder haben (im Gegensatz zu öffentlichen Methoden). Wenn ein Feld nicht-final ist, oder wenn es eine finale Referenz auf ein veränderliches Objekt enthält, dann verzichten Sie, indem Sie das Feld öffentlich machen, auf die Möglichkeit, die Werte einzuschränken, die in dem Feld gespeichert werden können. Überdies können Sie dann auch nichts tun, wenn das Feld modifiziert wird. Eine einfache Konsequenz daraus ist, dass Klassen mit öffentlichen veränderlichen Feldern nicht Thread-sicher sind. Selbst wenn ein Feld final ist und kein veränderliches Objekt referenziert, verzichten Sie, indem Sie es als öffentlich deklarieren, auf die Flexibilität, auf eine neue interne Datenrepräsentation umzuschalten, in der das Feld nicht existiert.

Es gibt eine Ausnahme von der Regel, dass öffentliche Klassen keine öffentlichen Felder haben sollten. Klassen dürfen Konstanten über Felder offen legen, die als `public static final` deklariert sind. Nach Konvention beginnen die Namen solcher Felder mit Großbuchstaben; mehrere Wörter werden durch Unterstriche voneinander getrennt (Thema 38). Es ist wichtig, dass solche Felder entweder Grundtypen oder Referenzen auf unveränderliche Objekte enthalten (Thema 13). Ein finales Feld, das eine Referenz auf ein veränderliches Objekt enthält, hat alle Nachteile eines nicht-finalen Felds. Die Referenz kann zwar nicht geändert werden, wohl aber das referenzierte Objekt – mit katastrophalen Folgen.

Beachten Sie, dass ein Array, dessen Länge nicht null ist, immer veränderlich ist. Also ist es **grundsätzlich verkehrt, ein als** `public static final` **deklariertes Array-Feld zu haben**. Wenn eine Klasse ein solches Feld hat, können ihre Clients den Array-Inhalt ändern, was eine häufige Ursache für Sicherheitslöcher ist.

```
// Potenzielles Sicherheitsloch!
public static final Type[] VALUES = { ... };
```

Das öffentliche Array sollten Sie durch ein privates Array und eine öffentliche, unveränderliche Liste ersetzen:

```
private static final Type[] PRIVATE_VALUES = { ... };

public static final List VALUES =
    Collections.unmodifiableList(Arrays.asList(PRIVATE_VALUES));
```

Wenn Sie Typsicherheit zur Kompilierungszeit gewährleisten und dafür eine Leistungseinbuße hinnehmen möchten, können Sie auch das öffentliche Array-Feld durch eine öffentliche Methode ersetzen, die eine Kopie des privaten Arrays zurückgibt:

```
private static final Type[] PRIVATE_VALUES = { ... };

public static final Type[] values() {
    return (Type[]) PRIVATE_VALUES.clone();
}
```

Fazit: Sie sollten die Zugriffsmöglichkeiten so restriktiv wie möglich behandeln. Zuerst sollten Sie sorgfältig ein minimales öffentliches API entwerfen und dabei vermeiden, dass irgendwelche Klassen, Interfaces oder Attribute unnötigerweise in das API gelangen. Mit Ausnahme der `public static final`-Felder sollten öffentliche Klassen gar keine öffentlichen Felder haben. Stellen Sie sicher, dass die von `public static final`-Feldern referenzierten Objekte unveränderlich sind.

4.2 Thema 13: Bevorzugen Sie Unveränderbarkeit

Eine unveränderliche Klasse ist einfach eine Klasse, deren Instanzen nicht geändert werden können. Alle Informationen der einzelnen Instanzen werden geliefert, wenn die Instanz erzeugt wird, und bleiben für die Lebensdauer des Objekts gleich. Die Java-Plattformbibliotheken enthalten viele unveränderliche Klassen, darunter String, die Hüllenklassen für die Grundtypen sowie BigInteger und BigDecimal. Dafür gibt es viele gute Gründe: Unveränderliche Klassen lassen sich leichter entwerfen, implementieren und nutzen, als veränderliche Klassen. Sie sind weniger fehleranfällig und sicherer.

Sie machen eine Klasse unveränderlich, indem Sie die folgenden fünf Regeln befolgen:

1. **Liefern Sie keine Methoden, die das Objekt ändern** (so genannte *Änderungsmethoden*).

2. **Sorgen Sie dafür, dass keine Methoden überschrieben werden können.** Dadurch verhindern Sie, dass unachtsam oder bösartig implementierte Unterklassen das unveränderliche Verhalten der Klasse zunichte machen. Generell verhindern Sie ein Überschreiben von Methoden, indem Sie die Klasse final machen, aber dazu gibt es auch Alternativen, auf die wir später noch zu sprechen kommen.

3. **Machen Sie alle Felder final.** Damit machen Sie Ihre Absichten auf eine Weise deutlich, die das System durchsetzen kann. Außerdem müssen Sie eventuell ein korrektes Verhalten gewährleisten, wenn eine Referenz auf eine neu erzeugte Instanz ohne Synchronisation von einem Thread an einen anderen übergeben wird, je nachdem, welche Ergebnisse die Bemühungen um eine Überarbeitung des *Speichermodells* [Pugh01a] noch erbringen.

4. **Machen Sie alle Felder privat.** Dann können Clients die Felder nicht unmittelbar ändern. Technisch können unveränderliche Klassen zwar durchaus public final-Felder mit Grundtypen oder Referenzen auf unveränderliche Objekte haben, aber ratsam ist dies nicht, denn es schließt eine Änderung der internen Darstellung in einem späteren Release von vornherein aus (Thema 12).

5. **Sorgen Sie dafür, dass der Zugriff auf veränderliche Komponenten exklusiv ist.** Wenn Ihre Klasse Felder hat, die sich auf veränderliche Objekte beziehen, müssen Sie dafür sorgen, dass Clients dieser Klasse keine Referenzen auf diese Objekte erhalten können. Sie dürfen ein solches Feld niemals mit einer von einem Client gelieferten Objektreferenz initialisieren oder die Objektreferenz von einer Zugriffsmethode zurückgeben. Erstellen Sie in Konstruktoren, Zugriffsmethoden und readObject-Methoden (Thema 56) nur *defensive Kopien* (Thema 24).

Viele der Beispielklassen in den vorangegangenen Themen sind unveränderlich. Eine solche Klasse ist PhoneNumber aus Thema 8, die zwar für jedes Attribut Zugriffsmethoden hat, aber keine entsprechenden Änderungsmethoden. Im Folgenden sehen Sie ein etwas komplexeres Beispiel:

```java
public final class Complex {
    private final float re;
    private final float im;

    public Complex(float re, float im) {
        this.re = re;
        this.im = im;
    }

    // Zugriffsmethoden ohne entsprechende Änderungsmethoden
    public float realPart()      { return re; }
    public float imaginaryPart() { return im; }

    public Complex add(Complex c) {
        return new Complex(re + c.re, im + c.im);
    }

    public Complex subtract(Complex c) {
        return new Complex(re - c.re, im - c.im);
    }

    public Complex multiply(Complex c) {
        return new Complex(re*c.re - im*c.im,
                           re*c.im + im*c.re);
    }

    public Complex divide(Complex c) {
        float tmp = c.re*c.re + c.im*c.im;
        return new Complex((re*c.re + im*c.im)/tmp,
                           (im*c.re - re*c.im)/tmp);
    }

    public boolean equals(Object o) {
      if (o == this)
          return true;
      if (!(o instanceof Complex))
          return false;
      Complex c = (Complex)o;
      return (Float.floatToIntBits(re) ==       // Am Ende von Thema
              Float.floatToIntBits(c.re)) &&    // 7 sehen Sie, warum
             (Float.floatToIntBits(im) ==       // floatToIntBits
              Float.floatToIntBits(im));        // benutzt wird.
    }
    public int hashCode() {
        int result = 17 + Float.floatToIntBits(re);
```

```
        result = 37*result + Float.floatToIntBits(im);
        return result;
    }

    public String toString() {
        return "(" + re + " " + im + "i)";
    }
}
```

Diese Klasse stellt eine *komplexe Zahl* dar, also eine Zahl, die sowohl einen reellen als auch einen imaginären Teil hat. Zusätzlich zu den Standardmethoden aus `Object` stellt sie Zugriffsmethoden für den reellen und den imaginären Teil der Zahl zur Verfügung und liefert die vier arithmetischen Grundoperationen: Addition, Subtraktion, Multiplikation und Division. Beachten Sie, wie diese arithmetischen Operationen eine neue `Complex`-Instanz erzeugen und zurückgeben, anstatt die vorliegende Instanz zu modifizieren. Dieses Muster wird auf die meisten nicht-trivialen, unveränderlichen Klassen angewandt. Man nennt es den *funktionalen Ansatz*, da die Methoden das Ergebnis zurückgeben, das sie erhalten, wenn sie eine Funktion auf ihren Operanden anwenden, ohne diesen zu verändern. Vergleichen Sie dies mit dem üblicheren *prozeduralen* Ansatz, bei dem Methoden eine Prozedur auf ihren Operanden anwenden und dadurch eine Zustandsänderung dieses Operanden verursachen.

Der funktionale Ansatz wirkt vielleicht unnatürlich, wenn Sie ihn noch nicht kennen, aber er macht die Unveränderbarkeit möglich, die viele Vorteile hat. **Unveränderliche Objekte sind einfach.** Ein unveränderliches Objekt kann nur einen einzigen Zustand haben: Den, in dem es erzeugt wurde. Wenn Sie gewährleisten, dass alle Konstruktoren Klasseninvarianten herstellen, dann haben Sie die Garantie, dass diese Invarianten für alle Zukunft wahr bleiben. Sie oder der Programmierer, der die Klasse nutzt, brauchen dafür nichts mehr zu unternehmen. Dagegen können veränderliche Objekte beliebig komplexe Zustandsräume haben. Wenn die Dokumentation keine präzise Beschreibung der Zustandsänderungen liefert, die die Änderungsmethoden verursachen, dann kann es schwierig oder gar unmöglich werden, eine veränderliche Klasse zuverlässig einzusetzen.

Unveränderliche Objekte sind inhärent Thread-sicher und erfordern daher keine Synchronisierung. Sie können nicht dadurch inkonsistent werden, dass mehrere Threads gleichzeitig auf sie zugreifen. Einfacher können sie Thread-Sicherheit gar nicht herstellen. Kein Thread kann auf einem unveränderlichen Objekt jemals irgendeine Auswirkung eines anderen Threads erkennen. Daher können **unveränderliche Objekte nach Belieben gemeinsam genutzt** werden. Unveränderliche Klassen sollten diesen Vorteil nutzen und Clients auffordern, unveränderliche Instanzen wann immer möglich wiederzuverwenden. Ganz einfach können Sie dies erreichen, indem Sie für oft benutzte Werte `public static final`-Konstanten liefern. Die `Complex`-Klasse könnte z. B. folgende Konstanten haben:

```
public static final Complex ZERO = new Complex(0, 0);
public static final Complex ONE  = new Complex(1, 0);
public static final Complex I    = new Complex(0, 1);
```

Dies können Sie auch noch einen Schritt weiter treiben: Ein unveränderliches Objekt kann statische Factorys zur Verfügung stellen, die oft angeforderte Instanzen cachen und die Erzeugung neuer Instanzen vermeiden, wenn eine bereits existierende Instanz angefordert wird. Die Klassen BigInteger und Boolean haben beide derartige statische Factory-Methoden. Die Verwendung von statischen Factorys veranlasst Clients, bereits vorhandene Instanzen gemeinsam zu nutzen, anstatt neue zu erzeugen, was den Aufwand für Hauptspeicher-Footprints und Garbage Collection mindert.

Dass unveränderliche Objekte nach Belieben gemeinsam genutzt werden können, führt unter anderem dazu, dass Sie nie *defensiv kopieren* müssen (Thema 24). Tatsächlich brauchen Sie überhaupt keine Kopien zu machen, da die Kopien für alle Zeit zu den Originalen äquivalent sein würden. Also brauchen und sollten Sie für eine unveränderliche Klasse keine clone-Methode und keinen *Kopiekonstruktor* (Thema 10) zur Verfügung stellen. Da man dies in der Frühzeit von Java noch nicht erkannt hatte, besitzt die Klasse String einen Kopiekonstruktor, aber Sie sollten ihn so gut wie nie einsetzen (Thema 4).

Sie können nicht nur unveränderliche Objekte, sondern auch ihre Interna gemeinsam nutzen. Die Klasse BigInteger verwendet z.B. intern eine Vorzeichen-Größenordnung-Darstellung. Das Vorzeichen wird durch einen int dargestellt und die Größenordnung durch ein int-Array. Die Methode negate erstellt einen neuen BigInteger derselben Größenordnung, aber mit umgekehrtem Vorzeichen. Sie braucht das Array nicht zu kopieren: der neu erzeugte BigInteger zeigt auf dasselbe interne Array wie der alte.

Unveränderliche Objekte sind vorzügliche Bausteine für andere Objekte, seien diese nun veränderlich oder unveränderlich. Sie können die Invarianten eines komplexen Objekts viel leichter beibehalten, wenn Sie wissen, dass sich die Objekte, aus denen es besteht, nicht ändern. Ein Sonderfall dieses Prinzips besteht darin, dass unveränderliche Objekte großartige Map-Schlüssel und Set-Elemente sind: Sie brauchen sich keine Sorgen zu machen, dass ihre Werte sich noch ändern könnten, wenn sie bereits in der Map oder dem Set sind, und dass dadurch die Invarianten der Map oder des Sets zerstört werden könnten.

Der einzige wirkliche Nachteil der unveränderlichen Klassen besteht darin, dass sie für jeden verschiedenen Wert ein separates Objekt erfordern. Die Erzeugung dieser Objekte kann kostspielig sein, insbesondere, wenn sie groß sind. Angenommen, Sie haben einen BigInteger mit einer Million Bits und möchten sein niedrigstes Bit umschalten.

```
BigInteger moby = ...;
moby = moby.flipBit(0);
```

Die Methode `flipBit` erzeugt eine neue Instanz von `BigInteger`, die ebenfalls eine Million Bits lang ist und sich nur in einem einzigen Bit von der ersten Instanz unterscheidet. Die Methode braucht Zeit und Speicherplatz proportional zur Größe von `BigInteger`. Vergleichen Sie dies einmal mit `java.util.BitSet`: Wie `BigInteger` stellt auch `BitSet` eine beliebig lange Folge von Bits dar, aber im Gegensatz zu `BigInteger` ist `BitSet` veränderbar. Die Klasse `BitSet` stellt eine Methode zur Verfügung, mit der Sie den Zustand eines einzigen Bits einer Million-Bit-Instanz in einem konstanten Zeitraum ändern können.

Das Problem mit der Leistung wird noch schlimmer, wenn Sie eine aus mehreren Schritten bestehende Operation durchführen, die bei jedem Schritt ein neues Objekt anlegt und zum Schluss alle Objekte außer dem Endergebnis wieder verwirft. Es gibt zwei Möglichkeiten, diesem Problem zu begegnen. Entweder, Sie schätzen ein, welche mehrere Schritte umfassenden Operationen oft erforderlich sein werden, und stellen diese Operationen als Primitive zur Verfügung. Wenn eine aus mehreren Schritten bestehende Operation als Primitive verfügbar ist, braucht die unveränderliche Klasse nicht bei jedem Schritt ein separates Objekt zu erzeugen. Intern kann die unveränderliche Klasse beliebig intelligent sein. So hat z.B. `BigInteger` eine paketprivate, veränderliche »Begleiterklasse«, die sie nutzt, um Mehrschrittoperationen wie z.B. modulare Exponentialberechnungen schneller auszuführen. Veränderliche Begleiterklassen sind aus den oben aufgeführten Gründen viel schwerer zu benutzen, aber zum Glück brauchen Sie das auch nicht: Die eigentlich harte Arbeit haben Ihnen die Implementoren von `BigInteger` bereits abgenommen.

Dieser Ansatz funktioniert gut, wenn Sie genau vorhersagen können, welche komplexen Operationen über mehrere Stadien hinweg die Clients auf Ihrer unveränderlichen Klasse ausführen werden. Wissen Sie dies nicht, so sollten Sie am besten eine *öffentliche*, veränderliche Begleiterklasse zur Verfügung stellen. In den Java-Plattformbibliotheken ist das Hauptbeispiel für diesen Ansatz die Klasse `String`, deren veränderliche Begleiterklasse `StringBuffer` ist. Außerdem spielt unter bestimmten Umständen `BitSet` die Rolle des veränderlichen Begleiters von `BigInteger`.

Da Sie nun wissen, wie Sie eine unveränderliche Klasse herstellen, und das Für und Wider der Unveränderbarkeit kennen, wollen wir jetzt einige Entwurfsalternativen betrachten. Bitte erinnern Sie sich, dass eine Klasse, die Unveränderbarkeit garantiert, nicht zulassen darf, dass irgendeine ihrer Methoden überschrieben wird. Sie können die Klasse final machen, aber es gibt auch noch zwei weitere Möglichkeiten, dies zu gewährleisten: Die eine besteht darin, anstelle der Klasse selbst jede ihrer Methoden final zu machen. Der einzige Vorteil davon ist, dass Programmierer die Klasse dann erweitern können, indem sie neue Methoden hinzufügen, die den alten übergestülpt sind. Da es jedoch ebenso wirksam ist, wenn Sie die neuen Methoden in einer separaten, nicht-instanziierbaren Hilfsklasse (Thema 3) als statische Methoden zur Verfügung stellen, rate ich von diesem Ansatz ab.

Eine zweite Alternative besteht darin, alle Konstruktoren der Klasse privat oder paketprivat zu machen und öffentliche *statische Factorys* anstelle der öffentlichen Konstruktoren bereitzustellen (Thema 1). Um dies zu konkretisieren, sehen Sie hier, wie die Klasse Complex mit diesem Ansatz aussehen würde:

```
// Unveränderliche Klasse mit statischen Factorys anstelle von Konstruktoren
public class Complex {
    private final float re;
    private final float im;

    private Complex(float re, float im) {
        this.re = re;
        this.im = im;
    }

    public static Complex valueOf(float re, float im) {
        return new Complex(re, im);
    }

    ... // Rest bleibt unverändert
}
```

Dieser Ansatz wird zwar nicht so häufig gewählt, aber er ist von allen drei Alternativen die beste. Er ist am flexibelsten, da er die Verwendung mehrerer paketprivater Implementierungsklassen ermöglicht. Für ihre außerhalb des Pakets angesiedelten Clients ist die unveränderliche Klasse im Endeffekt final, da es unmöglich ist, eine Klasse zu erweitern, die aus einem anderen Paket stammt und keinen öffentlichen oder geschützten Konstruktor hat. Dieser Ansatz bietet nicht nur die Flexibilität mehrfacher Implementierungsklassen, sondern ermöglicht es auch, die Leistung der Klasse in nachfolgenden Releases dadurch zu tunen, dass die Objekt-Caching-Fähigkeiten der statischen Factorys verbessert werden.

Statische Factorys haben gegenüber Konstruktoren noch viele weitere Vorteile, wie wir in Thema 1 bereits gesehen haben. Angenommen, Sie möchten z.B. ein Mittel zur Verfügung stellen, um eine komplexe Zahl basierend auf ihren Polkoordinaten zu erzeugen. Mit Konstruktoren würde das unsauber, da der natürliche Konstruktor dieselbe Signatur haben würde, die wir bereits benutzt haben: Complex(float, float). Doch mit statischen Factorys geht es ganz leicht: Sie fügen einfach eine zweite statische Factory hinzu, deren Name ihre Funktion klar bezeichnet:

```
public static Complex valueOfPolar(float r, float theta) {
    return new Complex((float) (r * Math.cos(theta)),
                       (float) (r * Math.sin(theta)));
}
```

Als BigInteger und BigDecimal geschrieben wurden, war noch nicht allgemein bekannt, dass unveränderliche Klassen effektiv final sein mussten. Daher können alle Methoden dieser beiden Klassen überschrieben werden. Leider konnte man dies nachträglich nicht mehr korrigieren, da man die Aufwärtskompatibilität beibehalten musste. Wenn Sie eine Klasse schreiben, deren Sicherheit von der Unveränderbarkeit eines `BigInteger`- oder `BigDecimal`-Arguments von einem nicht-vertrauenswürdigen Client abhängt, müssen Sie sich vergewissern, dass das Argument auch wirklich ein »richtiger« `BigInteger` oder `BigDecimal` ist und keine Instanz einer nicht-vertrauenswürdigen Unterklasse. Wenn letzteres der Fall ist, dann müssen Sie es defensiv kopieren, weil Sie annehmen müssen, dass es veränderlich sein könnte (Thema 24).

```
public void foo(BigInteger b) {
    if (b.getClass() != BigInteger.class)
        b = new BigInteger(b.toByteArray());
    ...
}
```

In der Liste der Regeln für unveränderliche Klassen am Anfang dieses Themas steht, dass keine Methoden das Objekt modifizieren dürfen und dass alle Felder final sein müssen. Diese Regeln sind eigentlich ein wenig strikter als nötig gefasst und können zur Leistungssteigerung auch ein wenig gedehnt werden. In Wahrheit darf nur keine Methode eine *von außen sichtbare* Zustandsänderung des Objekts herbeiführen. Dennoch haben viele unveränderliche Klassen ein oder mehrere nicht-finale, redundante Felder, in denen sie die Ergebnisse aufwändiger Berechnungen cachen, wenn diese zum ersten Mal benötigt werden. Wird zu einem späteren Zeitpunkt dieselbe Berechnung gefordert, so wird der gecachte Wert zurückgegeben, um einen erneuten Berechnungsaufwand zu sparen. Dieser Trick funktioniert nur deshalb, weil das Objekt unveränderlich ist: Seine Unveränderbarkeit garantiert dafür, dass die Berechnung, wenn sie erneut durchgeführt würde, dasselbe Ergebnis bringen würde.

Die `hashCode`-Methode von `PhoneNumber` (Thema 8) berechnet z.B. den Hash-Code, wenn sie zum ersten Mal aufgerufen wird, und cacht ihn dann für den Fall, dass er noch einmal benötigt wird. Diese Technik, die ein klassisches Beispiel für faule Initialisierung darstellt (Thema 48), wird auch von der Klasse `String` genutzt. Sie benötigen keine Synchronisierung, da es keine Frage ist, ob der Hash-Wert einmal oder zweimal berechnet wird. Im Folgenden sehen Sie das allgemeine Idiom, mit dem Sie eine gecachte, faul initialisierte Funktion eines unveränderlichen Objekts zurückgeben können:

```
// Gecachte, faul initialisierte Funktion eines unveränderlichen Objekts
private volatile Foo cachedFooVal = UNLIKELY_FOO_VALUE;

public Foo foo() {
    int result = cachedFooVal;
    if (result == UNLIKELY_FOO_VALUE)
        result = cachedFooVal = fooValue();
    return result;
}

// Private Hilfsfunktion zur Berechnung des foo-Werts
private Foo fooVal() { ... }
```

In Bezug auf die Serialisierbarkeit muss ich auf eine Falle aufmerksam machen. Wenn Ihre unveränderliche Klasse `Serializable` implementieren soll und ein oder mehrere Felder hat, die auf veränderliche Objekte referieren, müssen Sie eine explizite `readObject`- oder `readResolve`-Methode beisteuern, und zwar auch dann, wenn die serialisierte Standardform annehmbar ist. Die standardmäßige `readObject`-Methode würde es einem Angreifer ermöglichen, eine veränderliche Instanz Ihrer ansonsten unveränderlichen Klasse zu erzeugen. Dies wird in Thema 56 noch eingehender behandelt.

Fazit: Bitte widerstehen Sie der Versuchung, für jede `get`-Methode auch eine `set`-Methode zu schreiben. **Klassen sollten unveränderlich sein, wenn es keinen guten Grund gibt, sie veränderlich zu machen**. Unveränderliche Klassen haben viele Vorteile und ihr einziger Nachteil ist, dass sie unter bestimmten Umständen Leistungsprobleme verursachen können. Sie sollten immer Objekte mit kleinen Werten wie z.B. `PhoneNumber` und `Complex` unveränderlich machen. (In den Java-Plattformbibliotheken gibt es mehrere Klassen, darunter `java.util.Date` und `java.awt.Point`, die unveränderlich sein sollten, es aber nicht sind.) Außerdem sollten Sie möglichst Objekte mit größeren Werten wie z.B. `String` und `BigInteger` ebenfalls unveränderlich machen. Sie sollten für Ihre unveränderliche Klasse *nur dann* eine öffentliche, veränderliche Begleiterklasse liefern, wenn Sie ganz sicher sind, dass dies für eine annehmbare Leistung unbedingt erforderlich ist (Thema 37).

Für manche Klassen ist Unveränderbarkeit unpraktisch. Dazu gehören so genannte Prozessklassen wie z.B. `Thread` und `TimerTask`. **Wenn eine Klasse nicht unveränderlich gemacht werden kann, sollten Sie immerhin ihre Veränderbarkeit möglichst weitgehend einschränken**. Wenn Sie die Anzahl der Zustände reduzieren, die ein Objekt annehmen kann, können Sie das Objekt besser verstehen, und die Fehleranfälligkeit sinkt. **Daher sollten Konstruktoren nur vollständig initialisierte Objekte erzeugen, deren Invarianten alle feststehen**, und sie sollten keine nur teilweise fertigen Instanzen an andere Methoden übergeben, wenn es dafür keine sehr guten Gründe gibt. Auch sollten Sie keine Methode zur »Re-Initialisierung« zur Verfügung stellen, die es ermöglicht, ein Objekt wiederzuverwenden, als sei es mit einem anderen Anfangszustand erzeugt worden. Eine Re-Initialisierungsmethode macht alles komplizierter und bietet dafür kaum oder gar keinen Leistungszuwachs.

Die Klasse `TimerTask` veranschaulicht diese Prinzipien. Sie ist veränderlich, aber ihr Zustandsraum wurde absichtlich klein gehalten. Sie erzeugen eine Instanz, planen den Zeitpunkt ihrer Ausführung und können sie optional auch verwerfen. Wenn ein TimerTask abgeschlossen oder abgebrochen wurde, können Sie ihn nicht erneut planen.

Abschließend zu diesem Thema ein Hinweis zur Klasse `Complex`: Dieses Beispiel diente nur dazu, die Unveränderbarkeit zu illustrieren. Es ist keine Implementierung komplexer Zahlen für den Industrieeinsatz. Sie verwendet für die komplexe Multiplikation und Division die Standardformeln, die keine korrekte Rundung bieten und für komplexe NaNs und Unendlichkeiten nur wenig Semantik haben [Kahan 1991, Smith 1962, Thomas 1994].

4.3 Thema 14: Komposition ist besser als Vererbung

Vererbung ist ein mächtiges Werkzeug, um die Wiederverwendung von Code zu erreichen, aber es ist nicht für jeden Job geeignet. Wenn Sie Vererbung nicht richtig einsetzen, wird Ihre Software instabil. Sicher können Sie Vererbung innerhalb eines Pakets verwenden, wo dieselben Programmierer die Implementierungen von Unter- und Oberklasse kontrollieren. Es ist ebenfalls sicher, Vererbung beim Erweitern von Klassen zu verwenden, die speziell zum Erweitern entworfen und dokumentiert wurden (Thema 15).

Wenn Sie jedoch von normalen, konkreten Klassen über Paketgrenzen hinweg etwas vererben, begeben Sie sich in Gefahr. Bitte erinnern Sie sich: In diesem Buch wird das Wort »Vererbung« im Sinne von *Implementierungsvererbung* benutzt (wenn eine Klasse eine andere erweitert). Die in diesem Thema behandelten Probleme beziehen sich nicht auf die *Interface-Vererbung* (bei der eine Klasse ein Interface implementiert oder ein Interface ein anderes erweitert).

Anders als ein Methodenaufruf bricht Vererbung die Kapselung auf [Snyder 1986]. Mit anderen Worten: Eine Unterklasse hängt von den Implementierungsdetails ihrer Oberklasse ab, um richtig zu funktionieren. Die Implementierung der Oberklasse kann sich von Release zu Release ändern und wenn sie das tut, kann die Unterklasse daran zerbrechen, auch wenn ihr Code überhaupt nicht angefasst wurde. Folglich muss eine Unterklasse immer gemeinsam mit ihrer Oberklasse weiterentwickelt werden, es sei denn, die Autoren der Oberklasse haben diese speziell zum Zwecke der Erweiterung entworfen und dokumentiert.

Um dies zu konkretisieren, wollen wir einmal annehmen, wir hätten ein Programm, das `HashSet` verwendet. Um die Leistung unseres Programms zu steigern, müssen wir von dem `HashSet` erfragen, wie viele Elemente seit seiner Erzeugung hinzugefügt wurden (nicht zu verwechseln mit der aktuellen Größe, die zurückgeht, wenn ein Element entfernt wird). Um diese Funktionalität zu erhalten, schreiben wir eine Variante von `HashSet`, die die Anzahl der versuchten Elementeinfügungen immer zählt und eine Methode für den Zugriff auf diesen Zählerstand exportiert. Die Klasse `HashSet` hat zwei Methoden, die Elemente hinzufügen können: `add` und `addAll`. Also überschreiben wir diese beiden Methoden:

```
// Kaputt - Schlechte Anwendung für Vererbung!
public class InstrumentedHashSet extends HashSet {
    // Die Anzahl der versuchten Elementeinfügungen
    private int addCount = 0;

    public InstrumentedHashSet() {
    }

    public InstrumentedHashSet(Collection c) {
```

```
        super(c);
    }

    public InstrumentedHashSet(int initCap, float loadFactor) {
        super(initCap, loadFactor);
    }

    public boolean add(Object o) {
        addCount++;
        return super.add(o);
    }

    public boolean addAll(Collection c) {
        addCount += c.size();
        return super.addAll(c);
    }

    public int getAddCount() {
        return addCount;
    }
}
```

Diese Klasse mag vielleicht vernünftig aussehen, aber sie funktioniert nicht. Angenommen, wir erzeugten eine Instanz und fügten mit der Methode `addAll` drei Elemente hinzu:

```
InstrumentedHashSet s = new InstrumentedHashSet();
s.addAll(Arrays.asList(new String[] {"Snap","Crackle","Pop"}));
```

Wir würden erwarten, dass die `getAddCount`-Methode an diesem Punkt drei zurückgibt, aber sie gibt sechs zurück. Was ist schiefgegangen? Intern wurde die `HashSet`-Methode `addAll` auf der `add`-Methode implementiert, auch wenn `HashSet` dieses Implementierungsdetail aus nachvollziehbaren Gründen nicht dokumentiert. Die `addAll`-Methode in `InstrumentedHashSet` addierte drei zu `addCount` und rief dann die `addAll`-Implementierung von `HashSet` über `super.addAll` auf. Dies wiederum rief für jedes Element einmal die `add`-Methode auf, wie sie in `InstrumentedHashSet` überschrieben wurde. Jeder dieser drei Aufrufe addierte eins zum `addCount`, sodass der Gesamtzuwachs zum Schluss sechs betrug: Jedes mit der `addAll`-Methode hinzugefügte Element wird doppelt gezählt.

Wir könnten die Unterklasse »reparieren«, indem wir das Überschreiben der `addAll`-Methode beiseite lassen. Dann würde zwar die resultierende Klasse funktionieren, aber ihre korrekte Funktion hinge davon ab, dass die `addAll`-Methode der Klasse `HashSet` auf ihrer `add`-Methode implementiert wäre. Diese »Selbstnutzung« ist ein Implementierungsdetail, dessen Gültigkeit nicht für alle Java-Implementierungen garantiert werden kann, und das sich überdies von Release zu Release ändern kann. Daher wäre die resultierende Klasse `InstrumentedHashSet` instabil.

Etwas besser wäre es, die `addAll`-Methode so zu überschreiben, dass sie die angegebene Sammlung durchläuft und für jedes Element einmal die `add`-Methode aufruft. Dies würde das korrekte Ergebnis garantieren, egal ob die `addAll`-Methode der Klasse `HashSet` auf ihrer `add`-Methode implementiert ist oder nicht, denn die `addAll`-Implementierung von `HashSet` würde dann nicht mehr aufgerufen. Doch auch dies löst nicht alle unsere Probleme. Letztlich bedeutet es eine Re-Implementierung von Oberklassenmethoden, die eventuell zu einer Selbstnutzung führen kann. Dies ist schwierig, zeitaufwändig und fehleranfällig. Außerdem ist es nicht immer möglich, da einige Methoden nicht implementiert werden können, ohne Zugriff auf private Felder zu haben, auf die die Unterklasse nicht zugreifen darf.

Eine andere, verwandte Ursache für instabile Unterklassen besteht darin, dass ihre Oberklasse in künftigen Releases neue Methoden hinzubekommen kann. Angenommen, die Sicherheit eines Programms hängt davon ab, dass alle Elemente, die in bestimmte Sammlungen eingefügt werden, einem bestimmten Prädikat genügen. Dies können Sie garantieren, indem Sie eine Unterklasse der Sammlung bilden und jede Methode überschreiben, die ein Element hinzufügen könnte, um vor dem Hinzufügen des Elements sicherzustellen, dass das Prädikat gilt. Das funktioniert so lange, bis in einem zukünftigen Release die Oberklasse eine neue Methode erhält, die ein Element hinzufügen kann. Sobald dies geschieht, wird es möglich, einer Instanz der Unterklasse ein »illegales« Element hinzuzufügen: Sie brauchen nur die neue Methode aufzurufen, die in der Unterklasse nicht überschrieben ist. Dieses Problem besteht nicht nur in der Theorie: Als `Hashtable` und `Vector` nachträglich überarbeitet wurden, um in das Collections Framework integriert zu werden, mussten mehrere derartige Sicherheitslöcher gestopft werden.

Beide geschilderten Probleme entstehen dadurch, dass Methoden überschrieben wurden. Sie denken vielleicht, es sei sicher, eine Klasse zu erweitern, wenn Sie nur neue Methoden hinzufügen und keine bestehenden überschreiben. Diese Art der Erweiterung ist zwar weit sicherer, aber auch nicht ganz risikolos. Wenn die Oberklasse in einem späteren Release eine neue Methode erhält und Sie das Pech haben, dass Sie der Unterklasse eine Methode mit derselben Signatur aber einem anderen Rückgabetyp gegeben haben, dann wird Ihre Unterklasse nicht mehr kompiliert [JLS, 8.4.6.3]. Wenn Sie der Unterklasse eine Methode mit genau derselben Signatur geben, wie sie die neue Oberklassenmethode hat, dann überschreiben Sie diese nunmehr und haben folglich die beiden oben geschilderten Probleme. Außerdem ist es zweifelhaft, dass Ihre Methode den Vertrag der neuen Oberklassenmethode erfüllt, da dieser Vertrag zu dem Zeitpunkt, als Sie Ihre Unterklassenmethode schrieben, noch gar nicht existierte.

Zum Glück gibt es einen Weg, alle zuvor beschriebenen Probleme zu vermeiden. Anstatt eine bestehende Klasse zu erweitern, geben Sie Ihrer neuen Klasse ein privates Feld, das eine Instanz der bestehenden Klasse referenziert. Dieses Design bezeichnet man als *Komposition*, da die bestehende Klasse eine Komponente der neuen wird. Jede

Instanzmethode der neuen Klasse ruft die entsprechende Methode auf der enthaltenen Instanz der bestehenden Klasse auf und gibt die Ergebnisse zurück. Dies bezeichnet man als *Weiterleitung* (forwarding) und die Methoden in den neuen Klassen sind *Weiterleitungsmethoden*. Die resultierende Klasse ist absolut stabil und hängt nicht von den Implementierungsdetails der bestehenden Klasse ab. Sie können sogar der bestehenden Klasse neue Methoden geben, ohne dass sich dies auf die neue Klasse auswirkt. Um dies zu konkretisieren, sehen Sie hier einen Ersatz für InstrumentedHashSet, der mit Komposition und Weiterleitung konzipiert wurde:

```
// Hüllenklasse - nutzt Komposition statt Vererbung
public class InstrumentedSet implements Set {
    private final Set s;
    private int addCount = 0;

    public InstrumentedSet(Set s) {
        this.s = s;
    }

    public boolean add(Object o) {
        addCount++;
        return s.add(o);
    }

    public boolean addAll(Collection c) {
        addCount += c.size();
        return s.addAll(c);
    }

    public int getAddCount() {
        return addCount;
    }

    // Weiterleitungsmethoden
    public void clear()                  { s.clear();                  }
    public boolean contains(Object o)    { return s.contains(o);       }
    public boolean isEmpty()             { return s.isEmpty();         }
    public int size()                    { return s.size();            }
    public Iterator iterator()           { return s.iterator();        }
    public boolean remove(Object o)      { return s.remove(o);         }
    public boolean containsAll(Collection c)
                                         { return s.containsAll(c);    }
    public boolean removeAll(Collection c)
                                         { return s.removeAll(c);      }
    public boolean retainAll(Collection c)
                                         { return s.retainAll(c);      }
    public Object[] toArray()            { return s.toArray();         }
    public Object[] toArray(Object[] a)  { return s.toArray(a);        }
    public boolean equals(Object o)      { return s.equals(o);         }
```

```
    public int hashCode()          { return s.hashCode(); }
    public String toString()       { return s.toString(); }
}
```

Der Entwurf der Klasse `InstrumentedSet` wird durch das `Set`-Interface möglich, das die Funktionalität der Klasse `HashSet` aufnimmt. Er ist nicht nur stabil, sondern auch extrem flexibel. Die Klasse `InstrumentedSet` implementiert das `Set`-Interface und hat einen einzigen Konstruktor, dessen Argument ebenfalls vom Typ `Set` ist. Im Grunde transformiert die Klasse nur ein `Set` in ein anderes und fügt die Instrumentierungsfunktionalität hinzu. Anders als bei dem Vererbungsverfahren, das nur mit einer einzigen, konkreten Klasse funktioniert und einen separaten Konstruktor für jeden unterstützten Konstruktor der Oberklasse erfordert, können Sie diese Hüllenklasse nutzen, um jede beliebige `Set`-Implementierung zu instrumentieren, und sie funktioniert auch im Zusammenhang mit jedem bereits vorhandenen Konstruktor. Ein Beispiel:

```
Set s1 = new InstrumentedSet(new TreeSet(list));
Set s2 = new InstrumentedSet(new HashSet(capacity, loadFactor));
```

Die Klasse `InstrumentedSet` kann sogar dazu verwendet werden, vorübergehend eine `set`-Instanz zu instrumentieren, die bereits ohne Instrumentierung benutzt worden ist.

```
static void f(Set s) {
    InstrumentedSet sInst = new InstrumentedSet(s);
    ... // Nutzen Sie in dieser Methode sInst statt s
}
```

Die Klasse `InstrumentedSet` wird als *Hüllen*klasse bezeichnet, weil jede Instanz von `InstrumentedSet` eine andere `Set`-Instanz einhüllt. Man nennt dies auch das *Dekorierer-Muster* [Gamma 1998, S. 175], da die Klasse `InstrumentedSet` eine Menge »dekoriert«, indem sie die Instrumentierung hinzufügt. Manchmal wird die Kombination von Komposition und Weiterleitung auch fälschlich als *Delegation* bezeichnet. Technisch handelt es sich erst dann um eine Delegation, wenn das Hüllenobjekt sich selbst an das eingehüllte Objekt übergibt [Gamma 1998, S. 20].

Hüllenklassen haben nur wenige Nachteile. Einer ist, dass sich Hüllenklassen nicht für *Callback-Architekturen* eignen, in denen Objekte für spätere Aufrufe (»Callbacks«) Referenzen auf sich selbst an andere Objekte übergeben. Da das eingehüllte Objekt nichts von seinem Hüllenobjekt weiß, übergibt es eine Referenz auf sich selbst (`this`) und die Callbacks entwischen dem Hüllenobjekt. Dies nennt man das *SELF-Problem* [Lieberman 1986]. Manch einer macht sich Sorgen, dass die Weiterleitung von Methodenaufrufen oder die Hauptspeicherbelastung durch Hüllenobjekte die Leistung beeinträchtigen könnte. Doch in der Praxis zeigt sich, dass keines von beiden besondere Auswirkungen hat. Es ist zwar ein wenig langweilig, Weiterleitungsmethoden zu schreiben, aber dies wird zum Teil dadurch wieder wettgemacht, dass Sie nur einen einzigen Konstruktor schreiben müssen.

Die Vererbung eignet sich nur dort, wo die Unterklasse in Wirklichkeit ein *Untertyp* der Oberklasse ist. Mit anderen Worten: Eine Klasse B sollte eine Klasse A nur dann erweitern, wenn zwischen den beiden Klassen eine »ist-ein«-Beziehung besteht. Wenn Sie eine Klasse B eine Klasse A erweitern lassen möchten, müssen Sie sich fragen: »Ist auch wirklich jedes B ein A?« Wenn Sie diese Frage nicht wahrheitsgemäß bejahen können, sollte B A nicht erweitern. Ist die Antwort nein, so sollte B oftmals eine private Instanz von A enthalten und ein kleineres und einfacheres API haben: A ist kein wesentlicher Teil von B, sondern nur ein Detail von Bs Implementierung.

In den Java-Plattformbibliotheken finden Sie einige offensichtliche Verletzungen dieses Prinzips. Da z.B. ein Stack kein Vector ist, sollte `Stack` die Klasse `Vector` nicht erweitern. Auch ist eine Eigenschaftsliste keine Hash-Tabelle, und daher sollte `Properties` nicht `Hashtable` erweitern. In beiden Fällen wäre Komposition angebracht gewesen.

Wenn Sie Vererbung nutzen, wo Komposition angebracht ist, legen Sie unnötigerweise Implementierungsdetails offen. Das resultierende API bindet Sie an die Ursprungsimplementierung und schränkt die Leistung Ihrer Klasse für alle Zukunft ein. Was jedoch noch schlimmer ist: Indem Sie Interna offen legen, lassen Sie Clients direkt auf diese zugreifen. Im günstigsten Fall führt das nur zu einer verworrenen Semantik. Wenn sich p z.B. auf eine `Properties`-Instanz bezieht, dann kann `p.getProperty(key)` andere Ergebnisse bringen als `p.get(key)`: Die erste Methode berücksichtigt Standardwerte, die zweite, aus `Hashtable` geerbte, tut dies nicht. Noch schlimmer ist jedoch, dass der Client Invarianten der Unterklasse zerstören kann, indem er die Oberklasse direkt modifiziert. Im Falle von `Properties` beabsichtigten die Entwickler, als Schlüssel und Werte nur Strings zuzulassen, aber mit einem direkten Zugriff auf die zugrunde liegende Klasse `Hashtable` kann diese Invariante verletzt werden. Wenn dies geschehen ist, können andere Teile des `Properties`-APIs (`load` und `store`) nicht mehr benutzt werden. Als man dieses Problem entdeckte, war es zu spät, um es zu beheben, da Clients bereits von der Benutzung von Schlüsseln und Werten abhingen, die keine Strings waren.

Einige abschließende Fragen sollten Sie noch stellen, ehe Sie sich für Vererbung statt Komposition entscheiden. Hat die Klasse, die Sie eventuell erweitern möchten, irgendwelche Mängel in ihrem API? Wenn ja: Fühlen Sie sich wohl dabei, diese Mängel in das API Ihrer eigenen Klasse zu übernehmen? Vererbung trägt die API-Mängel der Oberklasse immer weiter, während Sie mit Komposition ein neues API entwerfen können, das diese Mängel verbirgt.

Zusammenfassend kann man sagen, dass Vererbung zwar mächtig aber auch problematisch ist, weil sie die Kapselung verletzt. Sie ist nur dann geeignet, wenn zwischen der Unterklasse und der Oberklasse eine echte Untertyp-Beziehung existiert. Selbst dann kann Vererbung noch zu Instabilität führen, wenn die Unterklasse in einem anderen Paket liegt als die Oberklasse und die Oberklasse nicht zum Erweitern geschaffen wurde. Um diese Instabilität zu vermeiden, sollten Sie statt Vererbung Komposition und Weiterleitung nutzen. Dies gilt vor allem dann, wenn ein Interface vorhanden ist, das sich für die Implementierung einer Hüllenklasse eignet. Hüllenklassen sind nicht nur stabiler, sondern auch mächtiger als Unterklassen.

4.4 Thema 15: Entweder Sie entwerfen und dokumentieren für die Vererbung oder Sie verbieten sie

Thema 14 warnte Sie vor den Gefahren, eine »fremde« Klasse zu erweitern, die nicht für die Vererbung entworfen und dokumentiert wurde. Was bedeutet es, dass eine Klasse für die Vererbung entworfen und dokumentiert ist?

Erstens muss **die Klasse genau dokumentieren, was beim Überschreiben irgendwelcher ihrer Methoden geschieht**. Mit anderen Worten: Die Klasse muss ihre *Selbstnutzung* überschreibbarer Methoden dokumentieren. Für jede öffentliche oder geschützte Methode und jeden öffentlichen oder geschützten Konstruktor muss die jeweilige Dokumentation aussagen, welche überschreibbaren Methoden aufgerufen werden, in welcher Reihenfolge das geschieht, und wie die Ergebnisse jedes Aufrufs die nachfolgende Verarbeitung beeinflussen. (Mit *überschreibbar* meine ich nicht-final und entweder öffentlich oder geschützt.) Allgemeiner ausgedrückt: Eine Klasse muss genau dokumentieren unter welchen Umständen sie eine überschreibbare Methode aufrufen darf. Aufrufe können z.B. von Hintergrund-Threads oder statischen Initialisierern kommen.

Nach Konvention enthält eine Methode, die überschreibbare Methoden aufruft, am Ende ihres Doc-Kommentars eine Beschreibung dieser Aufrufe. Die Beschreibung beginnt mit: »Diese Implementierung«. Bitte missverstehen Sie diese Formulierung nicht als Hinweis darauf, dass sich das Verhalten von Release zu Release ändern kann. Sie bedeutet lediglich, dass die Beschreibung die innere Arbeit der Methode betrifft. Im Folgenden sehen Sie ein aus der Spezifikation von `java.util.AbstractCollection` kopiertes Beispiel:

`public boolean remove(Object o)`

> Entfernt, falls vorhanden, eine einzelne Instanz des angegebenen Elements aus dieser Sammlung (optional). Formaler ausgedrückt: entfernt ein Element e, sodass (`o==null ? e==null : o.equals(e)`), wenn die Sammlung ein oder mehrere solcher Elemente enthält. Gibt `true` zurück, wenn die Sammlung das angegebene Element enthielt (oder entsprechend, wenn sich die Sammlung aufgrund des Aufrufs geändert hat).
>
> Diese Implementierung durchläuft die Sammlung und sucht nach dem angegebenen Element. Wenn sie es findet, entfernt sie es mit der `remove`-Methode des Iterators aus der Sammlung. Beachten Sie, dass diese Implementierung eine `UnsupportedOperationException` auslöst, wenn der von der `iterator`-Methode dieser Sammlung zurückgegebene Iterator die `remove`-Methode nicht implementiert.

Diese Dokumentation lässt keinen Zweifel daran, dass ein Überschreiben der iterator-Methode das Verhalten der remove-Methode beeinflusst. Außerdem beschreibt sie ganz genau, wie das Verhalten des von der iterator-Methode zurückgegebenen Iterators das Verhalten der remove-Methode beeinflusst. Stellen Sie dies einmal der Situation aus Thema 14 gegenüber, in der der Programmierer, der eine Unterklasse zu HashSet schrieb, nicht sagen konnte, ob das Überschreiben der add-Methode das Verhalten der addAll-Methode beeinflussen würde oder nicht.

Verletzt dies nicht die Regel, dass eine gute API-Dokumentation beschreiben sollte, *was* eine gegebene Methode tut und *wie* sie es tut? Doch! Dies ist leider eine Folge des Umstands, dass Vererbung die Kapselung verletzt. Um eine Klasse so zu dokumentieren, dass eine sichere Unterklassenbildung möglich ist, müssen Sie Implementierungsdetails beschreiben, die ansonsten nicht angegeben werden.

Ein Entwurf für die Vererbung ist mehr als nur eine Dokumentation der Selbstnutzungsmuster. Damit Programmierer ohne übermäßige Mühe wirkungsvolle Unterklassen schreiben können, **muss eine Klasse Hooks zu ihren internen Abläufen in Form sorgfältig ausgewählter geschützter Methoden** oder, in seltenen Fällen, geschützter Felder zur Verfügung stellen. Betrachten Sie z.B. die Methode removeRange aus java.util.AbstractList:

```
protected void removeRange(int fromIndex, int toIndex)
```

> Entfernt aus dieser Liste alle Elemente, deren Index zwischen einschließlich fromIndex und ausschließlich toIndex liegt. Schiebt alle nachfolgenden Elemente nach links (mindert ihren Index). Dieser Aufruf verkürzt die ArrayList um (toIndex - fromIndex) Elemente. (Wenn toIndex==fromIndex, dann hat diese Operation keine Auswirkungen.)
>
> Diese Methode wird von der clear-Operation auf dieser Liste und ihren Unterlisten aufgerufen. Wenn Sie diese Methode überschreiben, um Vorteil aus den Interna der Listenimplementierung zu ziehen, können Sie dadurch die Leistung der clear-Operation auf dieser Liste und ihren Unterlisten massiv steigern.
>
> Diese Implementierung holte einen Listeniterator, der vor fromIndex positioniert wird, und ruft wiederholt zuerst ListIterator.next und dann ListIterator.remove auf, bis das gesamte Intervall entfernt wurde. Achtung: Wenn ListIterator.remove einen linearen Zeitaufwand bedeutet, so bedeutet diese Implementierung einen quadratischen Zeitaufwand.
>
> Parameter:
>
> | fromIndex | Index des ersten zu entfernenden Elements. |
> |---|---|
> | toIndex | Index hinter dem letzten zu entfernenden Element. |

Diese Methode ist für Benutzer einer List-Implementierung nicht von Interesse. Sie wird einzig zu dem Zweck bereitgestellt, damit Unterklassen leichter eine schnelle clear-Methode auf Unterlisten zur Verfügung stellen können. Wenn keine removeRange-Methode vorhanden ist, müssen die Unterklassen sonst bei einem Aufruf der clear-Methode auf Unterlisten mit quadratischer Leistung arbeiten oder den ganzen subList-Mechanismus von Grund auf neu schreiben – keine leichte Aufgabe!

Doch wie entscheidet man, welche geschützten Methoden oder Felder offengelegt werden sollten, wenn eine Klasse für die Vererbung entworfen wird? Leider gibt es dafür keine goldene Regel. Das Beste, was Sie tun können ist, scharf nachzudenken, die Lage so gut wie möglich einzuschätzen und dann einige Unterklassen zu schreiben, um Ihre Meinung zu testen. Sie sollten möglichst wenige geschützte Methoden und Felder zur Verfügung stellen, da jede(s) sie an ein Implementierungsdetail bindet. Andererseits dürfen Sie auch nicht zu wenige zur Verfügung stellen, da eine Klasse, der eine geschützte Methode fehlt, für die Vererbung praktisch unbrauchbar werden kann.

Wenn Sie eine Klasse für die Vererbung entwerfen, die in großem Maßstab eingesetzt werden soll, dann müssen Sie sich im Klaren darüber sein, dass Sie *für immer* an die von Ihnen dokumentierten Selbstnutzungsmuster und die in den geschützten Methoden und Feldern der Klasse implizit vorhandenen Implementierungsentscheidungen gebunden sind. Diese Verpflichtungen können es schwierig oder unmöglich machen, die Leistung oder Funktionalität der Klasse in nachfolgenden Releases zu verbessern.

Beachten Sie bitte auch, dass die speziell für eine Vererbung notwendige Dokumentation die normale Dokumentation überlädt, die für Programmierer gedacht ist, die Instanzen Ihrer Klasse erzeugen und darauf Methoden aufrufen. Zu dem Zeitpunkt, da ich dieses schreibe, ist noch kein Werkzeug und keine Kommentarkonvention in Sicht, mit der sich die normale API-Dokumentation von den Informationen trennen ließe, die nur für solche Programmierer interessant sind, die Unterklassen implementieren.

Um Vererbung zu ermöglichen, muss eine Klasse noch ein paar weitere Einschränkungen beachten: **Konstruktoren dürfen keine überschreibbaren Methoden aufrufen,** weder direkt noch indirekt. Ein Verstoß gegen diese Regel führt zu einem Programmabsturz. Da der Oberklassenkonstruktor vor dem Unterklassenkonstruktor läuft, wird die überschreibende Methode in der Unterklasse aufgerufen, ehe der Unterklassenkonstruktor aufgerufen wurde. Wenn die überschreibende Methode von irgendwelchen Initialisierungen abhängt, die der Unterklassenkonstruktor vornimmt, dann wird sich die Methode nicht erwartungsgemäß verhalten. Um dies zu konkretisieren, zeige ich Ihnen hier eine kleine Klasse, die gegen diese Regel verstößt:

```
public class Super {
    // Kaputt - Der Konstruktor ruft eine überschreibbare Methode auf
    public Super() {
        m();
```

```
    }

    public void m() {
    }
}
```

Hier ist eine Unterklasse, die m überschreibt, das irrtümlich von dem einzigen Konstruktor von Super aufgerufen wird:

```
final class Sub extends Super {
    private final Date date;  // final, vom Konstruktor gesetzt

    Sub() {
        date = new Date();
    }

    // Überschreibt Super.m, aufgerufen vom Konstruktor Super()
    public void m() {
        System.out.println(date);
    }

    public static void main(String[] args) {
        Sub s = new Sub();
        s.m();
    }
}
```

Man könnte denken, dass dieses Programm das Datum zweimal ausgibt, aber beim ersten Mal gibt es null aus, weil die Methode m vom Konstruktor Super() aufgerufen wird, ehe der Konstruktor Sub() Gelegenheit hatte, das date-Feld zu initialisieren. Beachten Sie, dass dieses Programm ein final-Feld in zwei verschiedenen Zuständen beobachtet.

Die Interfaces Cloneable und Serializable stellen Sie vor besondere Probleme, wenn Sie etwas zur Vererbung entwerfen. Eine für die Vererbung entwickelte Klasse sollte generell keines dieser beiden Interfaces implementieren, da sie Programmierern, die diese Klasse dann erweitern möchten, große Schwierigkeiten macht. Sie können jedoch besondere Maßnahmen ergreifen, damit Unterklassen diese Interfaces implementieren können, aber nicht müssen. Diese Maßnahmen sind in den Themen 10 und 54 beschrieben.

Wenn Sie in einer Klasse Cloneable oder Serializable implementieren möchten, die für die Vererbung da ist, müssen Sie auf Folgendes achten: Da sich die Methoden clone und readObject ganz ähnlich wie Konstruktoren verhalten, gilt für sie auch dieselbe Einschränkung. **Weder** clone **noch** readObject **dürfen je eine überschreibbare Methode aufrufen, weder direkt noch indirekt**. Im Falle der Methode readObject wird die überschreibende Methode laufen, ehe der Zustand der Unterklasse deserialisiert wurde. Im Falle der clone-Methode wird die überschreibende Methode laufen, ehe die `clone`-Methoden der Unterklasse die Gelegenheit hatten, den Zustand des Klons zu festzulegen. Beides führt wahrscheinlich zu einem Programmabsturz. Im Falle der `clone`-Methode kann dieser Absturz sowohl das geklonte Objekt als auch den Klon selbst beschädigen.

Abschließend: Wenn Sie beschließen, in einer Klasse, die für die Vererbung da ist, `Serializable` zu implementieren, und diese Klasse eine `readResolve`- oder eine `writeReplace`-Methode hat, dann **müssen Sie diese Methode geschützt statt privat machen**. Wenn diese Methoden privat sind, werden sie von den Unterklassen stillschweigend übergangen. Dies ist ein weiterer Fall, in dem ein Implementierungsdetail in das API einer Klasse einfließt, damit Vererbung stattfinden kann.

Mittlerweile sollte offensichtlich sein: **Wenn Sie eine Klasse für die Vererbung entwerfen, unterliegt diese Klasse engen Beschränkungen**. Deshalb sollten Sie eine solche Entscheidung nicht leichtfertig treffen. In einigen Fällen, wie z.B. bei abstrakten Klassen mit *Gerüstimplementierungen* von Interfaces (Thema 16), ist dies zwar genau das Richtige, aber in anderen Fällen, wie z.B. bei unveränderlichen Klassen (Thema 13) ist es genau das Falsche.

Und was ist mit den ganz normalen, konkreten Klassen? Traditionell sind diese weder final, noch sind sie für die Unterklassenbildung geschaffen und dokumentiert, doch dieser Umstand ist gefährlich. Immer wenn Sie an einer solchen Klasse etwas ändern, besteht die Gefahr, dass Client-Klassen kaputtgehen, die diese Klasse erweitern. Auch dieses Problem besteht nicht nur in der Theorie. Es ist nicht unüblich, dass Sie Fehlermeldungen über Unterklassen erhalten, nachdem Sie die Interna einer nicht-finalen, konkreten Klasse geändert haben, die für die Vererbung weder geschaffen noch dokumentiert war.

Dieses Problem lösen Sie am besten, indem Sie für Klassen, die nicht so geschaffen und dokumentiert sind, dass man sie in sicherer Weise erweitern könnte, die Unterklassenbildung ganz verbieten. Dazu gibt es zwei Möglichkeiten: Die einfachere der beiden besteht darin, die Klasse als final zu deklarieren. Alternativ können Sie auch alle Konstruktoren privat oder paketprivat machen und öffentliche, *statische* Factorys an Stelle von Konstruktoren hinzufügen. Diese Alternative, die Ihnen die Flexibilität gibt, intern Unterklassen zu nutzen, wird in Thema 13 erklärt. Beide Möglichkeiten sind in Ordnung.

Dieser Ratschlag wird auch Kritik hervorrufen, da viele Programmierer sich daran gewöhnt haben, Unterklassen von normalen konkreten Klassen zu schreiben, um so etwas wie Instrumentierung, Benachrichtigung und Synchronisation hinzuzufügen oder die Funktionalität einzuschränken. Wenn eine Klasse ein Interface implementiert, das ihr Wesen wiedergibt – z.B. `Set`, `List` oder `Map` – dann können Sie die Unterklassenbildung getrost verbieten. Das in Thema 14 beschriebene *Hüllenklassenmuster* ist besser als Vererbung, wenn Sie die Funktionalität ändern möchten.

Wenn eine konkrete Klasse kein Standard-Interface implementiert, dann müssen Sie eben einigen Programmierern Umstände machen, indem Sie die Vererbung verbieten. Wenn Sie das Gefühl haben, Sie kommen nicht umhin, die Vererbung aus einer solchen Klasse zu erlauben, dann können Sie dies in vernünftiger Weise tun, indem Sie dafür sorgen, dass die Klasse nie eine ihrer überschreibbaren Methoden aufruft. Dies müssen Sie auch dokumentieren. Mit anderen Worten: Sie müssen vollständig unterbinden, dass die Klasse überschreibbare Methoden selbst nutzt. Dadurch erhalten Sie eine Klasse, die sich in sicherer Weise erweitern lässt. Das Überschreiben einer Methode kann nie das Verhalten einer anderen Methode beeinflussen.

Sie können auch mechanisch ohne Änderung des Klassenverhaltens unterbinden, dass eine Klasse überschreibbare Methoden selbst nutzt. Dazu setzen Sie den Rumpf jeder überschreibbaren Methode in eine private »Hilfsmethode« und lassen die überschreibbaren Methoden jeweils ihre private Hilfsmethode aufrufen. Dann ersetzen Sie jede Selbstnutzung einer überschreibbaren Methode durch einen direkten Aufruf der privaten Hilfsmethode dieser überschreibbaren Methode.

4.5 Thema 16: Nutzen Sie besser Interfaces als abstrakte Klassen

Java bietet zwei Mechanismen, mit denen Sie einen Typ definieren können, der mehrere Implementierungen zulässt: Interfaces und abstrakte Klassen. Der deutlichste Unterschied zwischen beiden ist der, dass abstrakte Klassen Implementierungen einiger Methoden enthalten dürfen, Interfaces dagegen nicht. Doch noch wichtiger ist der Unterschied, dass eine Klasse, die den von einer abstrakten Klasse definierten Typ implementieren soll, eine Unterklasse dieser abstrakten Klasse sein muss. Jede Klasse, die alle erforderlichen Methoden definiert und sich an den allgemeinen Vertrag hält, darf ein Interface implementieren, egal wo sie in der Klassenhierarchie steht. Dass in Java nur Einfachvererbung zulässig ist, schränkt die Nutzung von abstrakten Klassen als Typdefinitionen stark ein.

Sie können auch vorhandene Klassen zurechtbiegen, damit sie ein neues Interface implementieren können. Dazu brauchen Sie lediglich die erforderlichen Methoden, falls noch nicht vorhanden, hinzuzufügen und eine `implements`-Klausel in die Klassendeklaration setzen. Es wurden z.B. viele bereits existierende Klassen nachträglich so überarbeitet, dass sie das Interface `Comparable` implementierten, als dieses neu eingeführt wurde. Doch im Allgemeinen können Sie bestehende Klassen nicht mehr so umarbeiten, dass sie eine neue abstrakte Klasse erweitern. Wenn Sie möchten, dass zwei Klassen dieselbe abstrakte Klasse erweitern, dann müssen Sie diese abstrakte Klasse ganz weit oben in die Typhierarchie setzen, wo sie eine Unterklasse eines Vorfahren beider Klassen ist. Dies fügt jedoch der Typhierarchie großen Schaden zu: Alle

Abkömmlinge des gemeinsamen Vorfahren würden gezwungen, die neue abstrakte Klasse zu erweitern, egal ob es gut für sie ist oder nicht.

Interfaces sind ideal, um Mixins zu definieren. Ein Mixin ist ein Typ, den eine Klasse zusätzlich zu ihrem »Primärtyp« implementieren kann, um zu deklarieren, dass sie ein optionales Verhalten zur Verfügung stellt. So ist z.B. `Comparable` ein Mixin-Interface, mittels dem eine Klasse deklarieren kann, dass ihre Instanzen im Hinblick auf andere untereinander vergleichbare Objekte geordnet sein sollen. Ein solches Interface heißt Mixin, weil es erlaubt, dass die optionale Funktionalität »in die Hauptfunktionalität des Typs hineingemixt« wird. Mit abstrakten Klassen können Sie aus demselben Grund keine Mixins definieren, aus dem Sie sie auch nicht nachträglich bestehenden Klassen überstülpen können. Eine Klasse kann nicht mehr als eine Elternklasse haben und es gibt in der Klassenhierarchie keinen vernünftigen Platz, an den Sie ein Mixin setzen könnten.

Interfaces ermöglichen die Konstruktion nicht-hierarchischer Typarchitekturen. Mit Typhierarchien können Sie manche Dinge ganz prächtig organisieren, aber andere Dinge widersetzen sich einer strikten Hierarchie. Angenommen, wir hätten ein Interface, das einen Sänger darstellt, und ein anderes Interface, das einen Liedtexter darstellt:

```
public interface Singer {
    AudioClip Sing(Song s);
}
public interface Songwriter {
    Song compose(boolean hit);
}
```

Im wahren Leben sind manche Sänger zugleich auch Liedtexter. Da wir diese Typen nicht mit abstrakten Klassen, sondern mit Interfaces definierten, ist es absolut zulässig, dass eine einzelne Klasse sowohl `Singer` als auch `Songwriter` implementiert. Wir können sogar ein drittes Interface definieren, das beides implementiert und neue Methoden hinzufügt, die für diese Kombination geeignet sind:

```
public interface SingerSongwriter extends Singer, Songwriter {
    AudioClip strum();
    void actSensitive();
}
```

Sie benötigen nicht immer dieses Maß an Flexibilität, aber wenn Sie es tun, dann können Ihnen Interfaces das Leben retten. Die Alternative wäre eine völlig überladene Klassenhierarchie, in der für jede unterstützte Attributkombination eine Extra-Klasse stehen müsste. Wenn Sie im Typsystem *n* Attribute haben, dann müssen Sie 2^n mögliche Attributkombinationen unterstützen. Man nennt dies eine kombinatorische Explosion. Überfrachtete Klassenhierarchien führen wiederum zu überfrachteten Klassen, in denen sich viele Methoden nur durch den Typ ihrer Argumente unterscheiden, da die Klassenhierarchie keine Typen hat, um häufige Verhaltensweisen darzustellen.

Interfaces ermöglichen sichere und mächtige Funktionalitätsverbesserungen über das *Hüllenklassen*-Idiom, das in Thema 14 beschrieben wird. Wenn Sie Typen mit abstrakten Klassen definieren, dann hat der Programmierer, der Funktionen hinzufügen möchte, keine andere Möglichkeit als die Vererbung. Die resultierenden Klassen sind schwächer und instabiler als Hüllenklassen.

Interfaces dürfen zwar keine Methodenimplementierungen enthalten, aber wenn Sie Typen mithilfe von Interfaces definieren, dann bedeutet das nicht, dass Sie den Programmierern keine Implementierungsunterstützung geben. **Sie können die Stärken von Interfaces und abstrakten Klassen bündeln, indem Sie eine abstrakte** *Skelettimplementierungsklasse* **liefern, die mit jedem nicht-trivialen Interface, das Sie exportieren, genutzt werden kann**. Hier definiert das Interface zwar immer noch den Typ, aber die Skelettimplementierung macht die ganze Implementierungsarbeit.

Nach Konvention bezeichnet man Skelettimplementierungen als Abstract*Interface*, wobei *Interface* der Name des implementierten Interfaces ist. So bietet z.B. das Collections Framework für jedes wichtige Sammlungs-Interface eine Skelettimplementierung: AbstractCollection, AbstractSet, AbstractList und AbstractMap.

Wenn der Entwurf stimmt, machen es Skelettimplementierungen den Programmierern *sehr* einfach, eigene Implementierungen ihrer Interfaces bereitzustellen. Hier finden Sie z.B. eine statische Factory-Methode mit einer vollständigen, funktionierenden List-Implementierung:

```
// List-Adapter für int-Array
static List intArrayAsList(final int[] a) {
    if (a == null)
        throw new NullPointerException();

    return new AbstractList() {
        public Object get(int i) {
            return new Integer(a[i]);
        }

        public int size() {
            return a.length;
        }

        public Object set(int i, Object o) {
            int oldVal = a[i];
            a[i] = ((Integer)o).intValue();
            return new Integer(oldVal);
        }
    };
}
```

Wenn Sie überlegen, was eine List-Implementierung alles für Sie tut, dann ist dieses Beispiel eine machtvolle Demonstration der Fähigkeiten von Skelettimplementierungen. Zufällig ist das Beispiel auch ein *Adapter* [Gamma 1998, S. 139], mit dem Sie ein int-Array als Liste von Integer-Instanzen betrachten können. Durch das viele Hin- und Herübersetzen von int-Werten und Integer-Instanzen ist die Leistung nicht so blendend. Beachten Sie, dass eine statische Factory zur Verfügung gestellt wird, und dass die Klasse eine nicht-zugreifbare *anonyme Klasse* (Thema 18) ist, die in der statischen Factory verborgen liegt.

Das Schöne an Skelettimplementierungen ist, dass man mit ihnen die Implementierungsunterstützung abstrakter Klassen herstellen kann, ohne den strengen Beschränkungen zu unterliegen, denen abstrakte Klassen als Typdefinitionen gehorchen müssen. Für die meisten Implementierer eines Interface ist es zwar das nächstliegende, die Skelettimplementierung zu erweitern, aber dies ist strikt optional. Wenn eine bereits vorhandene Klasse nicht dazu gebracht werden kann, dass sie die Skelettimplementierung erweitert, dann kann sie das Interface immer noch manuell implementieren. Außerdem kann die Skelettimplementierung dem Implementierer immer noch helfen. Die Klasse, die das Interface implementiert, kann Aufrufe von Interface-Methoden an eine enthaltene Instanz einer privaten inneren Klasse weiterleiten, die diese Skelettimplementierung erweitert. Diese Technik, die man auch »*simulierte Mehrfachvererbung*« nennt, hängt eng mit dem in Thema 14 behandelten Hüllenklassenidiom zusammen. Sie hat die meisten Vorteile der Mehrfachvererbung, aber nicht ihre Tücken.

Das Schreiben einer Skelettimplementierung ist einfach, aber etwas langweilig. Zuerst müssen Sie das Interface untersuchen und entscheiden, welche Methoden Primitive sind, also welche der anderen implementiert werden können. Diese Primitive werden die abstrakten Methoden in Ihrer Skelettimplementierung. Danach müssen Sie für alle anderen Methoden des Interfaces konkrete Implementierungen zur Verfügung stellen. Im Folgenden sehen Sie z.B. eine Skelettimplementierung des Interfaces Map.Entry. Momentan gehört diese Klasse noch nicht zu den Java-Plattformbibliotheken, aber sie sollte besser darin aufgenommen werden:

```java
// Skelettimplementierung
public abstract class AbstractMapEntry implements Map.Entry {
    // Primitive
    public abstract Object getKey();
    public abstract Object getValue();

    // Einträge in veränderlichen Maps müssen diese Methode
    // überschreiben.
    public Object setValue(Object value) {
        throw new UnsupportedOperationException();
    }

    // Implementiert den allgemeinen Vertrag von Map.Entry.equals
    public boolean equals(Object o) {
        if (o == this)
```

```
            return true;
        if (! (o instanceof Map.Entry))
            return false;
        Map.Entry arg = (Map.Entry)o;

        return eq(getKey(),   arg.getKey()) &&
               eq(getValue(), arg.getValue());
    }

    private static boolean eq(Object o1, Object o2) {
        return (o1 == null ? o2 == null : o1.equals(o2));
    }

    // Implementiert den allgemeinen Vertrag von Map.Entry.hashcode
    public int hashCode() {
        return
            (getKey()   == null ? 0 :   getKey().hashCode()) ^
            (getValue() == null ? 0 : getValue().hashCode());
    }
}
```

Da Skelettimplementierungen für die Vererbung geschaffen sind, sollten Sie sich an alle Entwurfs- und Dokumentationsrichtlinien in Thema 15 halten. Um es kurz zu halten, wurden die Doc-Kommentare aus dem obigen Beispiel ausgelassen, aber eine gute Dokumentation ist für Skelettimplementierungen absolut unerlässlich.

Wenn Sie Typen, die mehrere Implementierungen erlauben, mit abstrakten Klassen definieren, so hat dies einen großen Vorteil gegenüber Interfaces: **Eine abstrakte Klasse lässt sich viel leichter weiterentwickeln als ein Interface**. Wenn Sie einer abstrakten Klasse in einem späteren Release eine neue Methode hinzufügen möchten, können Sie immer noch eine konkrete Methode dafür nehmen, die eine vernünftige Standardimplementierung enthält. Alle existierenden Implementierungen der abstrakten Klasse stellen dann die neue Methode zur Verfügung. Bei Interfaces funktioniert das nicht.

Im Allgemeinen ist es unmöglich, einem öffentlichen Interface eine Methode hinzuzufügen, ohne alle vorhandenen Programme zu zerstören, die dieses Interface nutzen. Den Klassen, die das Interface zuvor implementierten, fehlt die neue Methode, sodass sie sich nicht mehr kompilieren lassen. Sie könnten zwar den Schaden ein wenig begrenzen, indem Sie die neue Methode dem Interface und der Skelettimplementierung zugleich hinzufügen, aber eine wirkliche Lösung ist das nicht. Jede Implementierung, die nicht von der Skelettimplementierung erbt, wäre dann immer noch schadhaft.

Daher müssen Sie öffentliche Interfaces sorgfältig entwerfen. Sobald ein Interface veröffentlicht und überall implementiert ist, kann es nicht mehr geändert werden. Sie müssen es schon beim ersten Versuch richtig machen. Wenn ein Interface einen kleinen

Mangel hat, dann wird es Sie und die Benutzer in alle Zukunft damit ärgern; hat es jedoch einen ernsten Schaden, so kann es das gesamte API zerstören. Wenn Sie ein neues Interface veröffentlichen, lassen Sie es am besten von möglichst vielen Programmierern in möglichst vielen Formen implementieren, *ehe* Sie es endgültig »absegnen«. Dann können Sie eventuelle Mängel früh genug erkennen, um sie noch beheben zu können.

Fazit: Ein Interface ist im Allgemeinen der beste Weg, um einen Typ zu definieren, der mehrere Implementierungen ermöglicht. Eine Ausnahme bildet der Fall, in dem eine einfache Weiterentwicklungsmöglichkeit wichtiger ist, als Flexibilität und Mächtigkeit. Unter diesen Umständen müssen Sie den Typ mit einer abstrakten Klasse definieren. Tun Sie dies aber nur, wenn Sie ganz sicher sind, die damit einhergehenden Beschränkungen zu verstehen und verkraften zu können. Wenn Sie ein nicht-triviales Interface exportieren, sollten Sie möglichst auch eine Skelettimplementierung mitliefern. Und Sie sollten alle Ihre öffentlichen Interfaces äußerst sorgfältig entwerfen und gründlich testen, indem Sie mehrere Implementierungen schreiben.

4.6 Thema 17: Verwenden Sie Interfaces ausschließlich zur Typdefinition

Wenn eine Klasse ein Interface implementiert, dann dient dieses Interface als *Typ*, mit dem auf Instanzen der Klasse referiert werden kann. Also gibt die Tatsache, dass eine Klasse ein Interface implementiert, Aufschluss über das, was ein Client mit Instanzen dieser Klasse tun kann. Für keinen anderen Zweck sollte man ein Interface definieren.

Eine Art von Interface, die bei diesem Test durchfällt, ist das so genannte *Konstanten-Interface*. Ein solches Interface hat keine Methoden, sondern besteht nur als statischen, finalen Feldern, die je eine Konstante exportieren. Klassen, die diese Konstanten benutzen, implementieren das Interface, um die Konstantennamen nicht mit einem Klassennamen qualifizieren zu müssen. Ein Beispiel:

```
// Konstanten-Interface-Muster: Nicht benutzen!
public interface PhysicalConstants {
    // Avogadros Zahl (1/mol)
    static final double AVOGADROS_NUMBER   = 6.02214199e23;

    // Boltzmann-Konstante (J/K)
    static final double BOLTZMANN_CONSTANT = 1.3806503e-23;

    // Masse eines Elektrons (kg)
    static final double ELECTRON_MASS      = 9.10938188e-31;
}
```

Das Konstanten-Interface-Muster ist eine schlechte Anwendung von Interfaces.
Dass eine Klasse intern einige Konstanten benutzt, ist ein Implementierungsdetail. Die Implementierung eines Konstanten-Interfaces lässt dieses Detail in das exportierte API der Klasse einfließen. Für die Benutzer einer Klasse spielt es keine Rolle, ob sie ein Konstanten-Interface implementiert. Es kann die Benutzer sogar verwirren. Ja schlimmer noch: Es begründet eine Verpflichtung. Wenn die Klasse in einem künftigen Release so geändert wird, dass sie die Konstanten nicht mehr benutzen muss, muss sie nach wie vor das Interface implementieren, um die Binärkompatibilität zu gewährleisten. Wenn eine nicht-finale Klasse ein Konstanten-Interface implementiert, sind die Namensräume aller ihrer Unterklassen mit den Konstanten aus dem Interface verseucht.

In den Java-Plattformbibliotheken gibt es mehrere Konstanten-Interfaces, darunter auch `java.io.ObjectStreamConstants`. Diese Interfaces sollten Sie als Anomalien betrachten und nicht emulieren.

Wenn Sie Konstanten exportieren möchten, haben Sie mehrere vernünftige Möglichkeiten dafür. Wenn die Konstanten eng mit einer bestehenden Klasse oder einem Interface verbunden sind, sollten Sie sie dieser Klasse oder diesem Interface hinzufügen. So exportieren z.B. alle nummerischen Hüllenklassen der Java-Plattformbibliotheken – z.B. `Integer` und `Float` – die Konstanten `MIN_VALUE` und `MAX_VALUE`. Wenn die Konstanten am ehesten als Mitglieder eines Aufzählungstyps angesehen werden können, sollten Sie sie mit einer *typsicheren Enum*-Klasse exportieren (Thema 21). Andernfalls sollten Sie die Konstanten mit einer nicht-instanziierbaren Dienstklasse (Thema 3) exportieren. Hier sehen Sie eine Dienstklassenversion des obigen `PhysicalConstants`-Beispiels:

```
// Konstanten-Dienstklasse
public class PhysicalConstants {
  private PhysicalConstants() { }  // verhindert Instanziierung

  public static final double AVOGADROS_NUMBER   = 6.02214199e23;
  public static final double BOLTZMANN_CONSTANT = 1.3806503e-23;
  public static final double ELECTRON_MASS      = 9.10938188e-31;
}
```

Zwar erfordert die Dienstklassenversion von `PhysicalConstants`, dass Clients die Konstantennamen mit einem Klassennamen qualifizieren, aber das ist kein zu hoher Preis dafür, dass die APIs korrekt bleiben. Es ist möglich, dass die Sprache irgendwann auch das Importieren statischer Felder gestattet. Bis es so weit ist, können Sie übermäßige Typdefinitionen verhindern, indem Sie gebräuchliche Konstanten in lokalen Variablen oder privaten statischen Feldern speichern. Ein Beispiel:

```
private static final double PI = Math.PI;
```

Zusammenfassend gesagt, sollten Interfaces nur zum Definieren von Typen dienen. Sie sollten nicht dafür herhalten, Konstanten zu exportieren.

4.7 Thema 18: Ziehen Sie statische Attributklassen den nicht-statischen vor

Eine *geschachtelte Klasse* ist eine Klasse, die innerhalb einer anderen Klasse definiert ist. Sie ist einzig dazu da, ihrer umgebenden Klasse zu dienen. Wäre eine geschachtelte Klasse in irgendeinem anderen Zusammenhang nützlich, dann wäre sie eine Toplevel-Klasse. Es gibt vier Arten von geschachtelten Klassen: *statische Attributklassen*, *nicht-statische Attributklassen*, *anonyme Klassen* und *lokale Klassen*. Alle außer der ersten Art nennt man *innere Klassen*. In diesem Thema erfahren Sie, welche Art von geschachtelter Klasse Sie warum verwenden sollten.

Eine statische Attributklasse ist die einfachste Form einer geschachtelten Klasse. Am besten stellen Sie sie sich als normale Klasse vor, die zufällt innerhalb einer anderen Klasse deklariert ist, und Zugriff auf alle Attribute der umgebenden Klasse hat, selbst auf die privaten. Eine statische Attributklasse ist ein statisches Attribut ihrer umgebenden Klasse und gehorcht denselben Zugriffsregeln wie andere statische Attribute auch. Wenn sie als privat deklariert ist, kann nur innerhalb der umgebenden Klasse darauf zugegriffen werden usw.

Häufig dient eine statische Attributklasse als öffentliche Hilfsklasse, die nur zusammen mit ihrer umgebenden Klasse nützlich ist. Betrachten Sie z.B. eine typsichere Aufzählung, die beschreibt, welche Operationen ein Rechner (Thema 21) unterstützt. Die Klasse `Operation` sollte eine öffentliche, statische Attributklasse der Klasse `Calculator` sein. Clients der Klasse `Calculator` könnten dann mit Namen wie `Calculator.Operation.PLUS` und `Calculator.Operation.MINUS` auf Operationen Bezug nehmen. Diese Verwendung werden Sie weiter unten in diesem Thema noch sehen.

Der einzige Syntaxunterschied zwischen statischen und nicht-statischen Attributklassen besteht darin, dass statische Attributklassen in ihren Deklarationen den Modifikator `static` haben. Trotz der ähnlichen Syntax sind jedoch diese beiden Arten von geschachtelten Klassen sehr unterschiedlich. Jede Instanz einer nicht-statischen Attributklasse hängt implizit mit einer *umgebenden Instanz* der sie enthaltenden Klasse zusammen. In Instanzmethoden einer nicht-statischen Attributklasse können Sie Methoden auf der umgebenden Instanz aufrufen. Wenn Sie eine Referenz auf eine Instanz einer nicht-statischen Attributklasse haben, können Sie eine Referenz auf die umgebende Instanz erhalten. Wenn eine Instanz einer geschachtelten Klasse isoliert von einer Instanz ihrer umgebenden Klasse existieren kann, dann kann die geschachtelte Klasse *keine* nicht-statische Attributklasse sein: Ohne umgebende Instanz können Sie unmöglich eine Instanz einer nicht-statischen Attributklasse erzeugen.

Die Verbindung zwischen einer nicht-statischen Attributklasseninstanz und ihrer umgebenden Instanz wird begründet, wenn die Attributklasseninstanz erzeugt wird: Danach kann sie nicht mehr geändert werden. Normalerweise wird diese Verbindung automatisch hergestellt, indem in einer Instanzmethode der umgebenden Klasse ein Konstruktor der nicht-statischen Attributklasse aufgerufen wird. Es ist möglich – wenngleich selten –, dass diese Verbindung mit dem Ausdruck `enclosingInstance.new MemberClass(args)` manuell hergestellt wird. Erwartungsgemäß braucht diese Verbindung Platz in der nicht-statischen Attributklasseninstanz und verlängert die Konstruktionszeit dieser Instanz.

Oft dient eine nicht-statische Attributklasse dazu, einen *Adapter* [Gamma 1998, S. 139] zu definieren, mit dem eine Instanz der äußeren Klasse wie eine Instanz einer ganz unverbundenen Klasse betrachtet werden kann. So benutzen z.B. Implementierungen des Map-Interfaces in der Regel nicht-statische Attributklassen, um ihre *Sammlungs-Views* zu implementieren, die von den `Map`-Methoden `keySet`, `entrySet` und `values` zurückgegeben werden.

```
// Typische Verwendung einer nicht-statischen Attributklasse
public class MySet extends AbstractSet {
    ... // Großteil der Klasse wird weggelassen

    public Iterator iterator() {
        return new MyIterator();
    }

    private class MyIterator implements Iterator {
        ...
    }
}
```

Wenn Sie eine Attributklasse deklarieren, die nicht auf eine umgebende Instanz zugreifen muss, dürfen Sie nicht den Modifikator `static` in der Deklaration vergessen, der diese Klasse zu einer statischen Attributklasse macht. Wenn Sie den static-Modifikator weglassen, enthält jede Instanz eine überflüssige Referenz auf das umgebende Objekt. Die Erhaltung dieser Referenz kostet Zeit und Platz und bringt nichts ein. Falls Sie je eine Instanz ohne umgebende Instanz zuweisen müssen, können Sie dies nicht, da Instanzen nicht-statischer Attributklassen immer eine umgebende Instanz haben müssen.

Oft dienen private statische Attributklassen dazu, Komponenten des Objekts darzustellen, das die umgebende Klasse repräsentiert. Betrachten Sie z.B. eine Instanz von `Map`, die Schlüssel und Werte einander zuordnet. `Map`-Instanzen haben für jedes Schlüssel/Wert-Paar in der Map ein internes `Entry`-Objekt. Doch während jeder Eintrag mit einer Map zusammenhängt, brauchen die Methoden, die auf einem Eintrag arbeiten (`getKey`, `getValue` und `setValue`), keinen Zugriff auf die Map zu haben. Daher wäre es Verschwendung, Einträge durch eine nicht-statische Attributklasse darzustellen; hier wäre eine private statische Attributklasse am besten. Wenn Sie versehentlich den static-Modifikator in der Eintragsdeklaration auslassen, arbeitet zwar die Map immer noch, aber jeder Eintrag enthält dann eine überflüssige Referenz auf die Map, die Platz und Zeit vergeudet.

Doppelt wichtig ist die richtige Wahl zwischen einer statischen und einer nicht-statischen Attributklasse, wenn die fragliche Klasse ein öffentliches oder geschütztes Attribut einer exportierten Klasse ist. In diesem Fall ist die Attributklasse ein Element des exportierten APIs und kann in einem nachfolgenden Release nicht mehr von einer nicht-statischen auf eine statische Attributklasse umgestellt werden, ohne die Binärkompatibilität zu verletzen.

Anonyme Klassen gleichen keinem anderen Element der Programmiersprache Java. Wie Sie sich denken können, hat eine anonyme Klasse keinen Namen. Sie ist kein Attribut ihrer umgebenden Klasse. Sie wird nicht mit den anderen Attributen zusammen deklariert, sondern im Moment ihrer Verwendung gleichzeitig deklariert und instanziiert. Anonyme Klassen dürfen überall dort im Code stehen, wo auch ein Ausdruck zulässig wäre. Anonyme Klassen verhalten sich je nachdem, wo sie auftreten, entweder wie statische oder wie nicht-statische Klassen. Sie haben umgebende Instanzen, wenn sie in einem nicht-statischen Kontext auftreten.

Die Verwendung anonymer Klassen unterliegt mehreren Beschränkungen. Da sie gleichzeitig deklariert und instanziiert wird, kann eine anonyme Klasse nur dann verwendet werden, wenn sie instanziiert werden soll, und nur an einer einzigen Stelle im Code. Da anonyme Klassen keinen Namen haben, können sie nur eingesetzt werden, wenn nach ihrer Instanziierung nie mehr auf sie Bezug genommen zu werden braucht. Anonyme Klassen implementieren Methoden in der Regel nur in ihrem Interface oder ihrer Oberklasse. Sie deklarieren keine neuen Methoden, da es keinen benennbaren Typ gibt, mit dem auf diese neuen Methoden zugegriffen werden könnte. Da anonyme Klassen in Ausdrücken auftreten, sollten sie sehr kurz sein, also nicht mehr als rund zwanzig Zeilen lang. Längere anonyme Klassen würden die Lesbarkeit des Programms beeinträchtigen.

Häufig dienen anonyme Klassen dazu, ein *Funktionsobjekt* wie z.B. eine Instanz von Comparator zu erzeugen. Der folgende Methodenaufruf sortiert z.B. ein Array von Strings nach deren Länge:

```
// Typische Verwendung einer anonymen Klasse
Arrays.sort(args, new Comparator() {
    public int compare(Object o1, Object o2) {
        return ((String)o1).length() - ((String)o2).length();
    }
});
```

Eine andere häufige Verwendung einer anonymen Klasse ist die Erzeugung eines *Prozessobjekts* wie z.B. einer Instanz von Thread, Runnable oder TimerTask. Ein drittes Einsatzfeld ist eine statische Factory-Methode (siehe Methode intArrayAsList in Thema 16).

Eine vierte häufige Verwendung betrifft die `public static final` Feld-Intialisierer ausgefeilter typsicherer Aufzählungen, die für jede Instanz eine separate Unterklasse erfordern (siehe Klasse Operation in Thema 21). Wenn Sie die Klasse Operation gemäß dem obigen Ratschlag zu einer statischen Attributklasse von Calculator gemacht haben, dann sind die einzelnen Operation-Konstanten doppelt geschachtelte Klassen:

```
// Typische Verwendung einer öffentlichen, statischen Attributklasse
public class Calculator {
   public static abstract class Operation {
      private final String name;

      Operation(String name) { this.name = name; }

      public String toString() { return this.name; }

      // Perform arithmetic op represented by this constant
      abstract double eval(double x, double y);

      //  doppelt geschachtelte anonyme Klassen
      public static final Operation PLUS = new Operation("+") {
         double eval(double x, double y) { return x + y; }
      };
      public static final Operation MINUS = new Operation("-") {
         double eval(double x, double y) { return x - y; }
      };
      public static final Operation TIMES = new Operation("*") {
         double eval(double x, double y) { return x * y; }
      };
      public static final Operation DIVIDE = new Operation("/") {
         double eval(double x, double y) { return x / y; }
      };
   }

   // Gib die Ergebnisse der angegebenen Berechnung zurück
   public double calculate(double x, Operation op, double y) {
      return op.eval(x, y);
   }
}
```

Lokale Klassen sind vielleicht die seltenste unter den vier Arten geschachtelter Klassen. Eine lokale Klasse können Sie überall dort deklarieren, wo eine lokale Variable deklariert wird, und sie unterliegt denselben Regeln hinsichtlich des Gültigkeitsbereichs. Lokale Klassen haben mit jeder der drei anderen Arten von geschachtelten Klassen etwas gemeinsam. Wie Attributklassen haben sie Namen und können wiederholt eingesetzt werden. Wie anonyme Klassen haben sie umgebende Instanzen, genau dann wenn sie in einem nicht-statischen Kontext benutzt werden. Wie lokale Klassen sollten sie kurz sein, damit die Lesbarkeit der umgebenden Methode oder des Initialisierers nicht darunter leidet.

Zusammenfassend gesagt gibt es vier verschiedene Arten von geschachtelten Klassen, die alle ihren Sinn haben. Wenn eine geschachtelte Klasse außerhalb einer einzigen Methode sichtbar sein muss oder zu lang ist, um ohne Weiteres in eine Methode hineinzupassen, sollten Sie eine Attributklasse verwenden. Wenn jede Instanz der Attributklasse eine Referenz auf ihre umgebende Instanz haben muss, machen Sie sie nicht-statisch; ansonsten machen Sie sie statisch. Wenn die Klasse in eine Methode hineingehört, Sie Instanzen von nur einem Ort erzeugen müssen, und ein Typ, der die Klasse charakterisiert, bereits vorhanden ist, machen Sie eine anonyme Klasse daraus, andernfalls eine lokale Klasse.

5 Ersatz für C-Konstrukte

Java hat viel mit C gemeinsam, aber es fehlen auch viele C-Konstrukte. In den meisten Fällen ist klar, warum sie weggelassen wurden und wie man ohne sie zurechtkommt. Dieses Kapitel schlägt Ersatzlösungen für mehrere fehlende C-Konstrukte vor, bei denen der Fall nicht so klar liegt.

Der rote Faden zwischen den Themen dieses Kapitels ist, dass alle fehlenden Konstrukte nicht objektorientiert, sondern datenorientiert sind. Java bietet ein mächtiges Typsystem, das die vorgeschlagenen Ersatzlösungen ausnutzen, um eine hochwertigere Abstraktion zu liefern, als die von ihnen ersetzten C-Konstrukte.

Selbst wenn Sie dieses Kapitel überspringen möchten, lohnt es sich, Thema 21 zu lesen, in dem das *typsichere Enum*-Muster beschrieben wird. Es ist ein Ersatz für das enum-Konstrukt von C. Dieses Muster ist zurzeit noch nicht sehr bekannt, hat aber mehrere Vorteile gegenüber den gegenwärtig gebräuchlichen Methoden.

5.1 Thema 19: Ersetzen Sie Strukturen durch Klassen

Das C-Konstrukt struct wurde bei Java weggelassen, weil eine Klasse all das und noch mehr leistet, was eine Struktur tut. Eine Struktur fasst nur mehrere Datenfelder zu einem einzigen Objekt zusammen; eine Klasse hingegen verbindet das resultierende Objekt mit Operationen und ermöglicht es, die Datenfelder vor den Benutzern des Objekts zu verbergen. Mit anderen Worten kann eine Klasse ihre Daten in einem Objekt *kapseln*, auf das nur über seine Methoden zugegriffen werden kann. So hat der Implementierer die Freiheit, die Repräsentation im Laufe der Zeit zu ändern (Thema 12).

Manche C-Programmierer glauben, wenn sie zum ersten Mal mit Java zu tun haben, dass Klassen unter bestimmten Umständen zu schwergewichtig sind, um Strukturen ersetzen zu können. Das ist jedoch nicht der Fall. Degenerierte Klassen, die nur aus Datenfeldern bestehen, sind in etwa zu den C-Strukturen äquivalent:

```
// Degenerierte Klassen wie diese sollten nicht öffentlich
// sein!
class Point {
    public float x;
    public float y;
}
```

Da auf solche Klassen über ihre Datenfelder zugegriffen wird, bieten sie nicht die Vorteile der Kapselung. Sie können die Darstellung einer solchen Klasse nicht ändern, ohne auch ihr API zu ändern, Sie können keine Invarianten durchsetzen und auch keine Hilfsmaßnahmen ergreifen, wenn ein Feld modifiziert wird. Objektorientierten Hardlinern unter den Programmierern sind solche Klassen ein Gräuel; sie möchten sie am liebsten immer durch private Felder und öffentliche *Zugriffsmethoden* ersetzen:

```
// Gekapselte Strukturklasse
class Point {
    private float x;
    private float y;

    public Point(float x, float y) {
        this.x = x;
        this.y = y;
    }

    public float getX() { return x; }
    public float getY() { return y; }

    public void setX(float x) { this.x = x; }
    public void setY(float y) { this.y = y; }
}
```

Im Hinblick auf öffentliche Klassen haben die Hardliner natürlich Recht: Wenn eine Klasse außerhalb der Grenzen ihres Pakets zugreifbar ist, steuert jeder kluge Programmierer Zugriffsmethoden bei, um sich die Flexibilität zu erhalten, die interne Repräsentation der Klasse später noch ändern zu können. Wenn eine öffentliche Klasse ihre Datenfelder offen legen würde, hätte man keine Chance mehr, die Repräsentation nachträglich ändern zu können, da Client-Code für öffentliche Klassen über das gesamte bekannte Universum verbreitet sein kann.

Ist eine Klasse jedoch paketprivat oder eine private geschachtelte Klasse, so ist gegen das Offenlegen ihrer Datenfelder an und für sich nichts einzuwenden, wenn diese tatsächlich die Abstraktion beschreiben, die diese Klasse liefert. Dieser Ansatz stiftet weniger sichtbare Unordnung als der Ansatz mit den Zugriffsmethoden. Dies gilt sowohl für die Klassendefinition als auch für den Client-Code, der die Klasse nutzt. Der Client-Code ist an die interne Repräsentation der Klasse gebunden und dieser Code ist wiederum auf das Paket beschränkt, zu dem die Klasse gehört. Wenn der unwahrscheinliche Fall eintritt, dass eine Änderung der Repräsentation wünschenswert wird, dann kann diese Änderung bewirkt werden, ohne irgendwelchen Code außerhalb des Pakets anzufassen. Im Falle einer privaten, geschachtelten Klasse wird der Skopus der Änderung noch stärker eingeschränkt, nämlich auf die umgebende Klasse.

In den Java-Plattformbibliotheken gibt es mehrere Klassen, die die Vorschrift verletzen, dass öffentliche Klassen keine Felder unmittelbar offen legen sollen. Hervorstechende Beispiele sind die Klassen Point und Dimension aus dem Paket java.awt. Diese Klassen sollten Sie nicht nachahmen, sondern als abschreckende Beispiele betrachten. In Thema 37 wird beschrieben, wie die Entscheidung, Interna der Dimension-Klasse offen zu legen, zu einem bösen Leistungsproblem führte, das nicht ohne Beeinträchtigung der Clients behoben werden konnte.

5.2 Thema 20: Ersetzen Sie Unions durch Klassenhierarchien

Das union-Konstrukt von C dient zumeist der Definition von Strukturen, die mehr als einen Datentyp speichern können. Eine solche Struktur hat in der Regel mindestens zwei Felder: Eine Union und ein *Tag*. Das Tag ist ein normales Feld, das angibt, welchen der möglichen Typen die Union speichert. Normalerweise hat es einen enum-Typ. Eine Struktur mit einer Union und einem Tag wird manchmal auch als *discriminated Union* bezeichnet.

In dem C-Codebeispiel unten ist der Typ shape_t eine discriminated Union, mit der Sie entweder ein Rechteck oder einen Kreis darstellen können. Die Funktion area nimmt einen Zeiger auf eine shape_t-Struktur entgegen und gibt ihren Bereich oder, wenn die Struktur ungültig ist, -1.0 zurück.

```c
/* Discriminated Union */
#include "math.h"
typedef enum {RECTANGLE, CIRCLE} shapeType_t;

typedef struct {
    double length;
    double width;
} rectangleDimensions_t;

typedef struct {
    double radius;
} circleDimensions_t;

typedef struct {
    shapeType_t tag;
    union {
        rectangleDimensions_t rectangle;
        circleDimensions_t    circle;
    } dimensions;
} shape_t;

double area(shape_t *shape) {
    switch(shape->tag) {
      case RECTANGLE: {
```

```
          double length = shape->dimensions.rectangle.length;
          double width  = shape->dimensions.rectangle.width;
          return length * width;
        }
      case CIRCLE: {
          double r = shape->dimensions.circle.radius;
          return M_PI * (r*r);
        }
      default: return -1.0; /* Ungültiges Tag */
    }
}
```

Die Entwickler von Java beschlossen, das union-Konstrukt wegzulassen, weil es einen viel besseren Mechanismus gibt, um einen einzelnen Datentyp zu definieren, der Objekte verschiedener Typen darstellen kann: die Bildung von Untertypen. Eine discriminated Union ist eigentlich nichts als ein Abklatsch einer Klassenhierarchie.

Um eine discriminated Union in eine Klassenhierarchie zu verwandeln, definieren Sie eine abstrakte Klasse, die für jede Operation, deren Verhalten von dem Wert des Tags abhängt, eine abstrakte Methode enthält. Im obigen Beispiel ist area die einzige derartige Operation. Diese abstrakte Klasse ist die Wurzel der Klassenhierarchie. Wenn es irgendwelche Operationen gibt, deren Verhalten nicht von dem Tag-Wert abhängt, müssen Sie diese Operationen in konkrete Methoden der Wurzelklasse verwandeln. Ebenso gilt: Wenn außer dem Tag und der Union irgendwelche Datenfelder in der discriminated Union sind, so stellen diese Felder Daten dar, die allen Typen gemeinsam sind, und sollten daher der Wurzelklasse hinzugefügt werden. In unserem Beispiel gibt es keine derartigen typunabhängigen Operationen oder Datenfelder.

Als Nächstes definieren Sie für jeden Typ, der von der discriminated Union dargestellt werden kann, eine konkrete Unterklasse der Wurzelklasse. Im obigen Beispiel sind das die Typen circle und rectangle. Binden Sie in jede Unterklasse die Datenfelder ein, die für ihren Typ spezifisch sind. In dem Beispiel ist radius spezifisch für circle, und length und width sind spezifisch für rectangle. Außerdem sollten Sie in jede Unterklasse die passende Implementierung jeder abstrakten Klasse der Wurzelklasse hineinschreiben. Im Folgenden sehen Sie die Klassenhierarchie zu dem Beispiel mit der discriminated Union:

```
abstract class Shape {
    abstract double area();
}

class Circle extends Shape {
    final double radius;

    Circle(double radius) { this.radius = radius; }
```

```
        double area() { return Math.PI * radius*radius; }
    }

    class Rectangle extends Shape {
        final double length;
        final double width;

        Rectangle(double length, double width) {
            this.length = length;
            this.width  = width;
        }
        double area() { return length * width; }
    }
```

Eine Klassenhierarchie bietet eine Menge Vorteile gegenüber einer discriminated Union. Ein Hauptvorteil ist, dass die Klassenhierarchie für Typsicherheit sorgt. In unserem Beispiel ist jede Instanz von Shape entweder ein gültiger Circle oder ein gültiges Rectangle. Leicht kann es passieren, dass Sie eine shape_t-Struktur generieren, die kompletter Müll ist, weil die Verbindung zwischen dem Tag und der Union von der Sprache nicht erzwungen wird. Wenn das Tag anzeigt, dass shape_t ein Rechteck darstellt, aber die Union auf einen Kreis eingestellt wurde, dann geht nichts mehr. Selbst wenn eine discriminated Union korrekt initialisiert wurde, kann sie immer noch einer Funktion übergeben werden, die für ihren Tag-Wert ungeeignet ist.

Ein zweiter Vorteil der Klassenhierarchie ist der einfache und klare Code. Die discriminated Union ist vollgestopft mit allem Möglichen: Der enum-Typ wird deklariert, das Tag-Feld wird deklariert, der Tag-Wert kann gewechselt werden, unerwartete Tag-Werte werden behandelt und dergleichen mehr. Noch schlechter lesbar wird der Code der discriminated Union durch den Umstand, dass die Operationen für die verschiedenen Typen nicht nach Typen getrennt, sondern vermischt darin stehen.

Ein dritter Vorteil der Klassenhierarchie ist ihre leichte Erweiterbarkeit, die selbst dann zum Tragen kommt, wenn mehrere Personen unabhängig voneinander an ihr arbeiten. Um eine Klassenhierarchie zu erweitern, fügen Sie einfach eine neue Unterklasse hinzu. Wenn Sie eine der abstrakten Oberklassenmethoden zu überschreiben vergessen, sagt Ihnen dies der Compiler klar und deutlich. Wenn Sie dagegen eine discriminated Union erweitern möchten, müssen Sie in den Quellcode hineingehen. Sie müssen in jeder Operation auf der discriminated Union dem enum-Typ einen neuen Wert und der switch-Anweisung einen neuen Fall hinzufügen und zum Schluss alles noch einmal neu kompilieren. Wenn Sie bei einer Methode den neuen Fall vergessen, stellen Sie das erst zur Laufzeit fest, und auch dann nur, wenn Sie sorgfältig auf unerkannte Tag-Werte hin prüfen und für eine geeignete Fehlermeldung sorgen.

Ein vierter Vorteil der Klassenhierarchie ist, dass sie natürliche Hierarchiebeziehungen zwischen Typen widerspiegeln kann. Dies gestattet mehr Flexibilität und eine bessere Typprüfung zur Übersetzungszeit. Angenommen, die discriminated Union im ersten

Beispiel würde auch Quadrate (Squares) mit einbeziehen. Die Klassenhierarchie können Sie so gestalten, dass sie die Tatsache widerspiegelt, dass ein Quadrat ein Sonderfall eines Rechtecks ist (wir gehen davon aus, dass beide unveränderlich sind):

```
class Square extends Rectangle {
    Square(double side) {
        super(side, side);
    }

    double side() {
        return length; // oder entsprechend width
    }
}
```

Die Klassenhierarchie in diesem Beispiel ist nicht die einzige, mit der man die discriminated Union hätte ersetzen können. Sie verkörpert mehrere bemerkenswerte Entwurfsentscheidungen. Auf die Klassen in der Hierarchie – ausgenommen Square – wird nicht über Zugriffsmethoden, sondern über ihre Felder zugegriffen. Der Grund ist die Kürze, aber bei öffentlichen Klassen wäre das nicht akzeptabel (Thema 19). Die Klassen sind unveränderlich. Das geht nicht immer, ist aber generell eine gute Sache (Thema 13).

Da Java kein union-Konstrukt kennt, könnte man annehmen, es bestehe gar keine Gefahr, dass jemand eine discriminated Union implementiert. Es ist jedoch möglich, Code zu schreiben, der viele der Nachteile dieses Konstrukts hat. Wann immer Sie in Versuchung sind, eine Klasse mit einem expliziten Tag-Feld zu schreiben, sollten Sie überlegen, ob Sie das Tag nicht auch beiseite lassen und die Klasse durch eine Klassenhierarchie ersetzen könnten.

Eine andere Anwendung des union-Konstrukts von C hat mit discriminated Unions gar nichts zu tun: Es geht um die Betrachtung der internen Repräsentation eines Datenstücks, wobei absichtlich das Typsystem verletzt wird. Diese Verwendung sehen Sie in dem folgenden C-Codefragment, das die rechnerspezifische Hexadezimaldarstellung eines float-Werts ausgibt:

```
union {
    float f;
    int   bits;
} sleaze;

sleaze.f = 6.699e-41;   /* Setz Daten in ein Feld der Union... */
printf("%x\n", sleaze.bits); /* ...und lies sie aus dem anderen. */
```

Diese nicht-portierbare Verwendung von union kann zwar speziell für die Systemprogrammierung nützlich sein, hat aber in Java keine Entsprechung. Sie widerspricht dem Geist dieser Sprache, der Typsicherheit garantiert und alles unternimmt, um die Programmierer von den rechnerspezifischen, internen Repräsentationen abzuschneiden.

Das Paket `java.lang` enthält zwar Methoden zur Übersetzung von Gleitkommazahlen in Bitdarstellungen, aber diese Methoden sind mit genau spezifizierter Bitdarstellung definiert, um die Portierbarkeit zu gewährleisten. Das nachfolgende Code-Fragment, das dem obigen C-Fragment in etwa entspricht, gibt garantiert auf jeder Plattform dasselbe Ergebnis aus:

```
System.out.println(
    Integer.toHexString(Float.floatToIntBits(6.699e-41f)));
```

5.3 Thema 21: Ersetzen Sie Enum-Konstrukte durch Klassen

Das `enum`-Konstrukt von C wurde bei Java weggelassen. Dem Namen nach definiert es einen *Aufzählungstyp*: einen Typ, dessen gültige Werte aus einer festgelegten Menge von Konstanten bestehen. Doch leider definiert das `enum`-Konstrukt die Aufzählungstypen nur schlecht. Es definiert nur eine Menge benannter, ganzzahliger Konstanten und bietet keinerlei Typsicherheit und nur wenig Bequemlichkeit. Sie können in gültigem C nicht nur dieses schreiben:

```
typedef enum {FUJI, PIPPIN, GRANNY_SMITH} apple_t;
typedef enum {NAVEL, TEMPLE, BLOOD} orange_t;
orange_t myFavorite = PIPPIN;    /* Äpfel und Birnen vergleichen */
```

sondern auch die nachfolgende Ungeheuerlichkeit:

```
orange_t x = (FUJI - PIPPIN)/TEMPLE;    /* Schwachsinn! */
```

Das `enum`-Konstrukt stellt keinen Namensraum für die Konstanten her, die es generiert. Daher steht die nachfolgende Deklaration, die einen der Namen wieder verwendet, im Konflikt zu der Deklaration von `orange_t`:

```
typedef enum {BLOOD, SWEAT, TEARS} fluid_t;
```

Typen, die mit dem `enum`-Konstrukt definiert wurden, sind empfindlich. Wenn Sie einem solchen Typ Konstanten hinzufügen, ohne seine Clients neu zu kompilieren, und nicht auf die Erhaltung aller zuvor existierenden Konstantenwerte achten, so führt dies zu chaotischem Verhalten. Es ist unmöglich, dass mehrere Personen unabhängig voneinander einem solchen Typ Konstanten hinzufügen, denn ihre neuen Aufzählungskonstanten werden wahrscheinlich Konflikte verursachen. Das `enum`-Konstrukt bietet keinen Weg, um auf einfache Weise Aufzählungskonstanten in druckbare Strings zu übersetzen oder die Konstanten in einem Typ aufzuzählen.

Leider hat das meistgenutzte Muster für Aufzählungstypen in Java dieselben Mängel wie das `enum`-Konstrukt von C:

```
// Das int enum-Muster - problematisch!!
public class PlayingCard {
    public static final int SUIT_CLUBS    = 0;
```

```
        public static final int SUIT_DIAMONDS = 1;
        public static final int SUIT_HEARTS   = 2;
        public static final int SUIT_SPADES   = 3;
        ...
}
```

Eventuell finden Sie eine Variante dieses Musters vor, die statt String-Konstanten int-Konstanten verwendet. Diese Varianten dürfen Sie nie benutzen. Sie stellt zwar für ihre Konstanten druckbare Strings zur Verfügung, kann aber Leistungsprobleme verursachen, weil sie sich auf String-Vergleiche stützt. Außerdem kann sie naive Benutzer veranlassen, String-Konstanten in den Client-Code fest einzugeben, statt die entsprechenden Feldnamen zu verwenden. Wenn eine solche, fest eingegebene String-Konstante einen Tippfehler enthält, wird dieser zur Übersetzungszeit nicht erkannt und ruft später Laufzeitfehler hervor.

Zum Glück bietet Java eine Alternative, die alle Probleme der gebräuchlichen int- und String-Muster löst und zudem auch noch Vorteile bringt. Sie heißt *typsicheres Enum-Muster*. Es ist leider noch recht unbekannt. Sein Grundgedanke ist einfach: Sie definieren eine Klasse, die ein einzelnes Element des Aufzählungstyps enthält, und geben keinen öffentlichen Konstruktor an. Stattdessen liefern Sie für jede Konstante des Aufzählungstyps ein public static final-Feld. In seiner einfachsten Form sieht dieses Muster folgendermaßen aus:

```
// Das typsichere Enum-Muster
public class Suit {
    private final String name;

    private Suit(String name) { this.name = name; }

    public String toString() { return name; }

    public static final Suit CLUBS    = new Suit("clubs");
    public static final Suit DIAMONDS = new Suit("diamonds");
    public static final Suit HEARTS   = new Suit("hearts");
    public static final Suit SPADES   = new Suit("spades");
}
```

Da Clients keine Möglichkeit haben, Objekte der Klasse zu erzeugen oder sie zu erweitern, kann es von diesem Typ nur die Objekte geben, die über die public static final-Felder exportiert werden. Obwohl die Klasse nicht als final deklariert ist, gibt es keine Möglichkeit, sie zu erweitern. Unterklassenkonstruktoren müssen einen Oberklassenkonstruktor aufrufen, und ein solcher steht nicht zur Verfügung.

Wie sein Name schon sagt, ist das typsichere Enum-Muster zur Übersetzungszeit typsicher. Wenn Sie eine Methode mit einem Parameter vom Typ Suit deklarieren, haben Sie die Garantie, dass jede an diese Methode übergebene Nicht-Null-Objektreferenz eine der vier gültigen Kartenfarben darstellt. Jeder Versuch, ein Objekt mit einem

Thema 21: Ersetzen Sie Enum-Konstrukte durch Klassen

unzulässigen Typ zu übergeben, wird zur Übersetzungszeit abgefangen. Gleiches gilt für Versuche, einen Ausdruck mit einem Aufzählungstyp einer Variablen eines anderen Aufzählungstyps zuzuweisen. Mehrere typsichere Enum-Klassen mit identisch benannten Aufzählungskonstanten können friedlich koexistieren, da jede Klasse ihren eigenen Namensraum hat.

Sie können einer typsicheren Enum-Klasse Konstanten hinzufügen, ohne ihre Clients neu kompilieren zu müssen, denn die `public static`-Objektreferenz-Felder mit den Aufzählungskonstanten bilden eine Isolierschicht zwischen dem Client und der Enum-Klasse. Die Konstanten selbst werden – anders als in dem bekannteren `int`-Muster und seiner `String`-Variante – niemals in die Clients hineinkompiliert.

Da typsichere Enums voll ausgereifte Klassen sind, können Sie, wie zuvor gezeigt, die `toString`-Methode überschreiben und gestatten, dass Werte in druckbare Zeichen übersetzt werden. Auf Wunsch können Sie auch noch einen Schritt weiter gehen und mit den standardmäßigen Mitteln typsichere Enums internationalisieren. Beachten Sie, dass String-Namen nur von der `toString`-Methode und nicht für Gleichheitsvergleiche genutzt werden, da die von `Object` geerbte `equals`-Implementierung einen Referenzidentitätsvergleich durchführt.

Sie können einer typsicheren Enum-Klasse jede geeignete Methode hinzufügen. Unsere `Suit`-Klasse könnte z.B. von einer Methode profitieren, die die Kartenfarbe zurückgibt, oder von einer, die das Bildsymbol der betreffenden Farbe zurückliefert. Eine Klasse kann als einfache typsichere Enum anfangen und sich mit der Zeit zu einer Abstraktion mit umfassenden Funktionen mausern.

Da Sie typsicheren Enum-Klassen beliebige Methoden geben könne, können sie auch jedes beliebige Interface implementieren. Angenommen, Sie möchten, dass `Suit` das Interface `Comparable` implementiert, damit die Clients ihre Karten nach Farbe sortieren können.

Im Folgenden sehen Sie eine kleine Abwandlung des Originalmusters, die dies leistet. Mit der statischen Variablen `nextOrdinal` wird jeder Instanz bei ihrer Erzeugung eine Ordinalzahl zugewiesen. Diese wird von der `compareTo`-Methode genutzt, um die Instanzen zu ordnen:

```
// typsichere Enum mit Ordinalzahlen
public class Suit implements Comparable {
    private final String name;

    // Erzeuge Ordinalzahl der nächsten Farbe
    private static int nextOrdinal = 0;

    // Weise dieser Farbe eine Ordinalzahl zu
    private final int ordinal = nextOrdinal++;
```

```
    private Suit(String name) { this.name = name; }

    public String toString() { return name; }

    public int compareTo(Object o) {
        return ordinal - ((Suit)o).ordinal;
    }

    public static final Suit CLUBS    = new Suit("clubs");
    public static final Suit DIAMONDS = new Suit("diamonds");
    public static final Suit HEARTS   = new Suit("hearts");
    public static final Suit SPADES   = new Suit("spades");
}
```

Da die Konstanten der typsicheren Enum Objekte sind, können Sie sie in Sammlungen einfügen. Angenommen, Sie möchten, dass die Klasse Suit eine unveränderliche Liste der Kartenfarben in der üblichen Reihenfolge exportiert. Dazu brauchen Sie der Klasse nur die folgenden beiden Felddeklarationen hinzufügen:

```
private static final Suit[] PRIVATE_VALUES =
    { CLUBS, DIAMONDS, HEARTS, SPADES };
public static final List VALUES =
    Collections.unmodifiableList(Arrays.asList(PRIVATE_VALUES));
```

Anders als bei dem typsicheren Enum-Muster in seiner einfachsten Form können Klassen des oben gezeigten Musters mit den Ordinalzahlen auch serialisierbar gemacht werden (Kapitel 10). Das kostet etwas Mühe: Es reicht nicht, einfach implements Serializable in die Klassendeklaration zu schreiben; Sie müssen auch eine readResolve-Methode zur Verfügung stellen (Thema 57):

```
private Object readResolve() throws ObjectStreamException {
    return PRIVATE_VALUES[ordinal]; // kanonisch machen
}
```

Diese Methode, die vom Serialisierungssystem automatisch aufgerufen wird, verhindert, dass nach einer Deserialisierung doppelte Konstanten nebeneinander existieren. So ist garantiert, dass jede Enum-Konstante immer nur durch ein einziges Objekt dargestellt wird, und Object.equals braucht nicht mehr überschrieben zu werden. Ohne diese Garantie würde Object.equals einen verkehrten negativen Wert zurückgeben, wenn es auf zwei getrennte, aber gleiche Aufzählungskonstanten trifft. Achtung: Da sich die readResolve-Methode auf das PRIVATE_VALUES-Array bezieht, müssen Sie dieses Array auch dann deklarieren, wenn Sie gar keine VALUES exportieren möchten. Und da das name-Feld von der readResolve-Methode nicht benutzt wird, können und müssen Sie es transient machen.

Die resultierende Klasse ist etwas empfindlich. Konstruktoren für etwaige neue Werte müssen hinter denen für alle bereits vorhandenen Werte stehen, damit gewährleistet ist, dass die zuvor serialisierten Instanzen ihren Wert nicht ändern, wenn sie deserialisiert werden. Das ist so, weil die serialisierte Form (Thema 55) einer Aufzählungskonstante nur in ihrer Ordinalzahl besteht. Wenn sich die zu einer Ordinalzahl gehörende Aufzählungskonstante ändert, übernimmt eine serialisierte Konstante mit dieser Ordinalzahl den neuen Wert, wenn sie deserialisiert wird.

Eventuell hängen mit jeder Konstante Verhaltensweisen zusammen, die nur innerhalb des Pakets zum Tragen kommen, zu dem die typsichere Enum-Klasse gehört. Solche Verhaltensweisen implementieren Sie am besten als paketprivate Methoden der betreffenden Klasse. Dann trägt jede Enum-Konstante eine verborgene Sammlung von Verhaltensweisen mit sich, die es dem Paket des Aufzählungstyps ermöglicht, passend zu reagieren, wenn es auf diese Konstante trifft.

Wenn eine typsichere Enum-Klasse Methoden hat, deren Verhalten von einer Klassenkonstante zur anderen deutlich unterschiedlich ist, dann sollten Sie für jede Konstante eine eigene private Klasse oder anonyme innere Klasse verwenden. So erhält jede Konstante ihre eigene Implementierung von jeder dieser Methoden und ruft auch automatisch die richtige Implementierung auf. Die Alternative wäre, jede derartige Methode als Verzweigung in mehrere Richtungen zu strukturieren, die sich je nach der Konstante, auf der sie aufgerufen wird, anders verhält. Diese Alternative ist hässlich, fehleranfällig und vermutlich schädlicher für die Leistung, als das automatische Methoden-Dispatching der virtuellen Maschine.

Die nachfolgende typsichere Enum-Klasse veranschaulicht die beiden oben beschriebenen Techniken. Diese Klasse namens `Operation` stellt eine Operation eines einfachen Taschenrechners mit vier Funktionen dar. Außerhalb des Pakets, in dem sie definiert ist, können Sie mit einer `Operation`-Konstante lediglich die `Object`-Methoden aufrufen (`toString`, `hashCode`, `equals` usw.). Innerhalb des Pakets können Sie jedoch die von der Konstanten dargestellte Rechenoperation ausführen. Das Paket könnte ein höher angesiedeltes Taschenrechner-Objekt exportieren, das wiederum eine oder mehrere Methoden exportiert, die eine `Operation`-Konstante als Parameter entgegennehmen. Beachten Sie, dass `Operation` selbst eine abstrakte Klasse ist, die eine einzige, paketprivate abstrakte Methode namens `eval` enthält, die die entsprechende Rechenoperation ausführt. Für jede Konstante ist eine anonyme innere Klasse definiert, sodass jede Konstante ihre eigene Version von `eval` definieren kann:

```
// Typsichere Enum, Konstanten sind mit Verhalten verbunden
public abstract class Operation {
    private final String name;

    Operation(String name)   { this.name = name; }

    public String toString() { return this.name; }

    // Führe die Rechenoperation gemäß dieser Konstante durch.
    abstract double eval(double x, double y);
```

```
    public static final Operation PLUS = new Operation("+") {
        double eval(double x, double y) { return x + y; }
    };
    public static final Operation MINUS = new Operation("-") {
        double eval(double x, double y) { return x - y; }
    };
    public static final Operation TIMES = new Operation("*") {
        double eval(double x, double y) { return x * y; }
    };
    public static final Operation DIVIDED_BY =
        new Operation("/") {
            double eval(double x, double y) { return x / y; }
    };
}
```

Allgemein ausgedrückt sind typsichere Enums hinsichtlich der Leistung vergleichbar mit int-Aufzählungskonstanten. Da nie zwei getrennte Instanzen einer typsicheren Enum-Klasse denselben Wert darstellen können, werden sie mit den schnellen Referenzidentitätsvergleichen auf logische Gleichheit hin geprüft. Clients einer typsicheren Enum-Klasse können statt der equals-Methode den ==-Operator verwenden. Die Ergebnisse sind garantiert dieselben und überdies ist der Operator womöglich sogar schneller.

Wenn eine typsichere Enum-Klasse allgemein von Nutzen ist, sollte sie eine Toplevel-Klasse sein. Ist ihre Verwendung an eine spezielle Toplevel-Klasse gebunden, so sollte sie eine statische Attributklasse dieser Toplevel-Klasse sein (Thema 18). Die Klasse enthält z.B. eine Sammlung von int-Aufzählungskonstanten, die *Rundungsmodi* für Dezimalbrüche darstellen. Diese Rundungsmodi sind eine nützliche Abstraktion, die nicht grundsätzlich an die Klasse BigDecimal gebunden ist; man hätte sie also besser als losgelöste Klasse java.math.RoundingMode implementiert. Das hätte jeden Programmierer, der Rundungsmodi benötigt, veranlasst, die Modi dieser Klasse zu benutzen und die Konsistenz zwischen den APIs wäre besser geworden.

Das in beiden obigen Suit-Implementierungen angegebene, elementare typsichere Enum-Muster ist *festgelegt*: Benutzer können dem Aufzählungstyp keine neuen Elemente hinzufügen, da seine Klasse keine Konstruktoren hat, auf die ein Benutzer zugreifen könnte. Im Endeffekt wird die Klasse dadurch final, egal ob sie mit dem Zugriffsmodifikator final deklariert wurde oder nicht. Normalerweise ist es genau dies, was Sie möchten, aber gelegentlich möchten Sie auch eine typsichere Enum-Klasse *erweiterbar* machen. Dies könnte z.B. der Fall sein, wenn Sie eine typsichere Enum zur Darstellung von Bildkodierungsformaten verwenden und möchten, dass andere Programmierer Unterstützung für neue Formate hinzufügen können.

Um eine typsichere Enum erweiterbar zu machen, fügen Sie einfach einen geschützten Konstruktor hinzu. Dann können andere Programmierer die Klasse erweitern und ihren Unterklassen neue Konstanten hinzufügen. Über Konstantenkonflikte brauchen

Sie sich nicht in dem Maße zu sorgen, als verwendeten Sie das `int`-Aufzählungsmuster. Die erweiterbare Variante des typsicheren Enum-Musters nutzt den Paket-Namensraum, um einen »wie von Zauberhand verwalteten« eigenen Namensraum für die erweiterbare Aufzählung anzulegen. Mehrere Organisationen können die Aufzählung dann erweitern, ohne voneinander zu wissen, ohne dass ihre Erweiterungen jemals Konflikte verursachen.

Nur weil Sie einem Aufzählungstyp ein Element hinzugefügt haben, bedeutet dies noch nicht, dass das Element auch vollständig unterstützt wird: Den Methoden, die ein Element des Aufzählungstyps entgegennehmen, kann eventuell auch ein dem Programmierer unbekanntes Element übergeben werden. Mehrfachverzweigungen auf festgelegten Aufzählungstypen sind bereits fragwürdig, aber auf erweiterbaren Aufzählungstypen sind sie regelrecht tödlich, da sie nicht jedes Mal, wenn ein Programmierer den Typ erweitert, wie durch Zauberei einen neuen Zweig wachsen lassen können.

Mit diesem Problem können Sie fertig werden, indem Sie der typsicheren Enum-Klasse alle Methoden geben, die notwendig sind, um das Verhalten einer Konstante der Klasse zu beschreiben. Methoden, die den Clients der Klasse nichts nützen, sollten Sie schützen: So sind sie vor den Clients verborgen, können aber von Unterklassen überschrieben werden. Wenn eine solche Methode keine vernünftige Standardimplementierung hat, sollte sie nicht nur geschützt, sondern auch abstrakt sein.

Erweiterbare, typsichere Enum-Klassen sollten die Methoden `equals` und `hashCode` durch finale Methoden überschreiben, die die entsprechenden Methoden aus `Object` aufrufen. So verhindern Sie, dass eine Unterklasse diese Methoden versehentlich überschreibt, und halten die Garantie aufrecht, dass alle Objekte des Aufzählungstyps, die gleich sind, auch identisch sind (`a.equals(b)` genau dann wenn `a==b`):

```
//Methoden, die das Überschreiben verhindern
public final boolean equals(Object that) {
    return super.equals(that);
}

public final int hashCode() {
    return super.hashCode();
}
```

Beachten Sie, dass die erweiterbare Variante (extensible) nicht mit der Vergleichsvariante (comparable) kompatibel ist: Wenn Sie beide kombinierten, hinge die Reihenfolge der Unterklassenelemente davon ab, in welcher Reihenfolge diese Unterklassen initialisiert wurden. Diese könnte jedoch von Programm zu Programm und von Ausführung zu Ausführung unterschiedlich sein.

Die erweiterbare Variante des typsicheren Enum-Musters ist zwar mit der serialisierbaren kompatibel, aber eine Kombination beider Varianten erfordert einige Sorgfalt.

Jede Unterklasse muss eigene Ordinalzahlen zuweisen und eine eigene `readResolve`-Methode zur Verfügung stellen. Im Grunde ist jede Klasse dafür verantwortlich, ihre eigenen Instanzen zu serialisieren und zu deserialisieren. Um dies zu konkretisieren sehen Sie hier eine Version der Klasse `Operation`, die sowohl erweiterbar als auch serialisierbar ist:

```java
// Serialisierbare, erweiterbare typsichere Enum
public abstract class Operation implements Serializable {
    private final transient String name;
    protected Operation(String name) { this.name = name; }

    public static Operation PLUS = new Operation("+") {
        protected double eval(double x, double y) { return x+y; }
    };
    public static Operation MINUS = new Operation("-") {
        protected double eval(double x, double y) { return x-y; }
    };
    public static Operation TIMES = new Operation("*") {
        protected double eval(double x, double y) { return x*y; }
    };
    public static Operation DIVIDE = new Operation("/") {
        protected double eval(double x, double y) { return x/y; }
    };

    // Führe Rechenoperation gemäß dieser Konstante aus
    protected abstract double eval(double x, double y);

    public String toString() { return this.name; }
    // Hindere Unterklassen am Überschreiben von Object.equals
    public final boolean equals(Object that) {
        return super.equals(that);
    }
    public final int hashCode() {
        return super.hashCode();
    }

    // Diese 4 Deklarationen sind für die Serialisierung nötig
    private static int nextOrdinal = 0;
    private final int ordinal = nextOrdinal++;
    private static final Operation[] VALUES =
        { PLUS, MINUS, TIMES, DIVIDE };
    Object readResolve() throws ObjectStreamException {
        return VALUES[ordinal];  // kanonisch machen
    }
}
```

Hier sehen Sie eine Unterklasse von `Operation`, die Logarithmus- und Exponential-Operationen hinzufügt. Diese Unterklasse könnte außerhalb des Pakets mit der überarbeiteten `Operation`-Klasse existieren. Sie könnte öffentlich und erweiterbar sein. Mehrere unabhängig voneinander geschriebenen Unterklassen können friedlich koexistieren:

```
// Unterklasse der erweiterbaren, serialisierbaren
// typsicheren Enum
abstract class ExtendedOperation extends Operation {
    ExtendedOperation(String name) { super(name); }

    public static Operation LOG = new ExtendedOperation("log") {
        protected double eval(double x, double y) {
            return Math.log(y) / Math.log(x);
        }
    };
    public static Operation EXP = new ExtendedOperation("exp") {
        protected double eval(double x, double y) {
            return Math.pow(x, y);
        }
    };

    // Diese 4 Deklarationen sind für die Serialisierung nötig
    private static int nextOrdinal = 0;
    private final int ordinal = nextOrdinal++;
    private static final Operation[] VALUES = { LOG, EXP };
    Object readResolve() throws ObjectStreamException {
        return VALUES[ordinal];   // kanonisch machen
    }
}
```

Beachten Sie, dass die readResolve-Methoden in den soeben gezeigten Klassen nicht privat, sondern paketprivat sind. Das ist notwendig, weil die Instanzen von Operation und ExtendedOperation tatsächlich Instanzen anonymer Unterklassen sind. Daher wären private readResolve-Methoden wirkungslos (Thema 57).

Das typsichere Enum-Muster hat einige Nachteile im Vergleich zum int-Muster. Vielleicht der einzige bedeutende Nachteil ist der, dass es komplizierter ist, typsichere Enum-Konstanten zu Mengen zusammenzufassen. Bei int-Enums tun Sie dies traditionell, indem Sie Aufzählungskonstantenwerte wählen, von denen jeder eine andere Zweierpotenz ist, und eine Menge als bitweises ODER der relevanten Konstanten darstellen:

```
// Bit-Flag-Variante des int-Enum-Musters
public static final int SUIT_CLUBS    = 1;
public static final int SUIT_DIAMONDS = 2;
public static final int SUIT_HEARTS   = 4;
public static final int SUIT_SPADES   = 8;

public static final int SUIT_BLACK = SUIT_CLUBS | SUIT_SPADES;
```

Mengen von Aufzählungstypkonstanten lassen sich in dieser Weise knapp und sehr schnell darstellen. Für Mengen von typsicheren Enum-Konstanten können Sie eine Allzweck-Set-Implementierung des Collections Frameworks benutzen, die jedoch weniger knapp und schnell ist:

```
Set blackSuits = new HashSet();
blackSuits.add(Suit.CLUBS);
blackSuits.add(Suit.SPADES);
```

Den Nachteil, dass Sie Mengen von typsicheren Enum-Konstanten nicht so knapp und schnell machen können wie Mengen von `int`-Enum-Konstanten, können Sie mildern, indem Sie eine spezielle `Set`-Implementierung liefern, die nur Elemente eines einzigen Typs entgegennimmt und die Menge intern als Bitvektor darstellt. Eine solche Menge implementieren Sie am besten in demselben Paket, in dem sich auch ihr Elementtyp befindet, damit über ein paketprivates Feld oder eine Methode Zugriff auf einen Bitwert besteht, der intern mit jeder typsicheren Enum-Konstante verbunden ist. Es ist sinnvoll, öffentliche Konstruktoren zu liefern, die kurze Elementfolgen als Parameter entgegennehmen, damit Idiome wie dieses möglich sind:

```
hand.discard(new SuitSet(Suit.CLUBS, Suit.SPADES));
```

Gegenüber `int`-Enums haben typsichere Enums den kleinen Nachteil, dass Sie sie nicht in `switch`-Anweisungen benutzen können, da sie keine integralen Konstanten sind. Sie müssen stattdessen eine `if`-Anweisung wie die folgende verwenden:

```
if (suit == Suit.CLUBS) {
    ...
} else if (suit == Suit.DIAMONDS) {
    ...
} else if (suit == Suit.HEARTS) {
    ...
} else if (suit == Suit.SPADES) {
    ...
} else {
    throw new NullPointerException("Null Suit"); // suit == null
}
```

Die `if`-Anweisung läuft vielleicht nicht ganz so schnell wie die `switch`-Anweisung, aber wahrscheinlich ist der Unterschied nicht groß. Außerdem dürften für typsichere Enum-Konstanten nur selten Mehrfachverzweigungen erforderlich sein, weil sie sich, wie in dem `Operator`-Beispiel dargestellt, für das automatische Methoden-Dispatching der JVM eignen.

Ein anderer kleiner Performance-Nachteil von typsicheren Enums ist, dass es Zeit und Speicherplatz kostet, Enum-Typklassen zu laden und die Konstantenobjekte zu erzeugen. Doch dieses Problem wird in der Praxis nur auf Geräten mit sehr begrenzten Ressourcen wie z.B. Handys und Toastern zu Tage treten.

Fazit: Typsichere Enums haben große Vorteile gegenüber `int`-Enums und keiner ihrer Nachteile ist gravierend, solange Sie einen Aufzählungstyp nicht hauptsächlich als Element einer Menge oder in einer Umgebung mit sehr knappen Ressourcen einsetzen. Folglich sollten Sie, **wenn die Umstände einen Aufzählungstyp erforderlich machen, immer zuerst an das typsichere Enum-Muster denken**. APIs, die typsichere Enums nutzen, sind viel programmiererfreundlicher als APIs mit `int`-Enums. Der einzige Grund, weshalb typsichere Enums in den Java-Plattform-APIs nicht häufiger genutzt werden, ist, dass sie noch nicht bekannt waren, als viele dieser APIs geschrieben wurden. Abschließend möchte ich noch einmal betonen, dass Aufzählungstypen jeder Art nur relativ selten wirklich notwendig sind, da die Unterklassenbildung eine umfassende Nutzung dieser Typen überflüssig gemacht hat (Thema 20).

5.4 Thema 22: Ersetzen Sie Funktionszeiger durch Klassen und Interfaces

C unterstützt *Funktionszeiger*, mit denen ein Programm die Fähigkeit zum Aufruf einer bestimmten Funktion speichern und übermitteln kann. Funktionszeiger sind dazu da, dass der Aufrufer einer Funktion ihr Verhalten spezialisieren kann, indem er einen Zeiger auf eine zweite Funktion übergibt, was manchmal auch als *Callback* bezeichnet wird. Die Funktion `qsort` aus der C-Standardbibliothek nimmt z.B. einen Zeiger auf eine *Vergleichs*funktion entgegen, die sie benutzt, um die zu sortierenden Elemente zu vergleichen. Die Vergleichsfunktion nimmt zwei Parameter entgegen: Jeder ist ein Zeiger auf ein Element. Sie gibt eine negative ganze Zahl zurück, wenn das Element, auf das der erste Parameter zeigt, kleiner als das Element ist, auf das der zweite Parameter zeigt. Im umgekehrten Fall gibt sie eine positive ganze Zahl zurück und wenn beide Elemente gleich sind, gibt sie null zurück. Sie können verschiedene Sortierreihenfolgen erhalten, indem Sie verschiedene Vergleichsfunktionen übergeben. Dies ist ein Beispiel für das *Strategie*muster [Gamma 1998, S. 315]: Die Vergleichsfunktion ist eine Strategie zum Sortieren der Elemente.

Auf Funktionszeiger hat man in Java verzichtet, da Sie dieselbe Funktionalität auch mit Objektreferenzen erzielen können. Wenn Sie eine Methode auf einem Objekt aufrufen, wird normalerweise eine Operation auf *diesem Objekt* ausgeführt. Es ist jedoch auch möglich, ein Objekt zu definieren, dessen Methoden Operationen auf *anderen Objekten* ausführen, die den Methoden explizit übergeben werden. Eine Instanz einer Klasse, die genau eine solche Methode exportiert, ist im Endeffekt ein Zeiger auf diese Methode. Solche Instanzen bezeichnet man als *Funktionsobjekte*. Betrachten Sie z.B. die folgende Klasse:

```
class StringLengthComparator {
    public int compare(String s1, String s2) {
        return s1.length() - s2.length();
    }
}
```

Diese Klasse exportiert eine einzige Methode, die zwei Strings entgegennimmt und eine negative ganze Zahl zurückgibt, wenn der erste String kürzer als der zweite ist, eine positive ganze Zahl, wenn der Fall umgekehrt liegt und null, wenn beide Strings gleich lang sind. Diese Methode ist eine Vergleichsmethode (comparator), die Strings nach ihrer Länge statt, wie es eher üblich ist, nach dem Alphabet ordnet. Eine Referenz auf ein `StringLengthComparator`-Objekt dient als »Funktionszeiger« auf diese Vergleichsmethode und gestattet es, diese auf beliebigen String-Paaren aufzurufen. Mit anderen Worten ist eine Instanz von `StringLengthComparator` eine *konkrete Strategie* zum Zeichenkettenvergleich.

Wie es für Konkrete-Strategie-Klassen typisch ist, ist auch die Klasse `StringLength Comparator` *zustandslos*. Da sie keine Felder hat, sind alle Instanzen der Klasse funktional äquivalent. Sie könnte daher ebenso gut ein Singleton sein, um überflüssigen Aufwand für Objekterzeugungen zu sparen (Themen 4 und 2):

```
class StringLengthComparator {
    private StringLengthComparator() { }

    public static final StringLengthComparator
        INSTANCE = new StringLengthComparator();

    public int compare(String s1, String s2) {
        return s1.length() - s2.length();
    }
}
```

Um einer Methode eine Instanz von `StringLengthComparator` zu übergeben, benötigen wir einen passenden Typ für den Parameter. `StringLengthComparator` wäre eine schlechte Wahl, da Clients dann keine andere Vergleichsstrategie übergeben könnten. Wir müssen also stattdessen ein `Comparator`-Interface definieren und `StringLengthComparator` so ändern, dass er dieses Interface implementiert. Mit anderen Worten müssen wir für die Konkrete-Strategie-Klasse ein *Strategie-Interface* definieren:

```
// Strategie-Interface
public interface Comparator {
    public int compare(Object o1, Object o2);
}
```

Diese Definition des `Comparator`-Interfaces stammt zufällig aus dem Paket `java.util`, aber sie ist keine große Kunst: Sie hätten es ebenso gut selbst definieren können. Damit das Interface auch auf Vergleichsmethoden für andere Objekte als Strings anwendbar ist, nimmt seine `compare`-Methode Parameter vom Typ `Object` und nicht vom Typ `String` entgegen. Daher muss die zuvor gezeigte Klasse leicht abgeändert werden, um `Comparator` zu implementieren: Die `Object`-Parameter müssen zuerst in den Typ `String` umgewandelt werden, bevor die `length`-Methode aufgerufen werden kann.

Konkrete-Strategie-Klassen werden oft mithilfe von anonymen Klassen (Thema 18) definiert. Die folgende Anweisung sortiert ein String-Array nach der Länge der Strings:

```
Arrays.sort(stringArray, new Comparator() {
    public int compare(Object o1, Object o2) {
        String s1 = (String)o1;
        String s2 = (String)o2;
        return s1.length() - s2.length();
    }
});
```

Da das Strategie-Interface für alle seine Konkrete-Strategie-Instanzen als Typ dient, brauchen Sie eine Konkrete-Strategie-Klasse nicht öffentlich zu machen, um eine konkrete Strategie zu exportieren. Stattdessen kann auch eine »Host«-Klasse ein öffentliches, statisches Feld (oder eine öffentliche, statische Factory-Methode) exportieren, deren Typ das Strategie-Interface ist, und die Konkrete-Strategie-Klasse kann eine private, geschachtelte Klasse des Hosts sein. Im nachfolgenden Beispiel wird statt einer anonymen Klasse eine statische Attributklasse verwendet, damit die Konkrete-Strategie-Klasse Serializable als zweites Interface implementieren kann.

```
// Konkrete Strategie exportieren
class Host {
    ... // Bulk of class omitted

    private static class StrLenCmp
            implements Comparator, Serializable {
        public int compare(Object o1, Object o2) {
            String s1 = (String)o1;
            String s2 = (String)o2;
            return s1.length() - s2.length();
        }
    }

    // Zurückgegebener Comparator ist serialisierbar
    public static final Comparator
        STRING_LENGTH_COMPARATOR = new StrLenCmp();
}
```

Die Klasse String verwendet dieses Muster, um eine von der Groß- und Kleinschreibung unabhängige String-Vergleichsmethode über ihr CASE_INSENSITIVE_ORDER-Feld zu exportieren.

Fazit: Die Funktionszeiger von C dienen hauptsächlich dazu, das Strategiemuster zu implementieren. Um dies in Java zu tun, deklarieren Sie ein Interface, das die Strategie repräsentiert, und eine Klasse, die dieses Interface für jede konkrete Strategie implementiert. Wird eine konkrete Strategie nur ein einziges Mal benutzt, so wird ihre Klasse mithilfe einer anonymen Klasse deklariert und instanziiert. Wird eine konkrete Strategie dagegen für den wiederholten Gebrauch exportiert, so ist ihre Klasse in der Regel eine private, statische Attributklasse, die über ein public static final-Feld exportiert wird, dessen Typ das Strategie-Interface ist.

6 Methoden

Dieses Kapitel behandelt diverse Aspekte des Methodenentwurfs: Wie Sie Parameter und Rückgabewerte handhaben, wie Sie Methodensignaturen entwerfen und wie Sie Ihre Methoden dokumentieren. Vieles davon gilt für Konstruktoren und Methoden gleichermaßen. Wie Kapitel 5 stellt auch dieses Kapitel die Verwendbarkeit, Stabilität und Flexibilität in den Mittelpunkt.

6.1 Thema 23: Prüfen Sie die Gültigkeit der Parameter

Die meisten Methoden und Konstruktoren unterliegen Einschränkungen hinsichtlich der Werte, die ihren Parametern übergeben werden können. So ist es z.B. nichts Ungewöhnliches, dass Indexwerte nicht-negativ und Objektreferenzen nicht-null sein müssen. Alle derartigen Restriktionen sollten Sie deutlich dokumentieren und ihre Einhaltung überdies durch Prüfungen zu Beginn des Methodenrumpfs verifizieren. Dies ist ein Sonderfall des allgemeinen Grundsatzes, und Sie sollten versuchen, Fehler möglichst früh nach ihrem Auftreten aufzuspüren. Sonst wird es immer wahrscheinlicher, dass sie entweder überhaupt nicht entdeckt werden, oder dass im Falle ihrer Entdeckung die eigentliche Fehlerquelle nur noch schwer zu ermitteln ist.

Wenn einer Methode ein ungültiger Parameter übergeben wird und die Methode ihre Parameter vor der Ausführung prüft, dann scheitert sie schnell und sauber mit einer geeigneten Ausnahme. Prüft die Methode ihre Parameter nicht, so können mehrere Dinge passieren. Die Methode kann mit einer verwirrenden Ausnahme mitten in der Ausführung scheitern oder, schlimmer noch, sie kann normal zurückkehren, aber in aller Stille das verkehrte Ergebnis berechnen. Am schlimmsten ist es jedoch, wenn die Methode normal zurückkehrt, aber dabei ein Objekt in inkonsistentem Zustand zurücklässt. Dann verursacht sie an einem ganz anderen Punkt im Code zu irgendeinem unvorhersehbaren Zeitpunkt einen Fehler.

Für öffentliche Methoden legen Sie mit dem `@throws`-Tag der Javadoc fest, welche Ausnahme bei einer Verletzung der Parameterrestriktionen ausgelöst wird (Thema 44). Die gebräuchlichsten Ausnahmen in diesem Fall sind `IllegalArgumentException`, `IndexOutOfBoundsException` oder `NullPointerException` (Thema 42). Wenn Sie die Beschränkungen für die Parameter einer Methode und die Ausnahmen, die im Falle ihrer Verletzung ausgelöst werden, dokumentieren, dann ist es ganz einfach, die Restriktionen auch zu erzwingen. Hier sehen Sie ein typisches Beispiel:

```
/**
 * Gibt einen BigInteger mit dem Wert (this mod m) zurück. Diese
 * Methode unterscheidet sich insofern von der Restmethode, als sie
 * immer einen nicht-negativen BigInteger zurückgibt.
 *
 * @param  m der Modulo, er muss positiv sein.
 * @return this mod m.
 * @throws ArithmeticException if m <= 0.
 */
public BigInteger mod(BigInteger m) {
    if (m.signum() <= 0)
        throw new ArithmeticException("Modulus not positive");

    ... // Jetzt Berechnung durchführen
}
```

Für eine nicht-exportierte Methode sollten Sie als Autor des Pakets kontrollieren, unter welchen Umständen die Methode aufgerufen wird. So können und müssen Sie sicherstellen, dass immer nur gültige Parameterwerte übergeben werden. Daher sollten nicht-öffentliche Methoden immer ihre Parameter prüfen. Dies tun sie nicht mit normalen Prüfungen, sondern anhand von *Annahmen*. Wenn Sie eine Java-Version verwenden, die Annahmen (assertions) unterstützt (Version 1.4 und folgende), dann sollten Sie das assert-Konstrukt verwenden, anderenfalls sollten Sie einen Makeshift-Annahmemechanismus etablieren.

Besonders wichtig ist es, dass Sie die Gültigkeit von Parametern prüfen, die nicht von einer Methode benutzt, sondern zur späteren Verwendung gespeichert werden. Betrachten Sie z.B. die Factory-Methode in Thema 16, die ein int-Array entgegennimmt und eine List-Ansicht dieses Arrays zurückgibt. Wenn ein Client dieser Methode null übergeben würde, so würde sie eine NullPointerException zurückgeben, weil sie eine explizite Prüfung enthält. Würde man diese Prüfung auslassen, so würde die Methode eine Referenz auf eine neu erzeugte List-Instanz zurückgeben, die eine NullPointerException auslöst, sobald ein Client sie zu nutzen versucht. Doch dann kann der Ursprung der List-Instanz bereits sehr schwer festzustellen sein, und das Debugging würde außerordentlich kompliziert.

Konstruktoren sind ein Sonderfall des Prinzips, dass Sie die Gültigkeit von Parametern, die zur späteren Nutzung gespeichert werden, prüfen sollten. Bei Konstruktoren ist diese Gültigkeitsprüfung sehr wichtig, damit kein Objekt erzeugt wird, dass Klasseninvarianten verletzt.

Von der Regel, dass Sie die Methodenparameter prüfen sollten, ehe Sie die Berechnung beginnen, gibt es auch Ausnahmen. Eine wichtige Ausnahme ist der Fall, bei dem eine

Gültigkeitsprüfung teuer oder undurchführbar wäre *und* implizit während der Berechnung durchgeführt wird. Nehmen Sie z.B. eine Methode, die eine Liste von Objekten sortiert, wie etwa `Collections.sort(List)`. Alle Objekte in der Liste müssen miteinander vergleichbar sein. Während die Liste sortiert wird, wird jedes ihrer Objekte mit einem anderen Objekt der Liste verglichen. Sind die Objekte nicht wechselseitig vergleichbar, so gibt eine dieser Vergleichsoperationen eine `ClassCastException` aus, und dies ist genau das, was die Sortiermethode tun sollte. Daher hätte es wenig Zweck vorzeitig zu prüfen, ob die Listenelemente miteinander vergleichbar sind. Beachten Sie jedoch, dass eine unscharfe Anwendung dieser Technik zu einem Verlust an Fehleratomizität (Thema 46) führen kann.

Gelegentlich leistet eine Berechnung die erforderliche Gültigkeitsprüfung implizit auf einem Parameter, löst jedoch bei einem Scheitern des Tests die falsche Ausnahme aus. Die Ausnahme, die die Berechnung aufgrund eines ungültigen Parameterwerts auslöst, ist also eine andere, als die Methode laut Dokumentation eigentlich auslösen sollte. Unter solchen Umständen sollten Sie das in Thema 43 beschriebene Idiom zur Ausnahmenübersetzung dazu verwenden, die erste Ausnahme in die korrekte umzuwandeln.

Bitte missverstehen Sie dieses Thema nicht dahingehend, dass Parameterrestriktionen etwa eine gute Sache seien. Im Gegenteil: Sie sollten Ihre Methoden so allgemein wie irgend möglich formulieren. Je weniger Beschränkungen Sie den Parametern auferlegen, umso besser ist es. Voraussetzung ist allerdings, dass die Methode auch mit allen Parameterwerten, die sie entgegennimmt, etwas Sinnvolles anfangen kann. Oft gehören Restriktionen allerdings zu der implementierten Abstraktion dazu.

Zusammenfassend kann man sagen: Immer wenn Sie eine Methode oder einen Konstruktor schreiben, sollten Sie sich überlegen, welchen Beschränkungen ihre oder seine Parameter unterliegen. Diese Beschränkungen sollten Sie dokumentieren und ihre Einhaltung durch explizite Prüfungen am Anfang des Methodenrumpfs erzwingen. Bitte machen Sie sich dies zur Gewohnheit: Der geringe Aufwand macht sich schon beim ersten Mal, wo eine Gültigkeitsprüfung scheitert, mit Zins und Zinseszins bezahlt.

6.2 Thema 24: Machen Sie bei Bedarf defensive Kopien

Es ist unter anderem deswegen eine Freude, mit Java zu arbeiten, weil Java eine *sichere Sprache* ist. Das bedeutet: Wenn keine nativen Methoden vorliegen, ist Java immun gegen Puffer-Überläufe, Array-Überläufe, Zeigerfehler und andere Speicherzuweisungsfehler, die unsichere Sprachen wie C und C++ plagen. In einer sicheren Sprache können Sie Klassen mit der absoluten Gewissheit schreiben, dass ihre Invarianten immer wahr bleiben, egal was in einem anderen Teil des Systems passiert. In Sprachen, die den gesamten Speicher als ein einziges, gigantisches Array behandeln, ist das unmöglich.

Doch auch in einer sicheren Sprache müssen Sie selbst Hand anlegen, um von anderen Klassen isoliert zu bleiben. **Sie müssen defensiv programmieren und immer davon ausgehen, dass Clients Ihrer Klasse alles versuchen werden, um ihre Invarianten zu zerstören.** Das kann auch tatsächlich der Fall sein, nämlich dann, wenn jemand versucht, die Sicherheit Ihres Systems außer Kraft zu setzen. Doch eher wahrscheinlich ist, dass Ihre Klasse mit unerwarteten Verhaltensweisen aufgrund von Fehlern der Programmierer fertig werden muss, die Ihr API nutzen. In beiden Fällen lohnt sich die Zeit, die Sie darauf verwenden, Klassen zu schreiben, die sich von Clients mit schlechtem Verhalten nicht stören lassen.

Zwar kann keine andere Klasse den inneren Zustand eines Objekts ohne dessen Zutun ändern, doch überraschend leicht geschieht es, dass das Objekt ungewollt diese Hilfe beisteuert. Betrachten Sie z.B. die folgende Klasse, die angeblich einen unveränderlichen Zeitraum darstellt:

```
// Kaputte "unveränderlicher"-Zeitraum-Klasse
public final class Period {
    private final Date start;
    private final Date end;

    /**
     * @param Anfang des Zeitraums.
     * @param Ende des Zeitraums; darf nicht vor Anfang liegen.
     * @throws IllegalArgumentException wenn Anfang hinter Ende.
     * @throws NullPointerException wenn Anfang oder Ende = null.
     */
    public Period(Date start, Date end) {
        if (start.compareTo(end) > 0)
            throw new IllegalArgumentException(start + " after "
                                                + end);
        this.start = start;
        this.end   = end;
    }

    public Date start() {
        return start;
    }
    public Date end() {
        return end;
    }

    ... // Rest wird weggelassen
}
```

Auf den ersten Blick scheint diese Klasse unveränderlich und macht den Eindruck, dass sie die Invariante erzwingt, nach der der Anfang eines Zeitraums nicht nach seinem Ende liegen darf. Diese Invariante kann man aber ganz leicht mithilfe der Tatsache verletzen, dass Date veränderlich ist.

```
// Attackiere Interna einer Period-Instanz
Date start = new Date();
Date end = new Date();
Period p = new Period(start, end);
end.setYear(78); // Ändert die Interna von p!
```

Um die Interna einer Period-Instanz vor derartigen Angriffen zu schützen, **müssen Sie unbedingt eine** *defensive Kopie* **jedes veränderlichen Parameters des Konstruktors anfertigen** und als Bestandteile der Period-Instanz die Kopien statt der Originale verwenden:

```
// Reparierter Konstruktor - macht defensive Kopien der Parameter
public Period(Date start, Date end) {
    this.start = new Date(start.getTime());
    this.end   = new Date(end.getTime());

    if (this.start.compareTo(this.end) > 0)
      throw new IllegalArgumentException(start +" after "+ end);
}
```

Mit dem neuen Konstruktor wirkt sich die obige Attacke nicht auf die Period-Instanz aus. Beachten Sie, dass **defensive Kopien angelegt werden,** *bevor* **die Gültigkeit der Parameter geprüft wird (Thema 23), und dass die Gültigkeitsprüfung mit den Kopien und nicht mit den Originalen stattfinden muss**. Das erscheint widersinnig, ist aber nötig. Es schützt die Klasse davor, dass ein anderer Thread in dem »Zeitfenster der Angreifbarkeit« die Parameter ändert, das sich zwischen der Prüfung und dem Kopieren der Parameter öffnet.

Beachten Sie außerdem, dass wir nicht die clone-Methode von Date zum Anlegen der defensiven Kopien einsetzten. Da Date nicht-final ist, besteht keine Garantie, dass die clone-Methode wirklich ein Objekt zurückgibt, dessen Klasse java.util.Date ist. Sie könnte auch eine Instanz einer nicht-vertrauenswürdigen Unterklasse zurückgeben, die eigens dafür geschaffen wurde, Unheil zu stiften. Eine solche Unterklasse könnte z.B. eine Referenz auf jede Instanz, in dem Augenblick, in dem diese erzeugt wird, in einer privaten, statischen Liste festhalten und dem Angreifer Zugriff auf diese Liste geben. Dann könnte der Angreifer mit allen Instanzen tun, was er wollte. Um solche Attacken zu verhindern, **dürfen Sie nie die clone-Methode zum defensiven Kopieren eines Parameters einsetzen, dessen Typ von nicht-vertrauenswürdigen Personen erweitert werden kann**.

Der Ersatzkonstruktor schützt zwar gegen die oben geschilderte Attacke, aber es ist noch immer möglich, eine Period-Instanz zu ändern, da ihre Zugriffsmethoden Zugriff auf ihre veränderlichen Interna geben.

```
// Zweite Attacke auf die Interna einer Period-Instanz
Date start = new Date();
Date end = new Date();
```

```
Period p = new Period(start, end);
p.end().setYear(78);   // Ändert die Interna von p!
```

Um sich gegen diese zweite Attacke zu wehren, brauchen Sie nur die **Zugriffsmethoden so zu ändern, dass sie defensive Kopien der veränderlichen, internen Felder zurückgeben**:

```
// Reparierte Zugriffsmethoden - legen defensive Kopien interner Felder an
public Date start() {
    return (Date) start.clone();
}

public Date end() {
    return (Date) end.clone();
}
```

Mit dem neuen Konstruktor und den neuen Zugriffsmethoden ist Period tatsächlich unveränderlich. Egal wie bösartig oder inkompetent ein Programmierer ist: Er findet einfach keinen Weg, um die Invariante zu verletzen, dass der Anfang des Zeitraums nicht hinter seinem Ende liegen darf. Es kann nämlich keine andere Klasse als nur Period selbst Zugriff auf eines der veränderlichen Felder einer Period-Instanz erlangen. Diese Felder sind nun wirklich im Objekt gekapselt.

Beachten Sie, dass die neuen Zugriffsmethoden im Gegensatz zu dem neuen Konstruktor die defensiven Kopien mit der clone-Methode anlegen. Das ist in Ordnung (aber nicht unbedingt erforderlich), denn wir wissen genau, dass die Klasse der internen Date-Objekte von Period auch wirklich java.util.Date ist, und keine nicht-vertrauenswürdige Unterklasse davon.

Defensives Kopieren von Parametern ist nicht nur für unveränderliche Klassen gut. Immer wenn Sie eine Methode oder einen Konstruktor schreiben, um ein vom Client geliefertes Objekt in eine interne Datenstruktur einzubinden, müssen Sie überlegen, ob dieses Objekt des Clients eventuell veränderlich ist. Ist dies der Fall, so müssen Sie darüber nachdenken, ob Ihre Klasse eine Änderung des Objekts auch nach seiner Einfügung in die Datenstruktur noch verkraften kann. Wenn nicht, dann müssen Sie es defensiv kopieren und statt des Originals die Kopie in die Datenstruktur übernehmen. Wenn Sie z.B. überlegen, eine vom Client stammende Objektreferenz als Element in eine interne Set-Instanz oder als Schlüssel in eine interne Map-Instanz zu übernehmen, dann müssen Sie daran denken, dass die Invarianten der Menge oder Map zerstört würden, wenn das Objekt nach seiner Übernahme noch geändert würde.

Dasselbe gilt für das defensive Kopieren interner Komponenten, bevor diese an die Clients zurückgegeben werden. Egal ob Ihre Klasse veränderlich ist oder nicht: Sie sollten es sich auf jeden Fall zweimal überlegen, ob Sie eine Referenz auf eine interne Komponente, die veränderlich ist, zurückgeben. Dann geben Sie vielleicht besser eine defensive Kopie zurück. Wichtig ist auch, daran zu denken, dass Arrays mit Nichtnull-

Länge immer veränderlich sind. Daher sollten Sie immer eine defensive Kopie eines internen Arrays anlegen, ehe Sie es an einen Client zurückgeben. Alternativ können Sie auch eine unveränderliche View des Arrays an den Benutzer zurückgeben. Beide Techniken werden in Thema 12 gezeigt.

Aus alledem können Sie die Lehre ziehen, dass Sie möglichst immer unveränderliche Objekte als Bestandteile Ihrer Objekte verwenden sollten, damit Sie sich nicht um das defensive Kopieren zu kümmern brauchen (Thema 13). Im Falle unseres `Period`-Beispiels ist es so, dass geübte Programmierer oft den von `Date.getTime()` zurückgegebenen Grundtyp `long` als interne Zeitdarstellung nutzen und keine Referenz auf ein `Date`-Objekt. Dies tun sie vor allem deshalb, weil `Date` veränderlich ist.

Es ist nicht immer passend, eine defensive Kopie eines veränderlichen Parameters anzulegen, ehe er in das Objekt integriert wird. Es gibt Methoden und Konstruktoren, deren Aufruf einen expliziten *Handoff* des Objekts anzeigt, das von einem Parameter referenziert wird. Beim Aufruf einer solchen Methode verspricht der Client, dass er das Objekt nicht mehr unmittelbar modifizieren wird. Eine (Konstruktor)-Methode, die die Steuerung eines vom Client gelieferten, veränderlichen Objekts übernehmen will, muss dies in ihrer Dokumentation deutlich machen.

Klassen mit Methoden oder Konstruktoren, deren Aufruf eine Steuerungsübernahme anzeigt, können sich nicht gegen bösartige Clients wehren. Solche Klassen sind nur dann hinnehmbar, wenn sich die Klasse und ihr Client gegenseitig vertrauen können, oder wenn die Schädigung der Klasseninvarianten niemand anders als den Client beeinträchtigen würde. Letztere Situation ergibt sich z.B. in dem Hüllenklassenmuster (Thema 14). Je nach dem Wesen der Hüllenklasse könnte der Client ihre Invarianten zerstören, indem er direkt auf ein eingehülltes Objekt zugreift, doch dies würde in aller Regel nur dem Client selbst schaden.

6.3 Thema 25: Entwerfen Sie die Methodensignaturen sorgfältig

Dieses Thema ist ein Sammelsurium von API-Entwurfstipps, die jeweils keine eigenen Themenkapitel rechtfertigen. Doch zusammengenommen helfen sie Ihnen dabei, Ihr API leichter erlernbar und benutzbar und weniger fehleranfällig zu machen.

Wählen Sie Methodennamen sorgfältig. Namen sollten sich immer nach den Standard-Namenskonventionen richten (Thema 38). Ihr wichtigstes Ziel sollte es sein, die Namen so zu wählen, dass sie verständlich und konsistent mit den anderen Namen desselben Pakets sind. Ihr zweites Ziel sollte darin bestehen, die Namen auch mit übergreifenden Vereinbarungen konsistent zu halten, wenn solche vorhanden sind. Im Zweifel können Sie sich an die Java-Bibliothek-APIs halten. Es gibt zwar viele Inkonsistenzen, die bei der Größe und dem Umfang der Bibliotheken unvermeidlich sind, aber es gibt auch Übereinkünfte. Eine unschätzbare Ressource ist das Buch *The Java Developers Almanac* [Chan00] von Patrick Chan, das die Methodendeklarationen jeder einzelnen Methode der Java-Plattformbibliotheken mit einem alphabetischen Index enthält. Wenn Sie sich z.B. fragen, ob Sie eine Methode `remove` oder `delete` nennen sollten, dann sagt Ihnen ein kurzer Blick in den Index dieses Buchs, dass `remove` üblicher ist. Es gibt Hunderte Methoden, deren Namen mit `remove` beginnen und nur eine Hand voll, deren Namen mit `delete` anfangen.

Übertreiben Sie es nicht mit den Bequemlichkeitsmethoden. Jede Methode sollte »sich selbst tragen«. Zu viele Methoden führen dazu, dass eine Klasse schwer zu lernen, anzuwenden, zu dokumentieren, zu testen und zu warten ist. Das gilt besonders für Interfaces, bei denen übermäßig viele Methoden sowohl den Implementierern als auch den Nutzern das Leben schwer machen. Für jede von Ihrem Typ unterstützte Aktion müssen Sie eine vollständig funktionale Methode liefern. Sie sollten nur dann eine »Kurzform« für eine Operation in Betracht ziehen, wenn sie sehr oft benutzt wird. **Im Zweifel lassen Sie sie besser weg.**

Vermeiden Sie lange Parameterlisten. Als Regel sollten Sie drei Parameter als Maximum betrachten; umso besser, wenn es weniger sind. Die meisten Programmierer können sich lange Parameterlisten nicht merken. Wenn viele Ihrer Methoden mehr als drei Parameter haben, dann ist Ihr API nur mit ständigem Nachschlagen in der Dokumentation benutzbar. **Besonders schlimm sind lange Folgen von Parametern desselben Typs.** Dann können sich die Benutzer Ihres APIs zum einen die Reihenfolge der Parameter nicht merken, doch zum anderen werden ihre Programme, wenn sie versehentlich Parameter an die falsche Stelle setzen, dennoch kompiliert und ausgeführt. Sie tun nur nicht das, was ihre Autoren wollten.

Es gibt zwei Möglichkeiten, übermäßig lange Parameterlisten abzukürzen. Die eine besteht darin, die Methode in mehrere Methoden zu zerlegen, von denen jede nur eine Teilmenge der Parameter erfordert. Wenn Sie das nicht sorgfältig genug machen, erhalten Sie vielleicht zu viele Methoden, aber es kann auch die Anzahl der Methoden *verringern*, indem es die Orthogonalität erhöht. Betrachten Sie z.B. das Interface `java.util.List`. Es hat keine Methoden zum Suchen des ersten oder letzten Index eines Elements einer Teilliste; jede dieser Methoden würde drei Parameter erfordern. Stattdessen hat es die `subList`-Methode, die zwei Parameter entgegennimmt und eine *View* einer Teilliste zurückgibt. Diese Methode lässt sich mit den Methoden `indexOf` und `lastIndexOf` kombinieren, die jeweils einen einzigen Parameter erfordern, und schon haben Sie die gewünschte Funktionalität. Ja mehr noch: Sie können die `subList`-Methode auch mit jeder anderen Methode kombinieren, die auf einer `List`-Instanz operiert, um auf Teillisten jede beliebige Berechnung auszuführen. Das resultierende API hat ein hervorragendes Verhältnis von Mächtigkeit zu Gewicht.

Eine zweite Möglichkeit zur Abkürzung langer Parameterlisten besteht in der Erstellung von *Hilfsklassen*, die Parameterzusammenstellungen speichern. In der Regel sind solche Hilfsklassen statische Attributklassen (Thema 18). Diese Technik ist dann zu empfehlen, wenn oft eine Parameterfolge auftritt, die eine ganz andere Entität repräsentiert. Nehmen wir z.B. an, Sie schreiben eine Klasse, die ein Kartenspiel darstellt, und Sie stellen fest, dass Sie immer wieder zwei Parameter übergeben, die den Wert und die Farbe einer Karte repräsentieren. Ihr API und die Interna Ihrer Klasse werden wahrscheinlich besser, wenn Sie eine Hilfsklasse hinzufügen, die eine Karte repräsentiert, und jedes Auftreten der beiden Parameter durch einen einzigen Parameter – die Hilfsklasse – ersetzen.

Bei Parametertypen sollten Sie die Interfaces den Klassen vorziehen. Immer wenn ein Interface existiert, das einen Parameter definieren kann, sollten Sie statt einer Klasse, die dieses Interface implementiert, lieber direkt das Interface verwenden. Es gibt z.B. keinen Grund, eine Methode zu schreiben, die `Hashtable` als Eingabe verwendet; verwenden Sie stattdessen `Map`. Dann können Sie eine `Hashtable` übergeben, oder auch eine `HashMap`, eine `TreeMap`, eine Teil-Map einer `TreeMap` oder jede beliebige `Map`-Implementierung, die vielleicht noch geschrieben wird. Wenn Sie statt eines Interfaces eine Klasse verwenden, beschränken Sie Ihren Client auf eine bestimmte Implementierung und erzwingen eine überflüssige und potenziell auch aufwändige Kopieroperation, wenn die Eingabedaten zufällig in einer anderen Form vorliegen.

Verwenden Sie Funktionsobjekte (Thema 22) vorsichtig. Manche Sprachen – namentlich Smalltalk und die diversen Lisp-Dialekte – fördern einen Programmierstil, der reich an Objekten ist, die Funktionen darstellen, welche wieder auf andere Objekte angewendet werden. Programmierer mit Erfahrung in solchen Sprachen könnten in Versuchung geraten, in Java einen ähnlichen Programmierstil zu pflegen, aber das wäre äußerst unpassend. Am einfachsten können Sie ein Funktionsobjekt mit einer anonymen Klasse erzeugen (Thema 18), doch selbst dies führt zu einer verworrenen Semantik und zu einer im Vergleich zu Inline-Steuerungsstrukturen geringeren Macht und Leistung. Außerdem ist es heute nicht mehr üblich, dauernd Funktionsobjekte zu erzeugen und sie von Methode zu Methode weiterzureichen. Daher haben andere Programmierer Schwierigkeiten, Ihren Code zu verstehen, wenn Sie so programmieren. Das soll nun nicht heißen, dass Funktionsobjekte nicht auch ihre Berechtigung hätten: Sie sind für viele mächtige Entwurfsmuster wie z.B. *Strategie* [Gamma 1998, S. 315] und *Besucher* [Gamma 1998, S. 331] sogar sehr wichtig. Sie sollten jedoch nur mit gutem Grund eingesetzt werden.

6.4 Thema 26: Verwenden Sie Methodenüberladung vorsichtig

Im Folgenden sehen Sie einen gutwilligen Versuch, Sammlungen danach zu klassifizieren, ob sie Mengen, Listen oder eine andere Art von Sammlungen sind:

```
// Kaputt - falsche Verwendung der Überladung!
public class CollectionClassifier {
    public static String classify(Set s) {
        return "Set";
    }

    public static String classify(List l) {
        return "List";
    }

    public static String classify(Collection c) {
        return "Unknown Collection";
    }

    public static void main(String[] args) {
        Collection[] tests = new Collection[] {
            new HashSet(),          // Eine Menge
            new ArrayList(),        // Eine Liste
            new HashMap().values()  // Weder Menge noch Liste
        };

        for (int i = 0; i < tests.length; i++)
            System.out.println(classify(tests[i]));
    }
}
```

Sie erwarten nun vielleicht, dass dieses Programm zuerst »Set«, dann »List« und dann »Unknown Collection« ausgibt, aber das tut es nicht: Es gibt drei Mal »Unknown Collection« aus. Warum passiert das? Weil die classify-Methode *überladen* ist und **erst zur Kompilierungszeit entschieden wird, welche Überladung der Methode aufgerufen wird**. Der Parametertyp ist bei allen drei Schleifendurchläufen zur Kompilierungszeit derselbe: Collection. Der Laufzeittyp ist zwar bei jedem Durchlauf ein anderer, aber das wirkt sich nicht auf die Wahl der Überladung aus. Da der Parametertyp zur Kompilierungszeit Collection ist, ist die einzig anwendbare Überladung die dritte, nämlich classify(Collection), und diese Überladung wird auch bei jeder Iteration aufgerufen.

Das Verhalten des Programms ist nicht intuitiv, da **die Wahl unter überladenen Methoden statisch ist, während die Wahl unter überschriebenen Methoden dynamisch ist**. Die richtige Version einer *überschriebenen* Methode wird zur Laufzeit je nach dem Laufzeittyp des Objekts gewählt, auf dem die Methode aufgerufen wird. Erinnern Sie sich: Eine Methode wird überschrieben, wenn eine Unterklasse eine Methodendeklaration enthält, die genau dieselbe Signatur hat, wie eine Methodendeklaration einer Elternklasse. Wenn eine Instanzmethode in einer Unterklasse überschrieben wird und diese Methode auf einer Instanz der Unterklasse aufgerufen wird, dann wird die *überschreibende Methode* aus der Unterklasse ausgeführt, egal welchen Typ die Unterklasseninstanz zur Kompilierungszeit hat. Dies sehen Sie konkret an dem folgenden kleinen Programm:

```
class A {
    String name() { return "A"; }
}

class B extends A {
    String name() { return "B"; }
}

class C extends A {
    String name() { return "C"; }
}

public class Overriding {
    public static void main(String[] args) {
        A[] tests = new A[] { new A(), new B(), new C() };

        for (int i = 0; i < tests.length; i++)
            System.out.print(tests[i].name());
    }
}
```

Die Methode name wird in der Klasse A deklariert und in den Klassen B und C überschrieben. Erwartungsgemäß gibt dieses Programm »ABC« aus, obwohl der Typ der Instanz zur Kompilierungszeit bei jedem Schleifendurchlauf A ist. Der Typ, den ein Objekt zur Kompilierungszeit hat, hat keine Auswirkungen darauf, welche Methode ausgeführt wird, wenn eine überschriebene Methode aufgerufen wird: Es wird immer die »spezifischste« überschreibende Methode ausgeführt. Sehen Sie sich dagegen das Überladen an, bei dem der Laufzeittyp eines Objekts keine Auswirkungen darauf hat, welche Überladung ausgeführt wird: Diese Wahl wird zur Kompilierungszeit getroffen und orientiert sich ausschließlich an den Parametertypen zur Kompilierungszeit.

In dem CollectionClassifier-Beispiel sollte das Programm den Parametertyp erkennen, indem es je nach dem Laufzeittyp des Parameters automatisch zu der geeigneten Methodenüberladung geht, wie es die name-Methode im »ABC«-Beispiel tut. Die Methodenüberladung hat diese Funktionalität einfach nicht. Sie können das Programm reparieren, indem Sie alle drei Überladungen von classify durch eine einzelne Methode ersetzen, die einen expliziten instanceof-Test durchführt:

```
public static String classify(Collection c) {
   return (c instanceof Set ? "Set" :
       (c instanceof List ? "List" : "Unknown Collection"));
}
```

Da das Überschreiben die Regel und das Überladen die Ausnahme ist, ist das Überschreiben auch maßgeblich dafür, welches Verhalten die Leute bei einem Methodenaufruf erwarten. Wie das `CollectionClassifier`-Beispiel zeigt, kann eine Überladung diese Erwartungen leicht täuschen. Es ist schlechter Stil, Code zu schreiben, dessen Verhalten dem Durchschnittsprogrammierer nicht auf den ersten Blick einleuchtet. Das gilt besonders für APIs. Wenn der typische Benutzer eines APIs nicht weiß, welche von mehreren Methodenüberladungen bei einer gegebenen Menge Parameter aufgerufen wird, dann wird die Benutzung dieses APIs wahrscheinlich zu Fehlern führen. Diese Fehler zeigen sich dann als fehlerhaftes Laufzeitverhalten und viele Programmierer werden die Ursache nicht finden können. Daher sollten Sie einen **verwirrenden Einsatz von Überladungen vermeiden**.

Doch was genau ist eigentlich ein verwirrender Einsatz von Überladungen? **Ein sicheres, konservatives Verfahren besteht darin, niemals zwei Überladungen mit derselben Anzahl Parameter zu exportieren**. Wenn Sie sich daran halten, sind Programmierer nie im Zweifel darüber, welche Überladung auf eine gegebene Parametermenge angewendet wird. Diese Beschränkung ist nicht sonderlich beschwerlich, denn Sie können Methoden ja auch unterschiedliche Namen geben, statt sie zu überladen.

Betrachten Sie z.B. die Klasse `ObjectOutputStream`. Sie hat für jeden Grundtyp und mehrere Referenztypen eine eigene Variante ihrer `write`-Methode. Anstatt die `write`-Methode zu überladen, haben diese Varianten Signaturen wie `writeBoolean(boolean)`, `writeInt(int)` und `writeLong(long)`. Ein zusätzlicher Vorteil dieses Namensmusters, im Gegensatz zur Überladung, besteht darin, dass Sie auch `read`-Methoden mit analogen Namen bereitstellen können, z.B. `readBoolean(boolean)`, `readInt(int)` und `readLong(long)`. Die Klasse `ObjectInputStream` hat auch tatsächlich `read`-Methoden mit diesen Namen.

Bei Konstruktoren haben Sie nicht die Möglichkeit, verschiedene Namen zu verwenden: Mehrere Konstruktoren für eine Klasse sind immer überladen. In manchen Fällen haben Sie die Möglichkeit, statt Konstruktoren statische Factorys zu exportieren (Thema 1), doch dies ist nicht immer möglich. Ein Pluspunkt ist, dass Sie sich bei Konstruktoren keine Gedanken über Interaktionen von Überladen und Überschreiben machen müssen, da man Konstruktoren gar nicht überschreiben kann. Da Sie wahrscheinlich ab und zu Gelegenheit haben werden, mehrere Konstruktoren zu exportieren, lohnt es sich zu wissen, wann dies sicher ist.

Wenn in jedem Fall klar ist, welche Überladung jeweils zu einer gegebenen Parametermenge dazugehört, dann können Sie Mehrfachüberladungen mit gleichen Parameteranzahlen exportieren, ohne die Programmierer in Verwirrung zu stürzen. Dieser Fall tritt beispielsweise dann ein, wenn in jedem Paar von Überladungen zumindest ein passender, formaler Parameter in beiden Überladungen einen »radikal unterschiedlichen« Typ hat. Zwei Typen sind radikal unterschiedlich, wenn es ganz klar ausgeschlossen ist, eine Instanz des einen Typs in den anderen umzuwandeln. Dann entscheiden allein die Laufzeittypen der Parameter darüber, welche Überladung auf eine gegebene, tatsächliche Parametermenge angewendet wird. Da diese Wahl nicht durch die Parametertypen zur Kompilierungszeit beeinflusst werden kann, löst sich die Hauptfehlerquelle in Luft auf.

`ArrayList` hat beispielsweise einen Konstruktor, der einen `int` entgegennimmt und einen zweiten Konstruktor, der eine `Collection` entgegennimmt. Es ist nur schwerlich vorstellbar, dass irgendjemand über die Frage, welcher dieser beiden Konstruktoren wann aufgerufen werden muss, in Verwirrung gerät, denn Grundtypen und Referenztypen sind radikal unterschiedlich. In ähnlicher Weise hat `BigInteger` einen Konstruktor, der ein `byte`-Array entgegennimmt und einen, der einen `String` akzeptiert, und auch dies kann keine Verwirrung stiften. Array-Typen und Klassen (außer `Object`) sind radikal unterschiedlich. Dasselbe gilt für Array-Typen und Interfaces (außer `Serializable` und `Cloneable`). Ein letztes Beispiel: `Throwable` hat mit dem Release 1.4 einen Konstruktor, der einen `String` entgegennimmt und einen, der ein `Throwable`-Objekt akzeptiert. Die Klassen `String` und `Throwable` sind *nicht verwandt*, d.h. keine der beiden Klassen ist ein Abkömmling der anderen. Da ein Objekt unmöglich eine Instanz zweier nicht-verwandter Klassen sein kann, sind solche nicht-verwandten Klassen radikal unterschiedlich.

Es gibt noch einige weitere Beispiele für Paare von Typen, die sich nicht ineinander konvertieren lassen [JLS, 5.1.7], aber wenn Sie über die bereits erwähnten, einfachen Fälle hinausgehen, kann es für den durchschnittlichen Programmierer sehr schwierig werden, zu erkennen, welche Überladung auf eine tatsächliche Parametermenge anwendbar ist. Die Spezifikation, die festlegt, welche Überladung ausgewählt wird, ist komplex, und nur wenige Programmierer können sie wirklich durchschauen [JLS, 15.12.1-3].

Gelegentlich sind Sie gezwungen, die obigen Richtlinien zu verletzen, wenn Sie vorhandene Klassen so zurechtstutzen möchten, dass sie neue Interfaces implementieren. So hatten z.B. viele der Werttypen in den Java-Plattformbibliotheken »self-typed« `compareTo`-Methoden, ehe das Interface `Comparable` eingeführt wurde. Hier ist die Deklaration der »self-typed« `compareTo`-Methode von `String`:

```
public int compareTo(String s);
```

Als das `Comparable`-Interface eingeführt wurde, wurden alle diese Klassen so überarbeitet, dass sie dieses Interface implementierten. Dazu musste eine allgemeinere `compareTo`-Methode mit folgender Deklaration eingesetzt werden:

```
public int compareTo(Object o);
```

Die damit einhergehende Überladung verletzt zwar die oben geschilderten Richtlinien, richtet aber keinen Schaden an, sofern beide überladenen Methoden genau dasselbe tun, wenn sie auf denselben Parametern aufgerufen werden. Der Programmierer weiß vielleicht nicht, welche Überladung aufgerufen wird, aber das spielt auch keine Rolle, solange beide dasselbe Ergebnis bringen. Standardmäßig erzielt man ein solches Verhalten, indem man die allgemeinere Überladung den Aufruf an die speziellere Überladung weiterleiten lässt:

```
public int compareTo(Object o) {
    return compareTo((String) o);
}
```

Ein ähnliches Idiom wird manchmal für die equals-Methoden eingesetzt:

```
public boolean equals(Object o) {
    return o instanceof String && equals((String) o);
}
```

Dieses Idiom ist harmlos und kann eine etwas verbesserte Leistung zur Folge haben, wenn der Parametertyp zur Kompilierungszeit zu dem Parameter der speziellen Überladung passt. Doch dies ist natürlich nicht immer der Mühe wert (Thema 37).

Zwar befolgen die Java-Plattformbibliotheken im Wesentlichen den Rat dieses Themas, doch an einigen Stellen wird auch dagegen verstoßen. So exportiert z.B. die Klasse String die beiden überladenen statischen Factory-Methoden valueOf(char[]) und valueOf(Object), die ganz unterschiedliche Sachen machen, wenn man ihnen dieselbe Objektreferenz übergibt. Dafür gibt es keine Rechtfertigung und Sie sollten es als eine Abweichung betrachten, die richtig Verwirrung stiften kann.

Zusammenfassend kann man sagen: Sie sollten keine Methoden bloß deswegen überladen, weil es möglich ist. Generell sollten Sie keine Methoden mit mehreren Signaturen überladen, die dieselbe Parameteranzahl haben. In manchen Fällen, insbesondere bei Konstruktoren, kann die Befolgung dieser Regel jedoch unmöglich sein. Dann sollten Sie durch Hinzufügen von Typumwandlungen zumindest verhindern, dass dieselbe Parametermenge verschiedenen Überladungen übergeben werden kann. Wenn eine solche Situation jedoch unvermeidlich ist – z.B. weil Sie eine bestehende Klasse so überarbeiten, dass sie ein neues Interface implementiert –, dann sollten Sie gewährleisten, dass sich alle Überladungen identisch verhalten, wenn man ihnen dieselben Parameter übergibt. Wenn Sie dies unterlassen, können die Programmierer die überladene (Konstruktor-)Methode nicht wirkungsvoll einsetzen und verstehen ihre Funktionsweise auch nicht.

6.5 Thema 27: Geben Sie nicht null, sondern Arrays der Länge null zurück

Häufig sehen Sie Methoden wie die folgende:

```
private List cheesesInStock = ...;

/**
 * @return ein Array mit allen Käsesorten im Laden
 *         oder null, wenn es keinen Käse gibt.
 */
public Cheese[] getCheeses() {
    if (cheesesInStock.size() == 0)
        return null;
    ...
}
```

Nichts spricht dafür, einen Sonderfall für die Situation einzuführen, dass es keinen Käse gibt. Das führt nur dazu, dass der Client zusätzlichen Code benötigt, um den Rückgabewert null zu verarbeiten. Ein Beispiel:

```
Cheese[] cheeses = shop.getCheeses();
if (cheeses != null &&
    Arrays.asList(shop.getCheeses()).contains(Cheese.STILTON))
    System.out.println("Sehr schön, den nehme ich.");
```

anstelle von:

```
if (Arrays.asList(shop.getCheeses()).contains(Cheese.STILTON))
    System.out.println("Sehr schön, den nehme ich.");
```

Diese Art von Umschreibung wird bei fast allen Methoden erforderlich, die statt eines Arrays der Länge null den Wert null zurückgeben. Der Code ist fehleranfällig, weil der Programmierer, der den Client schreibt, vielleicht vergisst, den Sonderfall einzufügen, der den Rückgabewert null verarbeitet. Ein solcher Fehler kann jahrelang unbemerkt bleiben, da solche Methoden normalerweise ein oder mehrere Objekte zurückgeben. Weniger bedeutend, aber immer noch erwähnenswert ist der Umstand, dass die Rückgabe von null anstelle eines Arrays der Länge null auch die Array-Rückgabemethode selbst verkompliziert.

Manchmal hört man das Argument, der Rückgabewert null sei besser als ein Array der Länge null, weil er den Aufwand der Array-Zuweisung spart. Doch dieses Argument geht aus zwei Gründen ins Leere: Erstens sollte man auf dieser Ebene nur dann an die Leistung denken, wenn ein Profiling gezeigt hat, dass die betreffende Methode tatsächlich Leistungseinbußen verursacht (Thema 37). Zweitens können Sie nach jedem Aufruf, der keine Elemente zurückgibt, dasselbe Array der Länge null zurückliefern, da solche Arrays unveränderlich sind und unveränderliche Objekte nach Herzenslust gemeinsam genutzt werden können (Thema 13). Und genau dies geschieht auch, wenn Sie das Standardidiom verwenden, mit dem Elemente aus einer Sammlung in ein typgebundenes Array gespeichert werden:

```
private List cheesesInStock = ...;

private final static Cheese[] NULL_CHEESE_ARRAY = new Cheese[0];

/**
 * @return ein Array mit allen Käsesorten im Laden.
 */
public Cheese[] getCheeses() {
  return (Cheese[]) cheesesInStock.toArray(NULL_CHEESE_ARRAY);
}
```

In diesem Idiom wird eine Array-Konstante der Länge null an die `toArray`-Methode übergeben, um den gewünschten Rückgabetyp anzuzeigen. Normalerweise weist die `toArray`-Methode das Rückgabe-Array zu, aber wenn die Sammlung leer ist, passt sie in das Eingabe-Array, und die Spezifikation von `Collection.toArray(Object[])` garantiert, dass dieses Eingabe-Array zurückgeliefert wird, wenn es groß genug ist, um die Sammlung aufzunehmen. Also weist dieses Idiom nie ein Array der Länge null zu, sondern verwendet stattdessen immer wieder die »Typspezifikationskonstante«.

Fazit: **Es gibt keinerlei Grund, aus einer Methode mit einem Array-Wert `null` statt eines Arrays der Länge null zurückzugeben.** Dieses Idiom ist wahrscheinlich eine Hinterlassenschaft der Programmiersprache C, in der Array-Längen getrennt von den eigentlichen Arrays zurückgegeben werden. In C bringt es keinen Vorteil, ein Array zuzuweisen, wenn als Länge null zurückgegeben wird.

6.6 Thema 28: Schreiben Sie Doc-Kommentare für alle offen gelegten API-Elemente

Damit ein API benutzbar ist, muss es dokumentiert sein. Früher wurde die API-Dokumentation manuell erstellt und es war schwer, die Dokumentation mit der Entwicklung des Codes synchron zu halten. Die Java-Programmierumgebung erleichtert diese Aufgabe nun mit einem Dienstprogramm namens *Javadoc*. Es generiert die API-Dokumentation automatisch aus dem Quellcode und speziell formatierten *Dokumentationskommentaren*, die allgemein auch als *Doc-Kommentare* bezeichnet werden. Javadoc bietet eine einfache, weit verbreitete und wirkungsvolle Möglichkeit, APIs zu dokumentieren.

Wenn Sie die Konventionen für Doc-Kommentare noch nicht kennen, sollten Sie sie schnell erlernen. Zwar gehören diese Konventionen nicht zur Programmiersprache Java, aber de facto stellen sie ein API dar, das jeder Programmierer kennen muss. In *The Javadoc Tool Home Page* [Javadoc-b] sind die Konventionen definiert.

Um Ihr API korrekt zu dokumentieren, müssen Sie vor exportierte Klassen, Interfaces, Konstruktoren, Methoden und Felddeklarationen jeweils einen Doc-Kommentar setzen. Davon gibt es nur eine einzige Ausnahme, die am Ende dieses Themas erklärt wird. Ist kein Doc-Kommentar vorhanden, so kann Javadoc bestenfalls die Deklaration als einzige Dokumentation des betreffenden API-Elements wiedergeben. Ein API ohne Dokumentationskommentare ist frustrierend und fehleranfällig. Um wartungsfreundlichen Code zu schreiben, sollten Sie auch für nicht-exportierte Klassen, Interfaces, Konstruktoren und Felder Doc-Kommentare schreiben.

Der Doc-Kommentar für eine Methode sollte kurz den Vertrag zwischen der Methode und ihrem Client beschreiben. Außer bei Methoden in Klassen, die zur Vererbung geschaffen wurden (Thema 15), sollte der Vertrag sagen, *was* die Methode tut, und nicht, *wie* sie es tut. Der Doc-Kommentar sollte alle *Vorbedingungen* der Methode aufzählen. Das sind die Gegebenheiten, die zutreffen müssen, damit ein Client die Methode aufrufen kann. Außerdem müssen die *Nachbedingungen* aufgeführt werden, also die Dinge, die zutreffen müssen, nachdem der Aufruf erfolgreich abgeschlossen ist. Die Vorbedingungen werden implizit durch die @throws-Tags für ungeprüfte Ausnahmen beschrieben: Jede ungeprüfte Ausnahme entspricht einer Verletzung der Vorbedingungen. Außerdem können Vorbedingungen zusammen mit den betreffenden Parametern in deren @param-Tags spezifiziert werden.

Neben den Vor- und Nachbedingungen sollten Methoden auch eventuelle *Nebeneffekte* dokumentieren. Ein Nebeneffekt ist eine erkennbare Zustandsänderung des Systems, die nicht ganz klar zur Erzielung der Nachbedingung erforderlich ist. Wenn eine Methode beispielsweise einen Hintergrund-Thread startet, sollte die Dokumentation dies vermerken. Abschließend sollten Dokumentationskommentare auch die *Thread-Sicherheit* einer Klasse beschreiben, die in Thema 52 noch behandelt wird.

Um ihren Vertrag vollständig zu beschreiben, sollte der Doc-Kommentar für eine Methode für jeden Parameter ein @param-Tag haben, sowie ein @return-Tag, sofern die Methode nicht den Rückgabetyp void hat, und für jede geprüfte oder ungeprüfte Ausnahme, die die Methode auslösen kann, ein @throws-Tag (Thema 44). Laut Konvention sollte der auf ein @param- oder ein @return-Tag folgende Text ein Hauptsatz sein, der den vom Parameter oder Rückgabewert dargestellten Wert beschreibt. Der Text hinter einem @throws-Tag sollte das Wort »wenn« gefolgt von einem Hauptsatz enthalten, der beschreibt, unter welchen Bedingungen die Ausnahme ausgelöst wird. Gelegentlich werden auch Rechenausdrücke anstelle von Hauptsätzen eingesetzt. Alle diese Konventionen werden im folgenden kurzen Doc-Kommentar veranschaulicht, der dem List-Interface entnommen ist.

```
/**
 * Gibt das Element an der angegebenen Listenposition zurück.
 *
 * @param  index Index des Rückgabeelements; mus nicht-negativ
```

```
 *           und kleiner als die Größe der Liste sein.
 * @return   das Element an der angegebenen Listenposition.
 * @throws   IndexOutOfBoundsException wenn Index nicht im
 *           Wertebereich
 *           (<tt>index &lt; 0 || index &gt;= this.size()</tt>).
 */
Object get(int index);
```

Beachten Sie den Einsatz von HTML-Metazeichen und -Tags in diesem Doc-Kommentar. Javadoc übersetzt Doc-Kommentare in HTML und jedes beliebige HTML-Element in einem Doc-Kommentar landet schließlich in dem resultierenden HTML-Dokument. Manchmal gehen Programmierer so weit, dass sie HTML-Tabellen in ihre Doc-Kommentare einbetten, doch dies ist nicht sehr üblich. Die meistgenutzten Tags sind <p> zum Trennen von Absätzen, <code> und <tt> für Code-Fragmente und <pre> für längere Code-Fragmente.

Die Tags <code> und <tt> sind im Großen und Ganzen äquivalent. <code> ist gebräuchlicher und laut HTML 4.01-Spezifikation generell vorzuziehen, da <tt> ein Fontstilelement ist. (Stylesheets werden gegenüber Fontstilelementen bevorzugt [HTML401].) Dennoch verwenden manche Programmierer lieber <tt>, da es kürzer und unauffälliger ist.

Vergessen Sie nicht, dass Sie Escape-Sequenzen setzen müssen, um HTML-Metazeichen wie Kleiner als (<), Größer als (>) und das kaufmännische Und-Zeichen (&) zu generieren. Für das Kleiner-als-Zeichen verwenden Sie »<«, für das Größer-als-Zeichen »>« und für das kaufmännische Und-Zeichen »&«. Die Verwendung von Escape-Sequenzen veranschaulicht das @throws-Tag im obigen Doc-Kommentar.

Zum Schluss müssen Sie noch das Wort »this« in dem Doc-Kommentar beachten. Laut Konvention bezieht es sich immer auf das Objekt, auf dem die Methode aufgerufen wird, wenn es im Doc-Kommentar für eine Instanzmethode steht.

Der erste Satz jedes Doc-Kommentars enthält die *zusammenfassende Beschreibung* des Elements, zu dem der Kommentar gehört. Diese Zusammenfassung muss eine abgeschlossene Beschreibung der Funktionalität des dazugehörigen Konstrukts sein. Damit keine Verwirrung entsteht, sollten keine zwei Attribute oder Konstruktoren einer Klasse oder eines Interfaces dieselbe zusammenfassende Beschreibung haben. Bitte achten Sie besonders auf Überladungen, denn für diese steht in der Textbeschreibung oft derselbe erste Satz.

Setzen Sie bitte auch keinen Schlusspunkt innerhalb des ersten Satzes eines Doc-Kommentars, denn sonst wird die zusammenfassende Beschreibung zu früh abgeschnitten. So würde z.B. ein Doc-Kommentar, der mit den Worten »Ein Universitätsabschluss wie M.A. oder Dr.« beginnt, die zusammenfassende Beschreibung »Ein Universitätsabschluss wie M.« zur Folge haben. Dieses Problem umgehen Sie am besten, indem Sie Abkürzungen und Ausdrücke, die den Punkt als Trennzeichen verwenden, in zusammenfassenden Beschreibungen unterlassen. Sie können zwar einen Punkt auch einfügen, indem Sie ihn durch seine *nummerische Codierung* ».« ersetzen, aber das macht den Quellcode nicht gerade hübscher:

```
/**
 * Ein Universitätsabschluss wie M&#46;A&#46; oder
 * Dr&#46;.
 */
public class Degree { ... }
```

Zu sagen, die zusammenfassende Beschreibung sei der erste *Satz* in einem Doc-Kommentar, ist in gewisser Weise irreführend. Die Konvention verlangt kaum jemals, dass es ein vollständiger Satz sein muss. Bei Methoden und Konstruktoren sollte die zusammenfassende Beschreibung eine Verbalphrase sein, die die von der Methode ausgeführte Aktion beschreibt. Zwei Beispiele:

- `ArrayList(int initialCapacity)` – Erzeugt eine leere Liste mit der angegebenen Anfangskapazität.
- `Collection.size()` – Gibt die Anzahl der Elemente dieser Sammlung zurück.

Für Klassen, Interfaces und Felder sollte die zusammenfassende Beschreibung eine Nominalphrase sein, die beschreibt, was das Feld oder eine Instanz der Klasse oder des Interfaces repräsentiert. Zwei Beispiele:

- `TimerTask` – Ein Task, der von einem `Timer` zur Ausführung zu einem bestimmten Zeitpunkt oder zur wiederholten Ausführung vorgemerkt wird.
- `Math.PI` – Der `double`-Wert, der näher als irgendein anderer an Pi herankommt, das Verhältnis zwischen Umfang und Durchmesser eines Kreises.

Mit den hier beschriebenen Konventionen für Doc-Kommentare kommen Sie bereits aus, aber es gibt noch viele weitere. Mehrere Styleguides behandeln das Schreiben von Doc-Kommentaren [Javadoc-a, Vermeulen 2000] und es gibt auch Dienstprogramme, die die Einhaltung dieser Regeln prüfen [Doclint].

Seit dem Release 1.2.2 kann Javadoc Methodenkommentare »automatisch wiederverwenden« oder »erben«. Wenn eine Methode keinen Doc-Kommentar hat, sucht Javadoc den spezifischen, anwendbaren Doc-Kommentar und gibt dabei Interfaces den Vorrang vor Oberklassen. Einzelheiten über den Suchalgorithmus finden Sie in *The Javadoc Manual*.

Dies bedeutet, dass Klassen nunmehr die Doc-Kommentare von den Interfaces, die sie implementieren, wieder verwenden können, anstatt diese Kommentare kopieren zu müssen. Diese Fähigkeit erspart uns die Last, mehrere beinahe identische Doc-Kommentarmengen pflegen zu müssen. Es hat jedoch auch eine Einschränkung: Die Vererbung von Doc-Kommentaren geht nur nach dem Prinzip »alles oder nichts«. Die erbende Methode kann den geerbten Doc-Kommentar auf keine Weise modifizieren. Oft macht eine Methode den von einem Interface geerbten Vertrag noch spezifischer, und in einem solchen Fall benötigt sie tatsächlich einen eigenen Doc-Kommentar.

Eine einfache Möglichkeit, die Fehlerwahrscheinlichkeit in Doc-Kommentaren zu senken, besteht darin, die von Javadoc erzeugten HTML-Dateien durch ein Programm zu schicken, das die Gültigkeit von HTML prüft: einen so genannten *HTML Validity Checker*. Dieses Programm findet viele Fehler beim Setzen von HTML-Tags und auch fehlende Escape-Sequenzen für HTML-Metazeichen. Mehrere HTML Validity Checker stehen zum Herunterladen zur Verfügung, darunter auch *weblint* [Weblint].

Auf eine Schwierigkeit muss im Zusammenhang mit Doc-Kommentaren hingewiesen werden. Doc-Kommentare für alle exportierten Elemente eines APIs sind zwar erforderlich, aber oft noch nicht genug. Für komplexe APIs mit vielen zusammenhängenden Klassen müssen Sie eine Dokumentation in Form eines externen Dokuments liefern, das die übergreifende Architektur des APIs beschreibt. Wenn ein solches Dokument existiert, sollten die Doc-Kommentare der betreffenden Klasse oder des Pakets einen Link auf es enthalten.

Zusammenfassend kann man sagen, dass Dokumentationskommentare der beste und effektivste Weg sind, ein API zu dokumentieren. Für alle exportierten API-Elemente sind sie zwingend erforderlich. Sie sollten stilistisch konsistent und den Standardkonventionen angepasst sein. Vergessen Sie nicht, dass in Doc-Kommentaren beliebige HTML-Elemente erlaubt sind, wobei HTML-Metazeichen jedoch mit Escape-Sequenzen dargestellt werden müssen.

7 Allgemeine Programmierung

In diesem Kapitel geht es vor allem um die technischen Einzelheiten von Java. Behandelt werden lokale Variablen, die Verwendung von Bibliotheken, der Einsatz der verschiedenen Datentypen und zwei sprachexterne Ressourcen: *Reflection* und *native Methoden*. Zum Schluss werden Optimierungen und Namenskonventionen erläutert.

7.1 Thema 29: Minimieren Sie den Gültigkeitsbereich lokaler Variablen

Seinem Wesen nach ähnelt dieses Thema dem Thema 12, »Minimieren Sie die Zugreifbarkeit von Klassen und Attributen«. Indem Sie den Gültigkeitsbereich lokaler Variablen möglichst klein halten, machen Sie Ihren Code lesbarer und wartungsfreundlicher und mindern die Fehleranfälligkeit.

In der Programmiersprache C müssen lokale Variablen am Anfang eines Blocks deklariert werden und die Programmierer halten sich aus Gewohnheit immer noch daran. Doch diese Gewohnheit sollten Sie aufgeben. Zur Erinnerung: In Java können Sie überall dort Variablen deklarieren, wo auch eine Anweisung zulässig wäre.

Die mächtigste Technik zum Minimieren des Gültigkeitsbereichs einer lokalen Variablen besteht darin, sie dort zu deklarieren, wo sie zum ersten Mal benutzt wird. Wenn eine Variable schon vor ihrem Einsatz deklariert wird, ist sie nur lästig: eben ein Ding mehr, das den Leser ablenkt, der eigentlich wissen möchte, was das Programm tut. Zu dem Zeitpunkt ihrer Nutzung kann sich der Leser vielleicht schon nicht mehr an ihren Typ oder Anfangswert erinnern. Wenn sich das Programm weiterentwickelt und die Variable nicht mehr benutzt wird, kann man leicht vergessen die Deklaration zu entfernen, wenn diese weit von dem Punkt entfernt steht, an dem die Variable erstmals zum Einsatz kommt.

Der Gültigkeitsbereich einer lokalen Variablen kann nicht nur durch verfrühte, sondern auch durch verspätete Deklaration zu groß werden. Er erstreckt sich von der Deklaration bis zum Ende des enthaltenden Blocks. Wird eine Variable außerhalb des Blocks deklariert, in dem sie benutzt wird, dann bleibt sie für das Programm auch dann noch sichtbar, wenn es den Block verlassen hat. Wenn eine Variable versehentlich vor oder hinter dem Punkt verwendet wird, an dem ihre Nutzung beabsichtigt war, so kann das katastrophale Folgen haben.

Fast jede Deklaration einer lokalen Variablen sollte einen Initialisierer enthalten. Wenn Sie zu wenig Informationen haben, um eine Variable vernünftig initialisieren zu können, dann sollten Sie die Deklaration verschieben, bis Sie genug wissen. Eine Ausnahme von dieser Regel bilden die try-catch-Anweisungen. Wenn eine Variable von einer Methode initialisiert wird, die eine geprüfte Ausnahme auslöst, dann muss sie innerhalb eines try-Blocks initialisiert werden. Wenn der Wert außerhalb des try-Blocks verwendet werden muss, dann muss sie vor dem try-Block deklariert werden, also an einem Punkt, an dem sie noch nicht »vernünftig initialisiert« werden kann. Ein Beispiel dafür finden Sie in Thema 35.

Schleifen bieten eine besondere Chance, den Gültigkeitsbereich von Variablen zu minimieren. In einer for-Schleife können Sie *Schleifenvariablen* deklarieren, deren Gültigkeitsbereich genau auf die Gegend beschränkt ist, in der sie gebraucht werden. (Diese Gegend erstreckt sich auf den Schleifenrumpf sowie die Initialisierung, den Test und das Update vor dem Schleifenrumpf.) Daher sollten Sie **den for-Schleifen gegenüber den while-Schleifen den Vorzug geben**, immer vorausgesetzt, dass die Inhalte der Schleifenvariablen nach Abschluss der Schleife nicht mehr benötigt werden.

Als Beispiel sehen Sie hier das bevorzugte Idiom zum Abarbeiten einer Sammlung:

```
for (Iterator i = c.iterator(); i.hasNext(); ) {
    doSomething(i.next());
}
```

Um zu verstehen, warum diese for-Schleife besser als die näherliegende while-Schleife ist, sollten Sie sich folgendes Code-Fragment anschauen, das zwei while-Schleifen und einen Fehler enthält:

```
Iterator i = c.iterator();
while (i.hasNext()) {
    doSomething(i.next());
}
    ...

Iterator i2 = c2.iterator();
while (i.hasNext()) {                // Fehler!
    doSomethingElse(i2.next());
}
```

Die zweite Schleife enthält einen Fehler, der durch Kopieren und Einfügen entsteht: Sie initialisiert die neue Schleifenvariable i2, verwendet aber die alte Variable i, die leider immer noch Gültigkeit hat. Der resultierende Code wird fehlerfrei kompiliert und läuft, ohne eine Ausnahme auszulösen, aber er tut das Falsche. Anstatt c2 zu durchlau-

Thema 29: Minimieren Sie den Gültigkeitsbereich lokaler Variablen

fen endet die zweite Schleife sofort und vermittelt den falschen Eindruck, dass c2 leer sei. Da das Programm diesen Fehler stillschweigend macht, kann es lange dauern, bis er entdeckt wird.

Wenn Sie einen solchen Kopieren&Einfügen-Fehler in dem bevorzugten Idiom für for-Schleifen begehen, dann wird der resultierende Code nicht kompiliert. Die Schleifenvariable aus der ersten Schleife hätte dann nämlich an dem Punkt, wo sich die zweite Schleife befindet, keine Gültigkeit:

```
for (Iterator i = c.iterator(); i.hasNext(); ) {
    doSomething(i.next());
}
    ...

// Statischer Fehler - Das Symbol i wird nicht aufgelöst
for (Iterator i2 = c2.iterator(); i.hasNext(); ) {
    doSomething(i2.next());
}
```

Ja mehr noch: Wenn Sie das for-Schleifen-Idiom benutzen, dann laufen Sie weniger Gefahr, Kopieren&Einfügen-Fehler zu machen, da es keinen Anlass gibt, in den beiden Schleifen verschiedene Variablennamen zu verwenden. Da die Schleifen völlig voneinander unabhängig sind, kann gefahrlos derselbe Variablenname wieder verwendet werden, was auch als guter Stil gilt.

Und noch einen weiteren – wenn auch kleinen – Vorteil hat die for-Schleife gegenüber der while-Schleife: Das for-Schleifen-Idiom ist um eine Zeile kürzer. Das trägt dazu bei, dass die umgebende Methode in ein Editorfenster von fester Größe hineinpasst und somit besser lesbar wird.

Hier ist ein weiteres Schleifenidiom, das über eine Liste iteriert und den Gültigkeitsbereich lokaler Variablen minimiert:

```
// Hochleistungsidiom zum Durchlaufen von Listen mit wahlfreiem Zugriff
for (int i = 0, n = list.size(); i < n; i++) {
    doSomething(list.get(i));
}
```

Dieses Idiom ist nützlich für List-Implementierungen mit wahlfreiem Zugriff wie z.B. ArrayList und Vector, denn es läuft wahrscheinlich schneller als das oben gezeigte »bevorzugte Idiom« für solche Listen. Wichtig ist hier, dass es *zwei* Schleifenvariablen hat, nämlich i und n, die beide genau den richtigen Gültigkeitsbereich haben. Die zweite Variable ist wichtig für die Leistung des Idioms. Ohne sie müsste die Schleife bei jeder Iteration einmal die size-Methode aufrufen, was den Leistungsvorteil zunichte machen würde. Der Einsatz dieses Idioms ist dann angebracht, wenn Sie sicher sind, dass die Liste auch wirklich wahlfreien Zugriff bietet. Andernfalls potenziert sich der Zeitaufwand.

Für andere Aufgaben mit Schleifen gibt es ähnliche Idiome, beispielsweise dieses:

```
for (int i = 0, n = expensiveComputation(); i < n; i++) {
    doSomething(i);
}
```

Auch dieses Idiom benutzt wieder zwei Schleifenvariablen und die zweite Variable, n, dient dazu, den Aufwand einer redundanten Berechnung bei jeder Iteration zu sparen. Grundsätzlich sollten Sie dieses Idiom einsetzen, wenn der Schleifentest einen Methodenaufruf enthält, der garantiert bei jeder Iteration dasselbe Ergebnis erbringt.

Eine letzte Technik, mit der Sie den Gültigkeitsbereich lokaler Variablen minimieren können, besteht darin, **alle Methoden klein und konzentriert zu formulieren**. Wenn Sie zwei Aktivitäten in derselben Methode kombinieren, dann können lokale Variablen, die für die eine Aktivität eine Rolle spielen, in den Gültigkeitsbereich des Codes gelangen, der die andere Aktivität ausführt. Um dies auszuschließen machen Sie einfach aus einer Methode zwei und formulieren für jede Aktivität eine.

7.2 Thema 30: Sie müssen die Bibliotheken kennen und nutzen

Angenommen, Sie möchten ganzzahlige Zufallszahlen zwischen null und einer Obergrenze generieren. Mit dieser gängigen Aufgabe konfrontiert, würden viele Programmierer eine kleine Methode schreiben, die etwa folgendermaßen aussieht:

```
static Random rnd = new Random();

// Gängig, aber mangelhaft!
static int random(int n) {
    return Math.abs(rnd.nextInt()) % n;
}
```

Diese Methode ist nicht schlecht, aber sie ist auch nicht perfekt: Sie hat nämlich drei Mängel. Erstens: Wenn n eine kleine Zweierpotenz ist, dann wiederholt sich die Zufallszahlenfolge schon nach recht kurzer Zeit. Zweitens: Wenn n keine Zweierpotenz ist, dann werden einige Zahlen im Durchschnitt häufiger zurückgegeben als andere. Wenn n groß ist, kann dieser Mangel ziemlich deutlich ausfallen. Grafisch wird dies durch das folgende Programm demonstriert, das eine Million Zufallszahlen aus einem sorgfältig ausgewählten Intervall generiert und dann ausgibt, wie viele der Zahlen auf die niedrigere Hälfte des Intervalls entfallen:

```
public static void main(String[] args) {
    int n = 2 * (Integer.MAX_VALUE / 3);
    int low = 0;
    for (int i = 0; i < 1000000; i++)
        if (random(n) < n/2)
```

```
        low++;
    System.out.println(low);
}
```

Funktionierte die `random`-Methode gut, so würde das Programm eine Zahl im Bereich einer halben Million ausgeben, doch wenn Sie es ausführen, stellen Sie fest, dass diese Zahl bei 666.666 liegt. Zwei Drittel der von der `random`-Methode generierten Zahlen entfallen auf die niedrigere Hälfte des Intervalls!

Der dritte Mangel der `random`-Methode besteht darin, dass sie in seltenen Fällen auch katastrophal versagen kann, indem sie eine Zahl zurückgibt, die nicht im angegebenen Intervall liegt. Das liegt daran, dass die Methode versucht, den von `rnd.nextInt()` zurückgegebenen Wert mit `Math.abs` auf eine nicht-negative, ganze Zahl abzubilden. Wenn `nextInt()` den Wert `Integer.MIN_VALUE` zurückgibt, dann gibt `Math.abs` auch `Integer.MIN_VALUE` zurück, und der Restoperator (`%`) liefert, falls n keine Zweierpotenz ist, eine negative Zahl. Das lässt das Programm fast unweigerlich scheitern – ein Scheitern, das sich vielleicht nur schwer reproduzieren lässt.

Um eine `random`-Version ohne diese drei Mängel zu schreiben, müssten Sie eine Menge über lineare, kongruente Pseudozufallszahlen-Generatoren, Zahlentheorie und Zweierkomplement-Arithmetik wissen. Doch zum Glück brauchen Sie sich darum nicht zu kümmern: Das hat man Ihnen bereits abgenommen. Die Methode heißt `Random.nextInt(int)` und wurde im Release 1.2 zu dem Paket `java.util` der Standardbibliothek hinzugefügt.

Sie brauchen sich also nicht mit den Einzelheiten abzugeben, wie `nextInt(int)` seinen Job erledigt (natürlich können Sie, falls Sie unter unheilbarer Neugier leiden, die Dokumentation oder den Quellcode studieren). Ein leitender Ingenieur mit Fachwissen über Algorithmen verbrachte viel Zeit mit dem Entwurf, der Implementierung und dem Testen dieser Methode und zeigte sie dann Fachexperten, um auch ganz sicherzugehen, dass sie richtig ist. Dann durchlief die Bibliothek einen Betatest, wurde veröffentlicht und wird nun schon seit mehreren Jahren von Tausenden Programmierern umfassend genutzt. Bisher hat man keinen Mangel in der Methode gefunden, doch selbst wenn dies noch geschehen sollte, wird er im nächsten Release behoben werden. **Durch Verwendung der Standardbibliothek nutzen Sie das Wissen der Experten, die sie schrieben, und die Erfahrung Tausender, die sie schon vor Ihnen einsetzten.**

Die Nutzung der Bibliotheken hat den zweiten Vorteil, dass Sie keine Zeit damit verlieren, ad-hoc-Lösungen für Probleme zu entwickeln, die nur am Rande mit Ihrer Arbeit zu tun haben. Wenn Sie wie die meisten Programmierer denken, dann verbringen Sie Ihre Zeit lieber damit, an Ihrer Applikation zu arbeiten, anstatt irgendwelche Klempnerarbeiten auf darunter liegenden Ebenen zu tun.

Ein dritter Vorteil der Nutzung von Standardbibliotheken ist der, dass ihre Leistung mit der Zeit immer besser wird, ohne dass Sie irgendetwas dazu tun müssten. Da sie von Vielen genutzt werden und dabei auch an den Benchmarks der Industrie gemessen werden, sind die Organisationen, die diese Bibliotheken liefern, stark daran interessiert, dass sie immer schneller laufen. So wurde z.B. `java.math`, die Standardbibliothek für Arithmetik mit mehrfacher Genauigkeit, im Release 1.3 neu geschrieben, was zu massiven Leistungssteigerungen führte.

Bibliotheken erweitern mit der Zeit auch ihre Funktionalität. Wenn eine Bibliotheksklasse eine wichtige Funktion vermissen lässt, dann wird dies in der Entwicklergemeinschaft publik gemacht. Die Java-Plattform wurde schon immer durch viele Beiträge dieser Gemeinschaft weiterentwickelt. Früher war dies noch ein informeller Prozess, aber mittlerweile ist er formalisiert und wird als Java Community Process (JCP) bezeichnet. Wie auch immer: Fehlende Funktionen werden mit der Zeit nachgeliefert.

Ein letzter Vorteil der Nutzung von Standardbibliotheken besteht darin, dass Sie Ihren Code im Mainstream ansiedeln. Solcher Code ist lesbarer, wartungsfreundlicher und für die Masse der Entwickler leichter wieder verwendbar.

Bei so vielen Vorteilen scheint es nur logisch, dass man besser Bibliotheksfunktionen als ad-hoc-Implementierungen verwenden sollte. Aber dennoch tun viele Programmierer dies nicht. Warum? Vielleicht, weil sie nichts von der Existenz der Bibliotheksfunktionen wissen. **In jedem Haupt-Release werden die Bibliotheken um eine Vielzahl von Funktionen erweitert und es lohnt sich, diese Erweiterungen zu beobachten**. Sie können die Dokumentation online überfliegen oder in einem der vielen einschlägigen Bücher Einzelheiten über die Bibliotheken nachlesen [J2SE-APIs, Chan 2000, Flanagan 1999, Chan 1998]. Die Bibliotheken sind zwar zu umfangreich, als dass Sie die gesamte Dokumentation lesen könnten, aber **jeder Programmierer sollte mindestens mit dem Inhalt von** `java.lang`, `java.util` **und in geringerem Maße auch** `java.io` **vertraut sein**. Das Wissen über andere Bibliotheken können Sie sich je nach Bedarf aneignen.

Es würde den Rahmen dieses Themas sprengen, alle Bibliotheksfunktionen hier aufzuführen, doch einige verdienen eine besondere Erwähnung. Im Release 1.2 wurde dem Paket `java.util` das *Collections Framework* hinzugefügt. Es sollte zum Handwerkszeug jedes Programmierers gehören. Das Collections Framework ist eine einheitliche Architektur zur Darstellung und Bearbeitung von Sammlungen. Es ermöglicht Ihnen, Sammlungen unabhängig von den Einzelheiten ihrer Darstellung zu bearbeiten. Es mindert die Programmierarbeit und steigert die Leistung. Darüber hinaus ermöglicht es die Zusammenarbeit zwischen nicht-verwandten APIs, erleichtert den Entwurf und das Erlernen neuer APIs und fördert die Wiederverwendung von Software.

Das Collections Framework ist auf sechs Sammlungs-Interfaces aufgebaut (`Collection`, `Set`, `List`, `Map`, `SortedList` und `SortedMap`). Es enthält Implementierungen dieser Interfaces und Algorithmen zu ihrer Bearbeitung. Die althergebrachten Sammlungsklassen `Vector` und `Hashtable` wurden so überarbeitet, dass sie in das Framework passen; Sie können es also nutzen und dabei die alten Klassen beibehalten.

Mit diesem Framework können Sie viele banale Aufgaben mit viel weniger Code erledigen. Angenommen, Sie haben z.B. einen String-Vektor und möchten ihn alphabetisch sortieren. Dazu genügt eine einzige Zeile:

```
Collections.sort(v);
```

Wenn Sie dasselbe ohne Unterscheidung der Groß- und Kleinschreibung tun möchten, verwenden Sie Folgendes:

```
Collections.sort(v, String.CASE_INSENSITIVE_ORDER);
```

Angenommen, Sie möchten alle Array-Elemente ausgeben. Viele Programmierer tun das mit einer `for`-Schleife, aber folgendes Idiom macht dies überflüssig:

```
System.out.println(Arrays.asList(a));
```

Nehmen wir zum Schluss an, Sie möchten alle Schlüssel wissen, für die die beiden `Hashtable`-Instanzen `h1` und `h2` dieselben Zuordnungen enthalten. Vor dem Collections Framework hätte man dafür eine Menge Code schreiben müssen, aber jetzt geht es in drei Zeilen:

```
Map tmp = new HashMap(h1);
tmp.entrySet().retainAll(h2.entrySet());
Set result = tmp.keySet();
```

Die obigen Beispiele zeigen noch nicht einmal einen Bruchteil dessen, was Sie mit dem Collections Framework alles machen können. Wenn Sie an Einzelheiten interessiert sind, sollten Sie sich auf der Website von Sun die Dokumentation [Collections] dazu anschauen oder das Tutorial lesen [Bloch 1999].

Eine extern entwickelte Bibliothek, die hier Erwähnung verdient, ist `util.concurrent` [Lea 2001] von Doug Lea. Sie stellt hochklassige Dienstprogramme für die Nebenläufigkeit zur Verfügung, die die Programmierung mit mehreren Threads erleichtern.

Auch der Release 1.4 bietet viel Neues in den Bibliotheken. Wichtige Erweiterungen sind z.B.:

▶ `java.util.regex` – Eine ausgereifte Funktion für reguläre Ausdrücke wie bei Perl.

▶ `java.util.prefs` – Eine Funktion zur persistenten Speicherung von Benutzerpräferenzen und Programmkonfigurationsdaten.

▶ `java.nio` – Eine leistungsstarke I/O-Funktion einschließlich *scalable I/O* (wie beim poll-Aufruf unter Unix) und *memory-mapped I/O* (wie beim `mmap`-Aufruf unter Unix).

▶ `java.util.LinkedHashSet, LinkedHashMap, IdentityHashMap` – Neue Sammlungsimplementierungen.

Gelegentlich entspricht vielleicht eine Bibliotheksfunktion nicht Ihren Bedürfnissen. Je spezieller Ihre Wünsche sind, umso eher kann dies eintreten. Ihr erster Impuls sollte es zwar sein, die Bibliotheken zu nutzen, aber wenn Sie sich angesehen haben, was diese in einem bestimmten Bereich zu bieten haben, und das Gebotene nicht Ihren Wünschen entspricht, dann sollten Sie eine andere Implementierung verwenden. Bei einer endlichen Anzahl von Bibliotheken gibt es immer etwas, das die gebotene Funktionalität nicht abdeckt. Wenn das, was Sie benötigen, einfach nicht da ist, dann müssen Sie es selbst implementieren.

Fazit: Sie sollten das Rad nicht neu erfinden. Wenn Sie eine Aufgabe vor sich sehen, die ziemlich normal aussieht, dann gibt es vielleicht in den Bibliotheken schon eine Klasse, die das macht, was Sie wollen. Finden Sie eine, dann nutzen Sie sie, wenn nicht, dann prüfen Sie noch einmal nach. So guten Code wie den in den Bibliotheken können Sie im Allgemeinen nicht selbst schreiben und die Bibliotheken werden außerdem noch dauernd verbessert. Ich will Ihnen hier nicht Ihre Fähigkeiten als Programmierer absprechen, doch schon durch die Größenordnung der investierten Bemühungen ist klar, dass der Bibliothekscode mehr Aufmerksamkeit erhält, als ein einzelner Programmierer derselben Funktion jemals widmen könnte.

7.3 Thema 31: Meiden Sie float und double, wenn Sie genaue Antworten wollen

Die Typen `float` und `double` wurden vor allem für wissenschaftliche und technische Berechnungen geschaffen. Sie führen *binäre Gleitkommaarithmetik* aus, die sorgfältig entwickelt wurde, um rasch für viele Größenordnungen gute Näherungswerte zu liefern. Sie liefern aber keine exakten Ergebnisse und sollten dort, wo diese erforderlich sind, auch nicht eingesetzt werden. **Besonders schlecht eignen sich** `float` **und** `double` **für Währungsrechnung**, da es unmöglich ist, 0,1 (oder irgendeine negative Zehnerpotenz) als `float` oder `double` exakt darzustellen.

Nehmen wir z.B. an, Sie haben 1,03 € in der Tasche und geben 42 Cent aus. Wie viel Geld bleibt Ihnen? Hier sehen Sie ein naives Programmfragment, das dies zu beantworten versucht.

```
System.out.println(1.03 - .42);
```

Thema 31: Meiden Sie float und double, wenn Sie genaue Antworten wollen   *155*

Leider lautet die Ausgabe 0.6100000000000001. Dies ist kein Einzelfall: Angenommen, Sie haben einen Euro und kaufen neun Dichtungsringe zu je zehn Cent. Wie viel Wechselgeld bekommen Sie heraus?

```
System.out.println(1.00 - 9*.10);
```

Nach diesem Programmfragment erhalten Sie 0.09999999999999995 €. Nun denken Sie vielleicht, Sie könnten das Problem lösen, indem Sie einfach die Ergebnisse vor dem Ausgeben runden, aber auch dies funktioniert leider nicht immer. Angenommen, Sie haben einen Euro und sehen ein Regal mit leckeren Bonbons, die 10 Cent, 20 Cent, 30 Cent usw. bis hinauf zu einem Euro kosten. Sie kaufen von jeder Sorte ein Stück, beginnend mit dem Bonbon für 10 Cent, bis Ihr Restgeld für ein weiteres Bonbon nicht mehr ausreicht. Wie viele Bonbons kaufen Sie und wie viel Wechselgeld erhalten Sie zurück? Das folgende naive Programm soll dies beantworten:

```
// Kaputt - verwendet Gleitkommazahlen für Währungsrechnung!
public static void main(String[] args) {
    double funds = 1.00;
    int itemsBought = 0;
    for (double price = .10; funds >= price; price += .10) {
        funds -= price;
        itemsBought++;
    }
    System.out.println(itemsBought + " Waren gekauft.");
    System.out.println("Wechselgeld: _" + funds);
}
```

Wenn Sie dies ausführen, stellen Sie fest, dass Sie drei Bonbons kaufen können und 0.3999999999999999 € übrig behalten. Das ist falsch! Die richtige Lösung erfordert die **Verwendung von** `BigDecimal`**,** `int` **oder** `long` **für Währungsrechnung**. Hier wurde das obige Programm einfach so umgeschrieben, dass es `BigDecimal` statt `double` benutzt:

```
public static void main(String[] args) {
    final BigDecimal TEN_CENTS = new BigDecimal( ".10");

    int itemsBought = 0;
    BigDecimal funds = new BigDecimal("1.00");
    for (BigDecimal price = TEN_CENTS;
         funds.compareTo(price) >= 0;
         price = price.add(TEN_CENTS)) {
        itemsBought++;
        funds = funds.subtract(price);
    }
    System.out.println(itemsBought + " Waren gekauft.");
    System.out.println("Restgeld: _" + funds);
}
```

Wenn Sie das überarbeitete Programm ausführen, stellen Sie fest, dass Sie vier Bonbons kaufen können und 0,00 € übrig behalten. Das ist richtig. Doch die Verwendung von

`BigDecimal` hat zwei Nachteile: Sie ist unbequemer als die Verwendung eines arithmetischen Grundtyps und überdies langsamer. Der zweite Nachteil ist irrelevant, wenn Sie nur eine einzige kleine Aufgabe lösen, aber der erste kann lästig sein.

Eine Alternative zu `BigDecimal` ist die Verwendung von `int` oder `long`, je nachdem, um welche Beträge es geht, wobei Sie den Dezimalpunkt selbst nachverfolgen müssen. In diesem Beispiel ist der nächstliegende Ansatz, alle Berechnungen nicht in Euro sondern in Cent auszuführen. Im Folgenden sehen Sie eine entsprechende überarbeitete Fassung des Programms:

```java
public static void main(String[] args) {
    int itemsBought = 0;
    int funds = 100;
    for (int price = 10; funds >= price; price += 10) {
        itemsBought++;
        funds -= price;
    }
    System.out.println(itemsBought + " Waren gekauft.");
    System.out.println("Restgeld: "+ funds + " Cent");
}
```

Zusammenfassend kann man sagen, dass Sie für Berechnungen, die ganz exakte Antworten erbringen müssen, keine `float`- oder `double`-Werte verwenden sollten. Wenn das System den Dezimalpunkt im Auge behalten soll und es Sie nicht stört, auf die Bequemlichkeit eines Grundtyps zu verzichten, benutzen Sie `BigDecimal`. Dieser Typ hat den zusätzlichen Vorteil, dass Sie damit volle Kontrolle über die Rundung haben, wobei Sie bei jeder Operation, die eine Rundung erforderlich macht, aus acht Rundungsmodi auswählen können. Das ist sehr praktisch, wenn Sie Berechnungen betriebswirtschaftlicher Natur durchführen, bei denen der Rundungsmodus gesetzlich vorgeschrieben ist. Wenn es Ihnen vorrangig um Leistung geht und es Sie nicht stört, den Dezimalpunkt selbst im Auge zu behalten, und wenn überdies die Zahlen nicht zu groß sind, dann können Sie `int` oder `long` benutzen. Sind die Zahlen nicht länger als neun Dezimalziffern, so nehmen Sie `int`, sind sie nicht länger als 18 Ziffern, so nehmen Sie `long`. Wenn Ihre Zahlen mehr als 18 Ziffern lang sind, müssen Sie `BigDecimal` benutzen.

7.4 Thema 32: Vermeiden Sie Strings, wo andere Typen sich besser eignen

Strings wurden für die Textdarstellung geschaffen, und das können sie wirklich gut. Da Strings so häufig sind und von der Sprache so gut unterstützt werden, gibt es eine natürliche Tendenz, sie auch für andere Dinge als für ihren ursprünglichen Zweck zu benutzen. Dieses Thema erklärt, was Sie mit Strings *nicht* tun sollten.

Strings sind ein schlechter Ersatz für andere Werttypen. Wenn ein Datum aus einer Datei, aus dem Netz oder über die Tastatur in ein Programm gelangt, dann häufig in String-Form. Natürlich neigt man dazu, es so zu belassen, doch dies ist nur dann gerechtfertigt, wenn es seinem Wesen nach tatsächlich ein Text ist. Ist es nummerisch, so sollte es in den entsprechenden Zahlentyp umgewandelt werden, etwa in `int`, `float` oder `BigInteger`. Ist es die Antwort auf eine Ja/Nein-Frage, so ist `boolean` der richtige Typ. Allgemeiner ausgedrückt: Wenn es einen geeigneten Werttyp gibt, sei er nun ein Grundtyp oder eine Objektreferenz, so sollten Sie ihn nutzen, und wenn es noch keinen gibt, dann sollten Sie einen schreiben. So selbstverständlich dieser Rat klingen mag, so oft wird er verletzt.

Strings sind ein schlechter Ersatz für Aufzählungstypen. Wie bereits in Thema 21 gesagt sind typsichere Enums und `int`-Werte viel bessere Aufzählungstypkonstanten als Strings.

Strings sind ein schlechter Ersatz für Aggregattypen. Wenn eine Entität mehrere Komponenten hat, dann sollten Sie sie nicht in Form eines einzelnen Strings darstellen. Im Folgenden sehen Sie z.B. eine Codezeile, die aus einem tatsächlichen System stammt. Die Bezeichnernamen wurden geändert, um niemanden bloßzustellen:

```
// Schlechter Einsatz von String als Aggregattyp
String compoundKey = className + "#" + i.next();
```

Dieser Ansatz hat viele Nachteile. Wenn das Zeichen, das zum Trennen der Felder dient, in einem der Felder auftritt, gibt es Chaos. Um auf einzelne Felder zuzugreifen, müssen Sie den String parsen. Das geht langsam und ist lästig und fehleranfällig. Sie können keine `equals`-, `toString`- oder `compareTo`-Methoden liefern, sondern sind gezwungen, mit dem Verhalten auszukommen, das Ihnen String zur Verfügung stellt. Ein besserer Ansatz wäre es, einfach eine Klasse zu schreiben, die den Aggregattyp repräsentiert, oft in Form einer privaten, statischen Attributklasse (Thema 18).

Strings sind ein schlechter Ersatz für *Capabilities*. Gelegentlich werden Strings dazu benutzt, Zugriff auf eine Funktionalität zu geben. Nehmen Sie z.B. den Entwurf einer Thread-lokalen Variablenfunktion. Eine solche Funktion stellt Variablen zur Verfügung, für die jeder Thread seinen eigenen Wert hat. Vor einigen Jahren hatten mehrere Leute, die eine solche Funktion entwerfen sollten, unabhängig voneinander dieselbe Idee: Einen Entwurf, in dem vom Client gelieferte String-Schlüssel Zugriff auf den Inhalt einer Thread-lokalen Variablen geben:

```
// Kaputt - falsche Verwendung von String als Capability!
public class ThreadLocal {
    private ThreadLocal() { } // nicht-instanziierbar

    // Setzt den Wert des aktuellen Threads für die genannte Variable.
    public static void set(String key, Object value);
```

```
    // Gibt den Wert des aktuellen Threads für die genannte Variable zurück.
    public static Object get(String key);
}
```

Dieser Ansatz stellt Sie vor das Problem, dass die Schlüssel einen gemeinsam genutzten, globalen Namensraum repräsentieren. Wenn zwei getrennte Clients des Pakets beschließen, für ihre Thread-lokale Variable denselben Namen zu verwenden, dann teilen sie ungewollt diese Variable. Im Allgemeinen wird dies dazu führen, dass beide Clients scheitern. Außerdem ist die Sicherheit beeinträchtigt: Ein bösartiger Client könnte absichtlich denselben Schlüssel wie ein anderer benutzen, um sich unberechtigt Zugriff auf die Daten dieses anderen Clients zu verschaffen.

Dieses API können Sie reparieren, indem Sie den String durch einen fälschungssicheren Schlüssel ersetzen (der manchmal auch *Capability* genannt wird).

```
public class ThreadLocal {
    private ThreadLocal() { } // nicht-instanziierbar

    public static class Key {
        Key() { }
    }

    // Generiert einen eindeutigen, fälschungssicheren Schlüssel
    public static Key getKey() {
        return new Key();
    }

    public static void set(Key key, Object value);
    public static Object get(Key key);
}
```

Dies löst zwar beide Probleme des mit Strings arbeitenden APIs, aber Sie können es noch besser machen. Sie brauchen eigentlich die statischen Methoden gar nicht mehr. Diese können jetzt Instanzmethoden auf dem Schlüssel werden, und nun ist der Schlüssel auch gar kein Schlüssel mehr, sondern eine Thread-lokale Variable. An diesem Punkt haben Sie auch nichts mehr von der nicht-instanziierbaren Toplevel-Klasse, also können Sie sie genauso gut weglassen und die geschachtelte Klasse in ThreadLocal umbenennen:

```
public class ThreadLocal {
    public ThreadLocal() { }
    public void set(Object value);
    public Object get();
}
```

Nun haben Sie in groben Zügen das API, das von java.util.ThreadLocal zur Verfügung gestellt wird. Es löst nicht nur die Probleme mit dem String-basierten API, sondern ist auch schneller und eleganter als jedes der Schlüssel-basierten APIs.

Fazit: Der natürlichen Neigung, Objekte als Strings darzustellen, sollten Sie widerstehen, wenn bessere Datentypen vorhanden sind oder geschrieben werden können. Bei unsachgemäßer Verwendung sind Strings sperriger, unflexibler, langsamer und fehleranfälliger als andere Typen. Oft werden Strings fälschlich zur Darstellung von Grundtypen, Aufzählungstypen oder Aggregattypen eingesetzt.

7.5 Thema 33: Hüten Sie sich vor der Langsamkeit von String-Verkettungen

Der String-Verkettungsoperator (+) ist praktisch, um ein paar Strings zu einem einzigen zusammenzufassen. Er kann ganz prima eine einzelne Ausgabezeile generieren oder die String-Darstellung eines kleinen Objekts von festgelegter Größe erzeugen, aber das geht nur im Kleinen. **Wenn Sie den String-Verkettungsoperator wiederholt anwenden, um** n **Strings zu verketten, dann wächst der Zeitaufwand im Quadrat von** n. Dies ist eine unglückselige Konsequenz aus der Tatsache, dass Strings *unveränderlich* sind (Thema 13). Wenn Sie zwei Strings verketten, wird der Inhalt von beiden kopiert.

Betrachten Sie beispielsweise die folgende Methode, die eine String-Darstellung einer Rechnung aufbaut, indem sie für jeden gekauften Artikel eine Zeile anfügt:

```
// Falscher Einsatz der String-Verkettung - furchtbar langsam!
public String statement() {
    String s = "";
    for (int i = 0; i < numItems(); i++)
        s += lineForItem(i);  // String-Verkettung
    return s;
}
```

Diese Methode läuft bei vielen Artikeln quälend langsam. **Um eine annehmbare Geschwindigkeit zu erreichen, sollten Sie** `StringBuffer` **statt** `String` **verwenden,** um die Rechnung während der Erstellung zu speichern:

```
public String statement() {
    StringBuffer s = new StringBuffer(numItems() * LINE_WIDTH);
    for (int i = 0; i < numItems(); i++)
        s.append(lineForItem(i));
    return s.toString();
}
```

Der Leistungsunterschied ist dramatisch. Wenn `numItems` 11 zurückgibt und `lineForItem` einen konstanten, 80 Zeichen langen String, dann läuft die zweite Methode auf meinem Computer 90 Mal schneller als die erste. Da die erste Methode quadratische Artikel-Anzahlen hat und die zweite lineare, ist der Unterschied bei großen Artikelmengen sogar noch ausgeprägter. Beachten Sie, dass die zweite Methode im Voraus einen

StringBuffer reserviert, der groß genug für das Ergebnis ist. Selbst wenn man sie so definiert, dass sie nur einen StringBuffer mit Standardgröße benutzt, ist sie immer noch 45 Mal so schnell wie die erste Methode.

Daraus ergibt sich eine einfache Lehre: Verwenden Sie den String-Verkettungsoperator nur für die Kombination einiger weniger Strings, es sei denn, die Geschwindigkeit ist völlig nebensächlich. Nutzen Sie besser die append-Methode von StringBuffer. Als Alternative können Sie auch ein Zeichen-Array verwenden oder die Strings nacheinander verarbeiten, anstatt sie zu verketten.

7.6 Thema 34: Referenzieren Sie Objekte über ihre Interfaces

Thema 25 gibt Ihnen den Rat, dass Sie statt Klassen besser Interfaces als Parametertypen einsetzen sollten. Allgemeiner ausgedrückt: Sie sollten Interfaces beim Referenzieren von Objekten generell den Vorzug gegenüber Klassen geben. **Wenn geeignete Interface-Typen existieren, sollten Sie Parameter, Rückgabewerte, Variablen und Felder alle mit Interface-Typen deklarieren**. Nur bei der Objekterzeugung müssen Sie wirklich auf die Klasse des Objekts Bezug nehmen. Um dies zu konkretisieren, zeige ich Ihnen Vector, eine Implementierung des List-Interfaces. Bitte machen Sie sich Folgendes zur Gewohnheit:

```
// Gut - Interface wird als Typ verwendet
List subscribers = new Vector();
```

Schreiben Sie nie Folgendes:

```
// Schlecht - Klasse wird als Typ verwendet!
Vector subscribers = new Vector();
```

Wenn Sie sich angewöhnen, Interfaces als Typen zu verwenden, dann wird Ihr Programm viel flexibler. Wenn Sie beschließen, die Implementierung zu wechseln, dann brauchen Sie nur den Klassennamen im Konstruktor zu ändern (oder eine andere statische Factory zu verwenden). Die erste Deklaration könnte z.B. wie folgt umgeändert werden:

```
List subscribers = new ArrayList();
```

Aller umgebender Code würde dann immer noch laufen. Der umgebende Code kannte den alten Implementierungstyp überhaupt nicht, daher ist ihm auch die Änderung egal.

Da gibt es nur eine Schwierigkeit: Wenn die Originalimplementierung eine Spezialfunktionalität hatte, die vom allgemeinen Vertrag des Interfaces nicht gefordert wird, und der Code sich auf diese Funktionalität stützte, dann ist es wichtig, dass auch die neue Implementierung sie zur Verfügung stellt. Wenn sich z.B. der Code rund um die erste Deklaration auf die Tatsache stützen würde, dass `Vector` synchronisiert ist, dann wäre es verkehrt, `Vector` in der Deklaration gegen `ArrayList` auszutauschen.

Warum sollten Sie die Implementierung wechseln wollen? Deshalb, weil die neue Implementierung eine bessere Leistung hat oder eine wünschenswerte Zusatzfunktionalität bietet. Dafür gibt es aus der realen Welt ein Beispiel mit der Klasse `ThreadLocal`. Intern verwendet diese Klasse in `Thread` ein paketprivates `Map`-Feld, um Thread-spezifische Werte mit `ThreadLocal`-Instanzen zu assoziieren. Im Release 1.3 wurde dieses Feld mit einer `HashMap`-Instanz initialisiert. Im Release 1.4 erhielt die Plattform eine neue, spezielle `Map`-Implementierung namens `IdentityHashMap`. Wenn man eine einzige Code-Zeile so abänderte, dass das Feld mit einer `IdentityHashMap` statt einer `HashMap` initialisiert wurde, dann wurde `ThreadLocal` schneller.

Wäre das Feld nicht als `Map`, sondern als `HashMap` deklariert worden, so wäre nicht garantiert, dass die Änderung einer einzelnen Codezeile schon ausreicht. Hätte der Client-Code `HashMap`-Operationen außerhalb des `Map`-Interfaces verwendet oder die Map einer Methode übergeben, die `HashMap` benötigt, so ließe er sich nicht mehr kompilieren, wenn das Feld in eine `IdentityHashMap` umgewandelt würde. Wenn Sie das Feld mit dem Interface-Typ deklarieren, bleiben Sie »sauber«.

Es ist völlig in Ordnung, ein Objekt über eine Klasse statt ein Interface zu referenzieren, wenn kein geeignetes Interface existiert. Nehmen Sie z.B. die Wertklassen wie `String` und `BigInteger`. Wer solche Klassen schreibt, hat normalerweise nicht mehrere Implementierungen im Kopf. Oft sind sie final und selten gibt es entsprechende Interfaces für sie. Es ist völlig angemessen, eine Wertklasse als Parameter, Variable, Feld oder Rückgabetyp zu verwenden. Allgemeiner ausgedrückt: Wenn es zu einer konkreten Klasse kein Interface gibt, dann haben Sie gar keine andere Wahl, als sie über ihre Klasse zu referenzieren, egal ob diese einen Wert repräsentiert oder nicht.

Ein zweiter Fall, in dem Sie keinen geeigneten Interface-Typ haben, tritt dann ein, wenn Objekte zu einer Architektur gehören, deren elementare Typen Klassen sind und keine Interfaces. Wenn ein Objekt zu einer solchen *Klassenarchitektur* gehört, dann sollte es besser über seine – normalerweise abstrakte – *Basisklasse* referenziert werden, statt über seine Implementierungsklasse. In diese Kategorie fällt z.B. die Klasse `java.util.TimerTask`.

Ein letzter Fall, in dem Sie keinen geeigneten Interface-Typ haben, sind Klassen, die zwar ein Interface implementieren, aber zusätzliche Methoden zur Verfügung stellen, die das Interface nicht hat. Dazu gehört z.B. `LinkedList`. Eine solche Klasse sollte nur dann zum Referenzieren ihrer Instanzen dienen, wenn sich das Programm auf die zusätzlichen Methoden stützt; sie sollte jedoch nie als Parametertyp genutzt werden (Thema 25).

Diese Fälle sollen keine umfassende Darstellung sein, sondern nur ein Gefühl dafür vermitteln, in welchen Situationen Sie ein Objekt auch über seine Klasse referenzieren können. In der Praxis ist meist offensichtlich, ob ein gegebenes Objekt ein geeignetes Interface hat. Ist dies der Fall, so wird Ihr Programm flexibler, wenn Sie das Objekt über sein Interface referenzieren; anderenfalls nehmen Sie einfach aus der Klassenhierarchie die höchste Klasse, die die erforderliche Funktionalität hat.

7.7 Thema 35: Nutzen Sie eher Interfaces als Reflection

Die Reflection aus `java.lang.reflect` gibt programmgesteuert Zugriff auf Informationen über geladene Klassen. Wenn Sie eine `Class`-Instanz haben, können Sie `Constructor`-, `Method`- und `Field`-Instanzen erhalten, die die Konstruktoren, Methoden und Felder der von der `Class`-Instanz repräsentierten Klasse darstellen. Diese Objekte geben programmgesteuerten Zugriff auf die Attributnamen, Feldtypen, Methodensignaturen usw. der Klasse.

Außerdem können Sie mit `Constructor`-, `Method`- und `Field`-Instanzen mit deren zugrunde liegenden Gegenstücken *reflektiv* arbeiten: Sie können mit der zugrunde liegenden Klasse Instanzen erzeugen, Methoden aufrufen und auf Felder zugreifen, indem Sie Methoden auf den `Constructor`-, `Method`- und `Field`-Instanzen aufrufen. So können Sie z.B. mit `Method.invoke` jede beliebige Methode auf jedem beliebigen Objekt jeder beliebigen Klasse aufrufen (natürlich im Rahmen der üblichen Sicherheitsbeschränkungen). Mit Reflection kann eine Klasse die andere benutzen. Das gilt auch dann, wenn die zweite Klasse zu dem Zeitpunkt, an dem die erste kompiliert wurde, noch gar nicht existierte. Doch das hat auch seinen Preis:

▸ **Sie büßen alle Vorteile der Typprüfung zur Kompilierungszeit ein**, einschließlich der Ausnahmenprüfung. Wenn ein Programm versucht, eine nicht vorhandene oder nicht zugreifbare Methode reflektiv aufzurufen, stürzte es, falls Sie keine Vorkehrungen getroffen haben, zur Laufzeit ab.

▸ **Der Code, mit dem Sie reflektiven Zugriff geben, ist schwerfällig und wortreich**. Er ist schwer zu schreiben und zu lesen.

▸ **Die Leistung wird schlechter**. Im Release 1.3 dauerte ein reflektiver Methodenaufruf auf meinem Computer 40 Mal so lange wie ein normaler. Im Release 1.4 erhielt die Reflection eine neue Architektur und läuft nun viel schneller, ist aber immer noch doppelt so langsam wie ein normaler Zugriff, und dabei wird es vermutlich auch bleiben.

Die Reflection war ursprünglich für Komponenten-basierte Application-Builder-Tools gedacht. Solche Tools laden Klassen nach Bedarf und finden mittels Reflection heraus, welche Methoden und Konstruktoren diese Klassen unterstützen. Die Tools erlauben es den Benutzern, interaktiv Applikationen zu erstellen, die auf diese Klassen zugreifen, aber die generierten Applikationen greifen auf die Klassen normal zu und nicht reflektiv. Die Reflection wird nur zur *Entwurfszeit* eingesetzt. **Hier gilt die Regel: Greifen Sie nie in normalen Applikationen zur Laufzeit reflektiv auf Objekte zu.**

Manche fortgeschrittenen Applikationen erfordern den Einsatz von Reflection. Beispiele dafür sind Klassen-Browser, Objekt-Inspektoren, Code-Analyse-Tools und interpretative, eingebettete Systeme. Außerdem eignet sich Reflection für RPC-Systeme, damit die Notwendigkeit für Stub-Compiler wegfällt. Wenn Sie nicht genau wissen, ob Ihre Applikationen in eine dieser Kategorien gehört, dann tut sie dies vermutlich nicht.

Sie können mit wenig Aufwand viele Vorteile der Reflection genießen, wenn Sie sie nur in sehr eingeschränkter Form verwenden. Für viele Programme, die eine Klasse nutzen müssen, die zur Kompilierungszeit noch nicht zur Verfügung steht, gibt es zur Kompilierungszeit ein geeignetes Interface oder eine Oberklasse, um auf die betreffende Klasse referenzieren zu können (Thema 34). Wenn dies der Fall ist, können Sie **Instanzen reflektiv erzeugen und normal über ihr Interface oder ihre Oberklasse auf sie zugreifen.** Wenn der entsprechende Konstruktor keine Parameter hat, was normalerweise der Fall ist, dann brauchen Sie noch nicht einmal das Paket java.lang.reflect zu benutzen: Die Methode Class.newInstance liefert Ihnen die benötigte Funktionalität.

Als Beispiel sehen Sie hier ein Programm, das eine Instanz von Set erzeugt, deren Klasse durch das erste Kommandozeilenargument spezifiziert ist. Das Programm fügt die restlichen Kommandozeilenargumente in die Menge ein und gibt diese Menge aus. Unabhängig vom ersten Argument gibt es die restlichen Argumente ohne Doppelnennungen aus. Die Reihenfolge hängt von der im ersten Argument angegebenen Klasse ab. Wenn Sie »java.util.HashSet,« angeben, werden sie offensichtlich in Zufallsreihenfolge ausgegeben; wenn Sie jedoch »java.util.TreeSet,« angeben, dann erscheinen die Argumente in alphabetischer Reihenfolge, denn die Elemente eines TreeSet sind sortiert:

```java
// Reflektive Instanziierung mit Zugriff über Interface
public static void main(String[] args) {
    // Übersetze Klassennamen in Klassenobjekt
    Class cl = null;
    try {
        cl = Class.forName(args[0]);
    } catch(ClassNotFoundException e) {
        System.err.println("Klasse nicht gefunden.");
        System.exit(1);
    }

    // Instanziiere die Klasse
    Set s = null;
    try {
```

```
            s = (Set) cl.newInstance();
        } catch(IllegalAccessException e) {
            System.err.println("Kein Zugriff auf die Klasse.");
            System.exit(1);
        } catch(InstantiationException e) {
            System.err.println("Klasse nicht instanziierbar.");
            System.exit(1);
        }

        // Gib die Menge aus
        s.addAll(Arrays.asList(args).subList(1, args.length-1));
        System.out.println(s);
    }
```

Dies hier ist zwar nur ein Spielzeugprogramm, aber die demonstrierte Technik ist sehr mächtig. Sie können das Spielzeugprogramm problemlos in einen generischen Mengentester verwandeln, der die angegebene Set-Implementierung validiert, indem er aggressiv eine oder mehrere Instanzen manipuliert und sich vergewissert, dass sie auch dem Set-Vertrag genügen. Ebenso gut können Sie aus diesem Programm ein generisches Set-Performance-Analyse-Tool machen. Die hier gezeigte Technik ist sogar so wirkungsvoll, dass Sie damit ein voll funktionstaugliches *Service Provider Framework* implementieren können (Thema 1). Im Allgemeinen ist diese Technik das einzige, was Sie für Reflection brauchen.

Im ersten Beispiel sehen Sie zwei Nachteile der Reflection aus dem Beispielprogramm. Erstens kann das Beispiel drei Laufzeitfehler auslösen, die alle statische Fehler wären, wenn keine reflektive Instanziierung verwendet würde. Zweitens braucht es zwanzig lange Codezeilen, eine Instanz der Klasse von ihrem Namen aus zu generieren, wohingegen ein Konstruktoraufruf bequem in eine einzige Zeile passt. Diese Nachteile beschränken sich jedoch auf den Teil des Programms, der das Objekt instanziiert. Sobald es instanziiert ist, ist es nicht mehr von einer beliebigen anderen Set-Instanz zu unterscheiden. In einem echten Programm bliebe der Großteil des Codes also von dieser eingeschränkten Nutzung der Reflection unberührt.

Eine legitime – wenn auch seltene – Verwendung der Reflection besteht darin, die Abhängigkeiten einer Klasse von anderen Klassen, Methoden oder Feldern zu durchbrechen, die zur Laufzeit womöglich fehlen. Das kann nützlich sein, wenn Sie ein Paket schreiben, das mit mehreren Versionen eines anderen Pakets funktionieren muss. Das Verfahren besteht darin, dass Sie Ihr Paket mit der Minimalumgebung kompilieren, in der es gerade noch funktioniert. Das ist normalerweise die älteste Version. Auf neuere Klassen oder Methoden greifen Sie dann reflektiv zu. Damit dies funktioniert, müssen Sie Vorkehrungen treffen, wenn Sie auf neuere Klassen oder Methoden zugreifen möchten, die zur Laufzeit fehlen. Solche Maßnahmen könnten darin bestehen, dasselbe Ziel mit anderen Mitteln zu erreichen oder mit eingeschränkter Funktionalität zu arbeiten.

Insgesamt ist Reflection eine mächtige Fähigkeit, die Sie für bestimmte, hochqualifizierte Aufgaben der Systemprogrammierung benötigen, die aber auch viele Nachteile hat. Wenn Sie ein Programm schreiben, das mit Klassen arbeiten muss, die zur Kompilierungszeit noch unbekannt sind, dann sollten Sie Reflection nach Möglichkeit nur zum Instanziieren der Objekte benutzen. Den Zugriff auf diese Objekte geben Sie über ein Interface oder eine Oberklasse, die zur Kompilierungszeit bekannt ist.

7.8 Thema 36: Verwenden Sie native Methoden mit Vorsicht

Mit dem Java Native Interface (JNI) können Java-Applikationen *native Methoden* aufrufen. Das sind spezielle Methoden, die in *nativen Programmiersprachen* wie etwa C oder C++ geschrieben wurden. Native Methoden können beliebige Berechnungen in nativen Sprachen ausführen und dann zu Java zurückkehren.

Historisch gesehen hatten native Methoden drei Haupteinsatzbereiche: Sie gaben Zugriff auf plattformspezifische Sachen wie Registrys und Dateisperren. Sie gaben Zugriff auf Bibliotheken mit altem Code, der wiederum Zugriff auf alte Daten gab. Und sie dienten dazu, leistungskritische Teile der Applikation in nativen Sprachen zu schreiben, damit sie schneller lief.

Es ist zulässig, mit nativen Methoden Zugriff auf plattformspezifische Elemente zu geben, aber in dem Maße, wie die Java-Plattform immer ausgereifter wird, stellt auch sie mehr und mehr Funktionen bereit, die früher nur auf Host-Plattformen zu finden waren. So bietet z.B. das im Release 1.4 hinzugekommene Paket `java.util.prefs` die Funktionalität einer Registry. Es ist auch legitim, auf alten Code über native Methoden zuzugreifen, aber dafür gibt es auch bessere Mittel. So bietet z.B. das JDBC-API Zugriff auf alte Datenbanken.

Seit dem Release 1.3 ist es kaum noch zu empfehlen, mit nativen Methoden bessere Leistung anzustreben. In früheren Releases mag dies oft notwendig gewesen sein, aber die JVM-Implementierungen sind heute viel schneller. Die meisten Aufgaben können Sie nun fast ebenso schnell auch ohne native Methoden lösen. Ein Beispiel: Als im Release 1.1 `java.math` hinzukam, baute die Implementierung von `BigInteger` auf einer schnellen, in C geschriebenen Bibliothek für arithmetische Berechnungen mit mehrfacher Genauigkeit auf. Damals war das aus Leistungsgründen noch notwendig. Doch im Release 1.3 war `BigInteger` komplett neu in Java geschrieben und sorgfältig getunt. Die neue Version ist bei den meisten Operationen und Operandengrößen auf den Sun-Implementierungen der 1.3-JVM schneller als das Original.

Der Einsatz nativer Methoden hat ernste Nachteile. Da native Sprachen nicht *sicher* sind (Thema 24), sind Applikationen mit nativen Methoden nicht mehr gegen Speicherkorruptionsfehler gefeit. Da native Methoden plattformabhängig sind, sind solche Applikationen auch nicht mehr frei portierbar. Nativen Code müssen Sie für jede Zielplattform neu kompilieren und eventuell auch umschreiben. Da das Eintreten in und Austreten aus nativem Code unveränderlich hohen Aufwand bedeutet, können native Methoden die Leistung sogar *verschlechtern*, wenn sie nur kleinere Arbeiten ausführen. Und überdies sind sie auch noch schwer zu schreiben und zu lesen.

Fazit: Denken Sie besser zweimal nach, ehe Sie native Methoden einsetzen. Verwenden Sie sie selten oder gar nicht zur Leistungssteigerung. Wenn Sie native Methoden für den Zugriff auf Ressourcen oder alte Bibliotheken nehmen müssen, sollten Sie nur ein Minimum an nativem Code verwenden und diesen gründlich testen. Ein einziger Fehler im nativen Code kann Ihre ganze Applikation kaputt machen.

7.9 Thema 37: Optimieren Sie nur mit Vorsicht

Über Optimierung gibt es drei Aphorismen, die jeder kennen sollte. Vielleicht sind diese Sprüche schon überbeansprucht, aber falls Sie sie doch noch nicht kennen, gebe ich sie hier wieder:

> *Im Namen der Effizienz (und ohne sie wirklich zu erreichen) werden mehr Programmiersünden begangen als aus jedem anderen Grund – Dummheit eingeschlossen.*
>
> William A. Wulf [Wulf 1972]

> *In 97 Prozent der Fälle können Sie kleine Effizienzerwägungen vergessen: Verfrühte Optimierungsanstrengungen sind die Wurzel allen Übels.*
>
> Donald E. Knuth [Knuth 1974]

> *In Fragen der Optimierung gibt es zwei Regeln:*
>
> *Regel Nummer 1: Tun Sie es nicht.*
>
> *Regel Nummer 2 (nur für Profis): Tun Sie es noch nicht – zumindest so lange, bis Sie eine völlig klare, unoptimierte Lösung haben.*
>
> M. A. Jackson [Jackson 1975]

Alle diese Sprüche entstanden zwanzig Jahre vor Java. Sie vermitteln eine tiefe Wahrheit über Optimierung: Oft schadet sie mehr als sie nutzt, vor allem, wenn Sie zu früh darangehen. Dann erstellen Sie vielleicht Software, die weder schnell noch korrekt und außerdem auch noch schwer zu reparieren ist.

Verzichten Sie nicht aus Leistungsgründen auf solide Architekturprinzipien. **Versuchen Sie, Ihre Programme lieber gut als schnell zu machen**. Wenn ein gutes Programm zu langsam läuft, dann gestattet seine Architektur, es zu optimieren. Gute Programme *verbergen Informationen*: Wenn möglich stecken sie Entwurfsentscheidungen in einzelne Module, damit einzelne Entscheidungen später noch revidiert werden können, ohne den Rest des Systems zu tangieren (Thema 32).

Das bedeutet nicht, dass Sie die Leistung ganz ignorieren können, bis Ihr Programm vollständig ist. Implementierungsprobleme können Sie durch spätere Optimierungen noch beheben, aber durchgängige Fehler in der Architektur, die die Leistung beeinträchtigen, sind später kaum noch zu bereinigen, ohne das System neu zu schreiben. Wenn Sie im Nachhinein eine tragende Säule Ihres Entwurfs ändern, dann erhalten Sie eventuell ein schlecht strukturiertes System, das schwer zu warten und weiterzuentwickeln ist. Daher sollten Sie sich schon beim Entwurf über die Leistung Gedanken machen.

Vermeiden Sie Entwurfsentscheidungen, die die Leistung beschränken. Die Teile eines Entwurfs, die nachträglich am schwersten zu ändern sind, sind die, die Interaktionen zwischen Modulen und mit der Außenwelt spezifizieren. Dies sind zuallererst APIs, Übertragungsprotokolle und persistente Datenformate. Diese Entwurfsbestandteile sind nicht nur nachträglich schwer zu ändern, sondern schränken unter Umständen auch die Leistung stark ein, die das System später maximal erreichen kann.

Berücksichtigen Sie, welche Folgen Ihre API-Entwurfsentscheidungen für die Leistung haben. Einen öffentlichen Typ veränderlich zu machen kann eine Menge überflüssiges defensives Kopieren notwendig machen (Thema 24). Und wenn Sie in einer öffentlichen Klasse Vererbung nutzen, wo Komposition besser geeignet wäre, dann bleibt die Klasse für immer an ihre Oberklasse gebunden, was der Leistung der Unterklasse künstliche Einschränkungen auferlegt (Thema 14). Ein letztes Beispiel: Wenn Sie in einem API statt eines Interfaces einen Implementierungstyp verwenden, sind Sie an eine spezielle Implementierung auch dann gebunden, wenn in Zukunft schnellere Implementierungen auf den Markt kommen (Thema 34).

Die Auswirkungen des API-Entwurfs auf die Leistung sind äußerst real. Nehmen Sie z.B. die `getSize`-Methode der Klasse `java.awt.Component`. Wenn Sie entscheiden, dass diese leistungskritische Methode eine `Dimension`-Instanz zurückgeben soll und dass `Dimension`-Instanzen veränderlich sein sollen, dann muss jede Implementierung dieser Methode bei jedem Aufruf eine neue `Dimension`-Instanz allozieren. Obwohl es seit Release 1.3 relativ wenig aufwändig ist, kleine Objekte zuzuweisen, kann doch eine überflüssige Zuweisung von Millionen von Objekten die Leistung wirklich beeinträchtigen.

In diesem Fall gab es mehrere Alternativen. Im Idealfall sollte `Dimension` unveränderlich sein (Thema 13). Alternativ könnte auch die `getSize`-Methode durch zwei Methoden ersetzt werden, die die einzelnen Grundbestandteile eines `Dimension`-Objekts zurückgeben. Tatsächlich wurden dem `Component`-API mit dem Release 1.2 aus Leistungsgründen zwei solche Methoden hinzugefügt. Älterer Client-Code verwendet allerdings immer noch die `getSize`-Methode und leidet unter den Folgen, die die ursprünglichen API-Entwurfsentscheidungen für die Leistung haben.

Zum Glück gehen in der Regel gute API-Entwurfsentscheidungen und gute Leistung Hand in Hand. **Sie sollten niemals ein API verbiegen, um mehr Leistung zu erhalten.** Das ursächliche Leistungsproblem wird vielleicht in einem späteren Plattform-Release oder in einer anderen zugrunde liegenden Software in Zukunft behoben, aber das entstellte API und die Frage, wie Sie es nun richtig unterstützen, bereiten Ihnen für den Rest Ihres Lebens Kopfschmerzen.

Wenn Sie Ihr Programm sorgfältig aufgebaut und eine klare, knappe und wohlstrukturierte Implementierung dafür hergestellt haben, *dann* ist vielleicht der richtige Zeitpunkt, über eine Optimierung nachzudenken, falls Sie nun noch nicht mit der Leistung des Programms zufrieden sind. Erinnern Sie sich, dass Jacksons Optimierungsregeln lauteten:»Tun Sie es nicht.« und »(Nur für Profis): Tun Sie es *noch* nicht.« Er hätte noch eine dritte Regel hinzufügen können: **Messen Sie vor und nach jedem Optimierungsversuch die Leistung.**

Vielleicht wird es Sie überraschen, was Sie dabei feststellen. Oft haben Optimierungsversuche keine messbaren Auswirkungen auf die Leistung, und manchmal wird die Leistung sogar schlechter. Der Hauptgrund dafür ist, dass Sie nur schwer einschätzen können, womit Ihr Programm am meisten Zeit verbringt. Der Teil des Programms, den Sie für langsam halten, ist vielleicht gar nicht der Übeltäter. In diesem Fall verschwenden Sie Ihre Zeit mit dem Versuch, ihn zu optimieren. Es ist bekannt, dass Programme 80 Prozent ihrer Zeit in 20 Prozent ihres Codes verbringen.

Profiling-Tools können Ihnen die Entscheidung erleichtern, worauf Sie Ihre Optimierungsbemühungen konzentrieren sollten. Solche Tools geben Ihnen Laufzeitinformationen darüber, wie viel Zeit jede Methode ungefähr braucht und wie oft sie aufgerufen wird. Dies hilft Ihnen nicht nur, Ihre Tuning-Anstrengungen zu konzentrieren, sondern warnt Sie auch, wenn ein Algorithmus umgeschrieben werden sollte. Wenn in Ihrem Programm ein quadratischer (oder schlimmerer) Algorithmus lauert, kann auch kein noch so gutes Tuning das Problem beheben. Sie müssen den Algorithmus gegen einen effizienteren austauschen. Je mehr Code das System hat, umso wichtiger wird ein Profilierungswerkzeug. Es ist, als suchten Sie eine Nadel im Heuhaufen: Je größer der Heuhaufen, desto wichtiger ist der Metalldetektor. Das Java 2-SDK wird mit einem einfachen Profilierungswerkzeug geliefert, und mehrere weitere, ausgefeiltere Profiling-Tools sind käuflich zu erwerben.

Auf der Java-Plattform ist es sogar noch nötiger als auf traditionelleren Plattformen, die Auswirkungen einer Optimierung zu messen, da Java kein starkes *Performance-Modell* besitzt. Die relativen Kosten der diversen Grundoperationen sind nicht klar definiert. Die »semantische Kluft« zwischen dem, was der Programmierer schreibt, und dem, was die CPU ausführt, ist weit größer als in traditionellen kompilierten Sprachen. Dadurch lässt sich der Einfluss einer Optimierung auf die Leistung kaum zuverlässig voraussagen. Über die Leistung kursieren haufenweise Geschichten, die sich als Halbwahrheiten oder schlichte Lügen erweisen.

Das Performance-Modell ist nicht nur schlecht definiert, sondern es ändert sich auch mit jeder JVM-Implementierung und jedem Release. Wenn Sie ein Programm auf mehreren JVM-Implementierungen ausführen möchten, ist es wichtig, auf jeder auch die Auswirkungen Ihrer Optimierung zu messen. Gelegentlich müssen Sie hinsichtlich der Leistung auf unterschiedlichen JVM-Implementierungen auch Kompromisse schließen.

Fazit: Versuchen Sie nicht, schnelle Programme zu schreiben: Versuchen Sie, gute zu schreiben. Die Schnelligkeit kommt schon noch. Machen Sie sich beim Systementwurf Gedanken über die Leistung, vor allem, wenn Sie APIs, Übertragungsprotokolle und Formate für persistente Daten entwerfen. Wenn das System fertig ist, messen Sie seine Leistung. Ist es schnell genug, so sind Sie fertig. Wenn nicht, dann sollten Sie mit einem Profilierungswerkzeug die Problemquelle ausfindig machen und nur die relevanten Systemteile optimieren. Als erstes sollten Sie jedoch die Wahl Ihrer Algorithmen hinterfragen: Keine Optimierung kann einen schlechten Algorithmus ausbügeln. Wiederholen Sie diesen Prozess wenn nötig und messen Sie nach jeder Änderung die Leistung erneut, bis Sie zufrieden sind.

7.10 Thema 38: Halten Sie sich an die allgemein anerkannten Namenskonventionen

Die Java-Plattform hat gut eingeführte *Namenskonventionen*, die zum Großteil in *The Java Language Specification* [JLS, 6.8] stehen. Vereinfacht ausgedrückt gibt es zwei Arten von Namenskonventionen: typografische und grammatische.

Es gibt nur wenige typografische Namenskonventionen, nämlich für Pakete, Klassen, Interfaces, Methoden und Felder. Sie sollten sich an diese Konventionen halten, sofern keine sehr guten Gründe dagegen sprechen. Wenn ein API gegen diese Konventionen verstößt, dann ist es nur noch schwer benutzbar, und wenn eine Implementierung dies tut, dann wird sie wartungsunfreundlich. In beiden Fällen können solche Verstöße andere Programmierer verwirren und verärgern, die mit dem Code arbeiten, und sie können Irrtümer begründen, die wiederum zu Fehlern führen. Die Konventionen werden in diesem Thema zusammengefasst.

Paketnamen sollten hierarchisch aufgebaut und ihre Teile durch Punkte getrennt sein. Die Teile sollten aus Kleinbuchstaben und in seltenen Fällen auch aus Ziffern bestehen. Der Name jedes Pakets, das außerhalb Ihrer Organisation genutzt werden soll, sollte mit dem Domainnamen Ihrer Organisation beginnen, wobei zuerst die Toplevel-Domain kommt. Beispiele sind `edu.cmu`, `com.sun` und `gov.nsa`. Die Standardbibliotheken und optionalen Pakete, deren Namen mit `java` und `javax` beginnen, bilden Ausnahmen von dieser Regel. Benutzer dürfen keine Pakete erstellen, deren Namen mit `java` oder `javax` beginnen. Detaillierte Regeln für die Konvertierung von Internet-Domainnamen in Paketnamenpräfixe finden Sie in *The Java Language Specification* [JLS, 7.7].

Der Rest eines Paketnamens sollte aus einem oder mehreren Teilen bestehen, die das Paket beschreiben. Diese Teile sollten kurz sein, also allgemein nicht mehr als acht Zeichen haben. Bitte verwenden Sie bedeutungsvolle Abkürzungen, also eher `util` als `utilities`. Akronyme wie z.B. `awt` sind auch akzeptabel. Generell sollte ein Teil aus einem einzelnen Wort oder einer Abkürzung bestehen.

In vielen Paketnamen wurde dem Internet-Domainnamen nur ein einziger Teil hinzugefügt. Zusätzliche Teile eignen sich für große Pakete, deren Umfang eine informelle Hierarchie erfordert. So hat z.B. das Paket `javax.swing` eine umfangreiche Hierarchie von Paketnamen wie z.B. `javax.swing.plaf.metal`. Solche Pakete werden oft auch als Unterpakete bezeichnet, obwohl sie dies nur nach Konvention sind: Die Sprache unterstützt Pakethierarchien nicht.

Klassen- und Interface-Namen sollten aus einem oder mehreren Wörtern bestehen, wobei der erste Buchstabe jedes Wortes ein Großbuchstabe ist, wie in `Timer` oder `TimerTask`. Abkürzungen sollten Sie vermeiden, ausgenommen Akronyme und bestimmte geläufige Abkürzungen wie `max` oder `min`. Über die Frage, ob Akronyme komplett in Großbuchstaben oder bloß mit einem Großbuchstaben am Anfang geschrieben werden sollen, hat man sich nicht so recht einigen können. Die erste Variante ist häufiger, aber auch für die zweite gibt es starke Gründe. Selbst wenn mehrere Akronyme aneinandergehängt werden, können Sie dann immer noch erkennen, wo ein Wort beginnt und das andere endet. Welchen Klassennamen würden Sie lieber sehen: `HTTPURL` oder `HttpUrl`?

Methoden- und Feldnamen befolgen dieselben typografischen Konventionen wie die Namen von Klassen und Interfaces, mit der Einschränkung, dass der erste Buchstabe eines Methoden- oder Feldnamens kleingeschrieben sein sollte wie in `remove` oder `ensureCapacity`. Wenn das erste Wort eines Methoden- oder Feldnamens ein Akronym ist, sollte es kleingeschrieben werden.

Die einzige Ausnahme von dieser Regel sind »Konstantenfelder«, deren Namen aus einem oder mehreren großgeschriebenen Wörtern mit Unterstrichen dazwischen bestehen sollte, wie in `VALUES` oder `NEGATIVE_INFINITY`. Ein Konstantenfeld ist ein statisches finales Feld, dessen Wert unveränderlich ist. Wenn ein statisches finales Feld einen Grundtyp oder einen unveränderlichen Referenztyp hat (Thema 13), dann ist es ein Konstantenfeld. Ist sein Typ veränderbar, so kann es immer noch ein Konstantenfeld sein, wenn das referenzierte Objekt unveränderlich ist. So kann z.B. eine typsichere Enum ihr Universum von Aufzählungskonstanten in eine unveränderliche `List`-Konstante exportieren. Beachten Sie, dass Konstantenfelder die *einzige* Verwendung von Unterstrichen darstellen, die empfehlenswert ist.

Lokale Variablen gehorchen ähnlichen typografischen Konventionen wie Attribute, mit der Einschränkung, dass in ihnen auch Abkürzungen, einzelne Zeichen und kurze

Zeichenfolgen zulässig sind, deren Bedeutung von dem Kontext abhängt, in dem die lokale Variable auftritt. Beispiele sind `i`, `xref`, `houseNumber`.

Tabelle 7.1 gibt Beispiele für typografische Konventionen zur schnellen Orientierung.

Bezeichnertyp	Beispiele
Paket	com.sun.medialib, com.sun.jdi.event
Klasse oder Interface	Timer, TimerTask, KeyFactorySpi, HttpServlet
Methode oder Feld	remove, ensureCapacity, getCrc
Konstantenfeld	VALUES, NEGATIVE_INFINITY
Lokale Variable	i, xref, houseNumber

Tabelle 7.1: Beispiele für typografische Konventionen

Die grammatischen Namenskonventionen sind flexibler und umstrittener als die typografischen. Es gibt keine ausgesprochenen grammatischen Namenskonventionen für Pakete. Klassen werden im Allgemeinen mit einem Substantiv oder einer Nominalphrase benannt, z.B. `Timer` oder `BufferedWriter`. Interfaces werden wie Klassen benannt, z.B. `Collection` oder `Comparator`, oder mit einer englischen Adjektivendung wie »-able« oder »-ible« wie z.B. in `Runnable` oder `Accessible`.

Methoden, die eine Aktion ausführen, werden allgemein mit einem Verb oder einer Verbalphrase bezeichnet, wie z.B. `append` oder `drawImage`. Methoden, die einen `boolean`-Wert zurückgeben, haben Namen, die mit dem Wort »is« beginnen, gefolgt von einem Substantiv, einer Nominalphrase, einem Wort oder einer Phrase, das oder die Adjektivfunktion hat, wie z.B. in `isDigit`, `isProbablePrime`, `isEmpty`, `isEnabled`, `isRunning`.

Methoden, die eine nicht-boolesche Funktion oder ein Attribut des Objektes zurückgeben, auf dem sie aufgerufen werden, werden in der Regel mit einem Substantiv, einer Nominalphrase oder einer mit dem Verb »get« beginnenden Verbalphrase bezeichnet, so z.B. in `size`, `hashCode` oder `getTime`. Manchmal wird behauptet, nur die dritte (mit »get« beginnende) Form sei zulässig, aber diese Behauptung entbehrt jeglicher Grundlage. Die ersten beiden Formen führen in der Regel zu lesbarerem Code:

```
if (car.speed() > 2 * SPEED_LIMIT)
    generateAudibleAlert("Auf Polizei achten!");
```

Die mit »get« beginnende Form ist verbindlich, wenn die Klasse der betreffenden Methode eine *Bean* [JavaBeans] ist, und sie ist ratsam, wenn Sie in Erwägung ziehen, die Klasse später einmal in eine Bean zu verwandeln. Außerdem spricht alles für diese Form, wenn die Klasse eine Methode hat, die dasselbe Attribut mit `set` setzt. In diesem Fall sollten die beiden Methoden get*Attribut* und set*Attribut* heißen.

Einige Methodennamen verdienen eine spezielle Erwähnung. Methoden, die den Typ eines Objekts konvertieren und ein unabhängiges Objekt eines anderen Typs zurückliefern, werden oft to*Typ* genannt, z.B. `toString`, `toArray`. Methoden, die eine *View* zurückgeben (Thema 4), die einen anderen Typ hat als das empfangende Objekt, werden oft as*Typ* genannt, z.B. `asList`. Methoden, die einen Grundtyp zurückgeben, der denselben Typ hat wie das Objekt, auf dem sie aufgerufen wurden, werden oft *typ*Value genannt, z.B. `intValue`. Häufige Namen für statische Factorys sind `valueOf` und `getInstance` (Thema 1).

Grammatische Konventionen oder Feldnamen sind weniger fixiert und unwichtiger als die Konventionen für Klassen-, Interface- und Methodennamen, denn gut entworfene APIs enthalten wenn überhaupt nur wenige offengelegte Felder. Felder vom Typ `boolean` werden in der Regel wie boolesche Zugriffsmethoden benannt, wobei nur das »is« am Anfang wegfällt, wie z.B. in `initialized` oder `composite`. Felder mit anderen Typen werden normalerweise mit Substantiven oder Nominalphrasen bezeichnet, wie z.B. `height`, `digits` oder `bodyStyle`. Grammatische Konventionen für lokale Variablen ähneln denen für Felder, sind aber noch schwächer.

Zusammenfassend kann ich Ihnen nur dazu raten, die Standardnamenskonventionen so zu verinnerlichen, dass sie Ihnen zur zweiten Natur werden. Die typografischen Konventionen sind einfach und klar; die grammatischen sind komplexer und weniger streng. In *The Java Language Specification* [JLS, 6.8] heißt es: »Bitte befolgen Sie diese Konventionen nicht sklavisch, wenn die langjährige Übung etwas Anderes verlangen würde.« Folgen Sie Ihrem gesunden Menschenverstand.

8 Ausnahmen

Wenn man sie vorteilhaft einsetzt, können Ausnahmen die Lesbarkeit, Zuverlässigkeit und Wartungsfreundlichkeit eines Programms verbessern. Doch bei unsachgemäßem Gebrauch können sie auch das Gegenteil bewirken. In diesem Kapitel finden Sie Richtlinien für den wirkungsvollen Einsatz von Ausnahmen.

8.1 Thema 39: Verwenden Sie Ausnahmen nur für Ausnahmebedingungen

Wenn Sie Pech haben, stolpern Sie vielleicht eines Tages über ein Codestück wie dieses:

```
// Schrecklicher Missbrauch von Ausnahmen. Tun Sie dies nie!
try {
    int i = 0;
    while(true)
        a[i++].f();
} catch(ArrayIndexOutOfBoundsException e) {
}
```

Was macht dieser Code eigentlich? Dass man dies nicht auf den ersten Blick sieht, ist schon Grund genug, ihn nicht zu verwenden. Bei näherer Betrachtung ist er eine furchtbare Fehleinschätzung eines Idioms, das die Elemente eines Arrays durchlaufen sollte. Die Endlosschleife endet, indem sie in dem Moment, wo sie einen Zugriff auf ein Element außerhalb der Array-Grenzen versucht, eine `ArrayIndexOutOfBounds Exception` auslöst, abfängt und dann ignoriert. Sie soll eine Entsprechung des für jeden Programmierer sofort erkennbaren Standardidioms sein, mit dem ein Array durchlaufen wird:

```
for (int i = 0; i < a.length; i++)
    a[i].f();
```

Doch warum sollte irgendjemand das Idiom mit der Ausnahme dem bewährten Idiom vorziehen? Dies ist ein missglückter Versuch, die Leistung zu steigern. Er beruht auf der fälschlichen Annahme, dass der normale Schleifenende-Test (`i < a.length`) überflüssig ist, da die VM bereits die Grenzen aller Array-Zugriffe prüft. Diese Überlegung ist aber aus drei Gründen falsch:

▸ Da Ausnahmen für Ausnahmebedingungen da sind, versuchen wenn überhaupt nur wenige JVM-Implementierungen, ihre Leistung zu optimieren. Im Allgemeinen ist es aufwändig, eine Ausnahme zu erzeugen, auszulösen und abzufangen.

▸ Wenn Sie Code in einen `try-catch`-Block setzen, vereiteln Sie damit bestimmte Optimierungen, die sonst von modernen JVM-Implementierungen geleistet werden.

▸ Das Standardidiom zum Durchlaufen eines Arrays führt nicht unbedingt zu überflüssigen Überprüfungen: In manchen modernen JVM-Implementierungen werden solche Prüfungen durch Optimierung ausgeschaltet.

Tatsächlich läuft das Idiom mit der Ausnahme auf allen JVM-Implementierungen viel langsamer als das standardmäßige. Auf meinem Computer brauchte es bei einer Schleife von 0 bis 100 siebzig Mal länger als das Standardidiom.

Das Schleifenidiom mit der Ausnahme verschleiert nicht nur den eigentlichen Zweck des Codes und macht ihn langsamer: Es gibt auch keine Garantie, dass es immer läuft. Wenn in einem anderen Programmteil ein Fehler ist, kann das Idiom still und heimlich versagen und diesen Fehler maskieren, was das Debugging sehr kompliziert macht. Angenommen, die Berechnung im Schleifenrumpf enthält einen Fehler, der zu einem, die Array-Grenzen überschreitenden Zugriff bei einem ganz anderen Array führt. Wenn Sie ein vernünftiges Schleifenidiom verwenden, dann würde der Fehler eine nicht-abgefangene Ausnahme auslösen, die den Thread sofort mit der entsprechenden Fehlermeldung abbrechen lässt. Wenn Sie jedoch dieses üble Schleifenidiom mit der Ausnahme verwenden, dann würde die fehlerbedingte Ausnahme abgefangen und als normales Schleifenende fehlinterpretiert.

Die Moral von der Geschicht': **Wie der Name schon sagt, sind Ausnahmen nur für Ausnahmebedingungen da. Sie sollten nie für den normalen Kontrollfluss eingesetzt werden**. Noch allgemeiner gesagt: Geben Sie standardmäßigen, leicht erkennbaren Idiomen den Vorzug vor oberschlauen Idiomen, die angeblich schneller laufen. Selbst wenn das stimmt, dann bleibt es vielleicht bei den ständigen Verbesserungen an den JVM-Implementierungen nicht dabei. Doch die subtilen Fehler und Wartungsprobleme durch oberschlaue Idiome bleiben Ihnen mit Sicherheit erhalten.

Dieses Prinzip hat auch Konsequenzen für den API-Entwurf. **Ein gut entworfenes API darf seinen Client nicht zwingen, für den normalen Kontrollfluss Ausnahmen zu verwenden**. Eine Klasse mit einer »zustandsabhängigen« Methode, die unter bestimmten, unvorhersehbaren Umständen aufgerufen werden kann, sollte generell eine separate »Zustandstestmethode« haben, die anzeigt, ob ein Aufruf der ersten Methode angebracht ist. So hat z.B. die Klasse `Iterator` die zustandsabhängige Methode `next`, die das nächste Element der Iteration zurückgibt, und die entsprechende Zustandstestmethode `hasNext`. Dadurch kann das Standardidiom über eine Sammlung iterieren:

```
for (Iterator i = collection.iterator(); i.hasNext(); ) {
    Foo foo = (Foo) i.next();
    ...
}
```

Wenn `Iterator` keine `hasNext`-Methode hätte, müsste der Client Folgendes tun:

```
// Verwenden Sie nie dieses scheußliche Idiom zum Durchlaufen
// einer Sammlung!
try {
    Iterator i = collection.iterator();
    while(true) {
        Foo foo = (Foo) i.next();
        ...
    }
} catch (NoSuchElementException e) {
}
```

Nach dem Beispiel für eine Iteration über ein Array am Anfang dieses Themas dürfte Ihnen dies bekannt vorkommen. Das Idiom mit der Ausnahme ist nicht nur lang und irreführend, sondern wahrscheinlich auch noch wesentlich langsamer als das Standardidiom und außerdem kann es Fehler in anderen Systemteilen maskieren.

Eine Alternative zu einer separaten Zustandstestmethode ist eine zustandsabhängige Methode, die einen Spezialwert wie etwa `null` zurückgibt, wenn sie auf einem Objekt aufgerufen ist, das den falschen Zustand hat. Diese Technik würde sich z.B. für Iterator eignen, da `null` für die Methode `next` ein zulässiger Rückgabewert ist.

Im Folgenden sehen Sie einige Richtlinien für die Wahl zwischen einer Zustandstestmethode und einem Spezialrückgabewert. Wenn Sie auf ein Objekt nebenläufig ohne externe Synchronisierung zugreifen möchten oder das betreffende Objekt von außen herbeigeführte Zustandsänderungen erfährt, dann kann es sehr wichtig sein, einen Spezialrückgabewert zu verwenden, da sich der Zustand des Objekts zwischen dem Aufruf einer Zustandstestmethode und ihrer entsprechenden zustandsabhängigen Methode ändern kann. Leistungserwägungen können für einen Spezialrückgabewert sprechen, wenn eine separate Zustandstestmethode dieselbe Arbeit der zustandsabhängigen Methode notwendigerweise noch einmal leisten müsste. Doch wenn alles andere gleich bleibt, ist eine Zustandstestmethode etwas besser als ein Spezialrückgabewert: Sie ist besser lesbar und bei fehlerhafter Anwendung leichter zu entdecken und zu korrigieren.

8.2 Thema 40: Geprüfte Ausnahmen für behebbare Situationen, Laufzeitausnahmen für Programmierfehler

Java bietet drei Arten von Ausnahmen: *geprüfte Ausnahmen*, *Laufzeitausnahmen* und *Fehler*. Unter den Programmierern herrscht manchmal Unsicherheit über die Frage, wann welche Ausnahme richtig ist. Dies lässt sich zwar nicht immer klar abgrenzen, aber es gibt einige allgemeine Regeln, die die Wahl leichter machen.

Die Hauptregel in der Frage, ob Sie eine geprüfte oder eine ungeprüfte Ausnahme verwenden, lautet: **Verwenden Sie geprüfte Ausnahmen dann, wenn der Aufrufer gute Chancen hat, sich wieder zu erholen**. Durch das Auslösen einer geprüften Ausnahme zwingen Sie den Aufrufer, diese in einer catch-Klausel zu behandeln oder nach außen weiterzugeben. Jede geprüfte Ausnahme, die eine Methode laut ihrer Deklaration auslösen kann, gibt also dem API-Benutzer einen starken Hinweis darauf, dass die mit ihr verbundene Ausnahmebedingung eine Folge des Methodenaufrufs sein könnte.

Indem er den API-Benutzer mit einer geprüften Ausnahme konfrontiert, gibt der API-Designer diesem den Auftrag, die Ausnahmebedingung zu beheben. Diesen Auftrag kann der Benutzer auch missachten, indem er die Ausnahme abfängt und ignoriert, aber dies sollte normalerweise nicht sein (Thema 47).

Es gibt zwei Arten von ungeprüften Ausnahmen: Laufzeitausnahmen und Fehler. Beide verhalten sich identisch: Sie sind »Throwables«, die nicht abgefangen werden müssen und sollen. Wenn ein Programm eine ungeprüfte Ausnahme oder einen Fehler auslöst, ist eine Erholung normalerweise unmöglich und eine weitere Programmausführung würde mehr schaden als nützen. Wenn ein Programm eine solche Ausnahme nicht abfängt, veranlasst es den aktuellen Thread, mit einer passenden Fehlermeldung abzubrechen.

Verwenden Sie Laufzeitausnahmen, um auf Programmierfehler hinzuweisen. Die überwiegende Mehrheit der Laufzeitausnahmen zeigen *Vorbedingungsverletzungen* an. Eine Vorbedingungsverletzung liegt dann vor, wenn der Client eines APIs den Vertrag der API-Spezifikation nicht erfüllt. So steht z.B. im Vertrag für den Array-Zugriff, dass der Array-Index zwischen null und der Array-Länge minus eins liegen muss. Eine ArrayIndexOutOfBoundsException zeigt an, dass diese Vorbedingung verletzt wurde.

Obwohl die JLS es nicht unbedingt verlangt, gibt es die starke Konvention, dass der Einsatz von Fehlern für die JVM reserviert ist, damit diese auf fehlende Ressourcen, Scheitern der Invarianten oder andere Bedingungen hinweisen kann, die eine weitere Programmausführung unmöglich machen [Chan 1998, Horstman 2000]. Da diese Konvention fast überall befolgt wird, sollten Sie besser keine neuen Unterklassen von Error implementieren. **Alle ungeprüften Ausnahmen, die Sie implementieren, sollten mittelbar oder unmittelbar Unterklassen von** RuntimeException **sein**.

Es ist möglich, eine Ausnahme zu definieren, die keine Unterklasse von `Exception`, `RuntimeException` oder `Error` ist. Die JLS sagt zwar nicht unmittelbar etwas über »Throwables« aus, spezifiziert aber implizit, dass diese dasselbe Verhalten an den Tag legen, wie normale geprüfte Ausnahmen (die ihrerseits Unterklassen von `Exception` und nicht von `RuntimeException` sind). Doch wann sollten Sie so ein Ding benutzen? Mit einem Wort: nie. Es bietet keine Vorteile gegenüber einer normalen, geprüften Ausnahme und würde den Benutzer Ihres APIs nur verwirren.

Fazit: Verwenden Sie geprüfte Ausnahmen nur für behebbare Fehlerbedingungen und Laufzeitausnahmen für Programmierfehler. Natürlich ist die Situation nicht immer entweder-oder. Nehmen Sie z.B. den Fall, dass eine Ressource erschöpft ist: Dieser kann ebenso durch einen Programmierfehler wie durch Zuweisung eines zu langen Arrays oder gar eine tatsächliche Ressourcenknappheit entstehen. Ist der Grund eine vorübergehende Ressourcenknappheit oder eine Nachfragespitze, dann ist die Bedingung vielleicht ganz gut zu beheben. Der API-Designer muss letztlich entscheiden, ob eine Erschöpfung einer Ressource voraussichtlich behebbar ist oder nicht. Wenn ja, dann ist eine geprüfte Ausnahme angebracht, wenn nicht, dann eine Laufzeitausnahme. Wenn nicht feststeht, ob eine Erholung möglich ist, dann sollten Sie aus den in Thema 41 dargestellten Gründen am besten eine ungeprüfte Ausnahme verwenden.

API-Designer vergessen oft, dass Ausnahmen vollwertige Objekte sind, auf denen beliebige Methoden definiert werden können. Solche Methoden dienen hauptsächlich dazu, den Code zu liefern, der die Ausnahme abfängt, und zusätzlich über die Bedingung zu informieren, die die Auslösung der Ausnahme verursachte. Mangels solcher Methoden sind Programmierer auch schon einmal darauf gekommen, die String-Darstellung einer Ausnahme zu parsen, um sich Zusatzinformationen zu beschaffen. Das ist extrem schlechter Stil. Da Klassen nur selten die Einzelheiten ihrer String-Darstellungen spezifizieren, können sich diese Darstellungen mit jeder Implementierung und jedem Release ändern. Daher ist Code, der die String-Darstellung einer Ausnahme parst, in aller Regel nicht portierbar und zerbrechlich.

Da geprüfte Ausnahmen generell auf behebbare Bedingungen hinweisen, ist bei solchen Ausnahmen ganz besonders wichtig, dass sie Methoden haben, mit deren Hilfe sich der Aufrufer erholen kann. Angenommen, eine geprüfte Ausnahme wird ausgelöst, wenn ein Versuch, mit einem Kartentelefon zu telefonieren, fehlschlägt, weil der Anrufer nicht genug Geld auf seiner Karte hatte. Diese Ausnahme sollte eine Zugriffsmethode haben, mit der der Fehlbetrag abgefragt werden kann, damit dieser an den Telefonbenutzer weitergegeben werden kann.

8.3 Thema 41: Vermeiden Sie den unnötigen Einsatz von geprüften Ausnahmen

Geprüfte Ausnahmen sind etwas Wunderbares. Im Gegensatz zu Rückgabecodes *zwingen* sie den Programmierer, sich um die Ausnahmebedingungen zu kümmern, was die Zuverlässigkeit stark verbessert. Doch ein Übermaß an geprüften Ausnahmen kann die Benutzung eines APIs zur Qual machen. Wenn eine Methode eine oder mehrere geprüfte Ausnahmen auslöst, muss der Code, der diese Methode aufruft, die Ausnahmen in einem oder mehreren catch-Blöcken behandeln oder deklarieren, dass er die Ausnahmen auslöst und sie dann nach außen weiterleiten. Beides ist für den Programmierer eine Last.

Diese Last ist gerechtfertigt, wenn die Ausnahmebedingung nicht durch korrekte Benutzung des APIs zu verhindern ist *und* außerdem die Programmierer, die das API benutzen, etwas Sinnvolles tun können, wenn sie mit der Ausnahme konfrontiert werden. Wenn nicht beides zutrifft, dann ist eine ungeprüfte Ausnahme besser. Sie sollten sich fragen, wie der Programmierer die Ausnahme behandeln wird. Ist dies das Beste, was man tun kann?

```
} catch(TheCheckedException e) {
    throw new Error("Falsche Grundannahme"); // Darf nie passieren!
}
```

Und wie wär's damit?

```
} catch(TheCheckedException e) {
    e.printStackTrace();      // Na gut, dann eben nicht.
    System.exit(1);
}
```

Wenn der Programmierer, der das API benutzt, nichts besseres unternehmen kann, dann wäre eine ungeprüfte Ausnahme besser geeignet. Ein Beispiel für eine Ausnahme, die diesen Test nicht besteht, ist CloneNotSupportedException. Sie wird von der Methode Object.clone ausgelöst, die nur auf solchen Objekten aufgerufen werden sollte, die Cloneable implementieren (Thema 10). In der Praxis hat der catch-Block fast immer den Charakter eines Scheiterns der Grundannahme. Die Tatsache, dass die Ausnahme geprüft ist, bietet dem Programmierer keinen Vorteil, sondern macht nur Arbeit und verkompliziert die Programme.

Die zusätzliche Last, die Sie dem Programmierer mit einer geprüften Ausnahme aufbürden, ist noch viel schwerer, wenn dies die *einzige* geprüfte Ausnahme ist, die eine Methode ausgibt. Gibt es noch mehr, so muss die Methode ohnehin schon in einem try-Block auftauchen, und für die Ausnahme ist lediglich noch ein weiterer catch-Block notwendig. Wenn eine Methode nur eine einzige geprüfte Ausnahme auslöst, dann muss nur für diese Ausnahme auch ein `try`-Block für die Methode her. Unter solchen Umständen sollten Sie sich schon fragen, ob Sie nicht irgendwie die geprüfte Ausnahme vermeiden können.

Eine Technik, mit der Sie eine geprüfte in eine ungeprüfte Ausnahme verwandeln können, besteht darin, aus der Methode, die die Ausnahme auslöst, zwei Methoden zu machen. Die erste gibt einen `boolean`-Wert zurück, der anzeigt, ob die Ausnahme ausgelöst würde. Diese Änderung des APIs verwandelt folgende Aufrufsequenz:

```
// Aufruf mit geprüfter Ausnahme
try {
    obj.action(args);
} catch(TheCheckedException e) {
    // Behandele Ausnahmebedingung
    ...
}
```

in diese:

```
// Aufruf mit Zustandstestmethoden und ungeprüfter Ausnahme
if (obj.actionPermitted(args)) {
    obj.action(args);
} else {
    // Behandele Ausnahmebedingung
    ...
}
```

Diese Umwandlung ist nicht immer das Richtige, aber dort, wo sie angebracht ist, kann sie die API-Benutzung erleichtern. Die zweite Aufrufsequenz ist zwar nicht schöner als die erste, aber das resultierende API ist flexibler. Wenn der Programmierer weiß, dass der Aufruf klappen wird, oder wenn er damit zufrieden ist, dass der Thread bei einem Fehlschlag des Aufrufs endet, dann würde die Umformung auch die folgende einfache Aufrufsequenz gestatten:

```
obj.action(args);
```

Wenn Sie vermuten, dass die einfache Aufrufsequenz die Norm sein wird, dann kann auch diese API-Umformung das Richtige sein. Sie führt zu einem API, das im Wesentlichen mit dem »Zustandstestmethoden«-API aus Thema 39 identisch ist und auch dieselben Fallstricke hat: Wenn auf ein Objekt nebenläufig ohne externe Synchronisierung zugegriffen wird oder wenn das Objekt Gegenstand extern veranlasster Zustandsänderungen ist, dann ist diese Umformung nicht das Richtige, weil sich der Objektzustand in der Zeit zwischen dem Aufruf von `actionPermitted` und dem Aufruf von `action` ändern kann. Wenn eine separate `actionPermitted`-Methode jedoch notwendigerweise dieselbe Arbeit der `action`-Methode noch einmal tun würde, dann kann die Umformung auch wegen Leistungserwägungen ausscheiden.

8.4 Thema 42: Bevorzugen Sie Standardausnahmen

Eine Sache, durch die sich Programmierprofis am stärksten von Anfängern unterscheiden, ist, dass die Experten für ihren Code ein hohes Maß an Wiederverwendbarkeit anstreben und normalerweise auch erreichen. Ausnahmen bilden keine Ausnahme von der Regel, dass wiederverwendbarer Code eine gute Sache ist. Die Java-Plattformbibliotheken stellen einige elementare ungeprüfte Ausnahmen zur Verfügung, die den Ausnahmenbedarf der meisten APIs schon größtenteils decken. Diese gebräuchlichen Ausnahmen werden in diesem Thema behandelt.

Die Wiederverwendung bereits vorhandener Ausnahmen hat mehrere Vorteile. Der wichtigste ist der, dass Ihr API dadurch einfacher zu lernen und zu nutzen ist, weil es den Konventionen folgt, mit denen die Programmierer bereits vertraut sind. Direkt danach kommt der Vorteil, dass die Programme, die Ihr API benutzen, dann leichter zu lesen sind, weil sie nicht voller unbekannter Ausnahmen stecken. Und außerdem bedeuten weniger Ausnahmeklassen auch weniger Arbeitsspeicherbelegung und schnelleres Laden von Klassen.

Eine weitere, oft genutzte Ausnahme ist `IllegalStateException`. Diese Ausnahme wird in der Regel ausgelöst, wenn der Aufruf wegen des Zustands des Empfängerobjekts unzulässig war. Sie wäre z.B. dann die Ausnahme der Wahl, wenn der Aufrufer ein Objekt zu benutzen versucht, ehe es ordentlich initialisiert wurde.

Letztlich sind zwar alle falschen Methodenaufrufe auf ein unzulässiges Argument oder einen unzulässigen Zustand zurückzuführen, aber standardmäßig werden für bestimmte Arten von unzulässigen Argumenten und Zuständen andere Ausnahmen verwendet. Wenn ein Aufrufer einem Parameter, der keine `null`-Werte haben darf, den Wert `null` übergibt, dann wird laut Konvention keine `IllegalArgumentException`, sondern eine `NullPointerException` ausgelöst, und wenn ein Aufrufer einem Parameter, der einen Index einer Folge darstellt, einen außerhalb des zulässigen Wertebereichs liegenden Wert übergibt, dann sollte er statt einer `IllegalArgumentException` eine `IndexOutOfBoundsException` erhalten.

Eine andere Allzweckausnahme, die Sie kennen sollten, ist `ConcurrentModificationException`. Sie sollten diese Ausnahme auslösen, wenn ein Objekt, das nur von einen einzigen Thread oder mit externer Synchronisierung benutzt werden sollte, feststellt, dass es nebenläufig geändert wird oder wurde.

Ein letztes Beispiel für eine erwähnenswerte Allzweckausnahme ist `UnsupportedOperationException`. Diese Ausnahme sollten Sie auslösen, wenn ein Objekt eine Operation, die versucht wird, nicht unterstützt. Verglichen mit den anderen in diesem Thema behandelten Ausnahmen wird sie nur selten benutzt, da die meisten Objekte alle von ihnen implementierten Methoden auch unterstützen. Diese Ausnahme wird von Interface-Implementierungen verwendet, die eine oder mehrere mögliche Operationen, die von dem Interface definiert werden, nicht unterstützen. So würde z.B. eine `List`-Implementierung, die nur für das Anhängen (mit `append`) da ist, diese Ausnahme auslösen, wenn jemand versuchte, ein Element zu löschen.

Tabelle 8.1 fasst die am häufigsten wieder verwendeten Ausnahmen zusammen.

Ausnahme	Verwendung
IllegalArgumentException	bei ungeeigneten Parameterwerten
IllegalStateException	wenn der Objektzustand keinen Methodenaufruf zulässt
NullPointerException	wenn der Parameterwert verbotenerweise null ist
IndexOutOfBoundsException	wenn der Wert des Indexparameters außerhalb des Wertebereichs liegt
ConcurrentModificationException	wenn eine verbotene, nebenläufige Änderung des Objektzustands aufgedeckt wird
UnsupportedOperationException	wenn das Objekt die Methode nicht unterstützt

Tabelle 8.1: Ausnahmen

Dies sind zwar bei weitem die am häufigsten wiederverwendeten Ausnahmen in den Java-Plattformbibliotheken, aber wenn die Umstände es rechtfertigen, können auch andere Ausnahmen wieder verwendet werden. So könnten Sie z.B. `ArithmeticException` und `NumberFormatException` wiederverwenden, wenn Sie arithmetische Objekte wie komplexe Zahlen oder Matrizen implementierten. Wenn eine Ausnahme Ihren Bedürfnissen genügt, dann nutzen Sie sie. Tun Sie dies allerdings nur, wenn die Bedingungen, unter denen Sie sie auslösen würden, mit denen in der Dokumentation der Ausnahme übereinstimmen. Die Wiederverwendung muss sich auf die Semantik gründen und nicht nur auf einen Namen. Wenn Sie noch mehr Fehlerinformationen geben möchten, können Sie auch eine Unterklasse zu einer bereits bestehenden Ausnahme schreiben (Thema 45).

Zum Schluss müssen Sie sich noch klar machen, dass die Wahl der richtigen Ausnahme nicht immer eine exakte Wissenschaft ist. Auch die Bedingungen in der Verwendungsspalte von Tabelle 8.1 schließen sich nicht gegenseitig aus. Nehmen Sie z.B. den Fall eines Objekts, das ein Kartenspiel repräsentiert: Angenommen, es gibt eine Kartenausteilungsmethode, die als Argument die Anzahl der Karten bekommt, die jeder Spieler erhält. Wenn der Aufrufer diesem Parameter einen Wert übergäbe, der die Anzahl der verbleibenden Karten des Spiels überstiegt, so könnten Sie dafür eine `IllegalArgument Exception` (der Parameterwert von `handSize` ist zu groß) oder eine `IllegalStateException` (das Spiel-Objekt enthält zu wenige Karten, um die Anfrage zu befriedigen) benutzen. In diesem Fall macht die `IllegalArgumentException` einen guten Eindruck, aber feste Regeln dafür gibt es nicht.

8.5 Thema 43: Lösen Sie Ausnahmen aus, die zur Abstraktion passen

Es führt zu Verwirrung, wenn eine Methode eine Ausnahme auslöst, die in keinem erkennbaren Zusammenhang mit der Aufgabe steht, die sie ausführt. Das ist oft der Fall, wenn eine Methode eine Ausnahme weiterleitet, die von einer Abstraktion einer tieferen Ebene ausgelöst wurde. Das ist nicht nur verwirrend, sondern macht auch das API der höheren Ebene mit den Implementierungdetails schmutzig. Wenn die Implementierung der höheren Ebene in einem späteren Release geändert wird, können sich auch die von ihr ausgelösten Ausnahmen ändern. Dadurch können bestehende Client-Programme kaputtgehen.

Um dieses Problem zu vermeiden, **sollten höhere Ebenen die Ausnahmen der darunterliegenden Ebenen abfangen und stattdessen Ausnahmen auslösen, die anhand der Abstraktion der höheren Ebene erklärbar sind**. Dieses als »*Ausnahme-Übersetzung*« bezeichnete Idiom sieht folgendermaßen aus:

```
// Ausnahme-Übersetzung
try {
    // Verwende Abstraktion einer niedrigeren Ebene
    // und übersetze in die höhere Ebene.
    ...
} catch(LowerLevelException e) {
    throw new HigherLevelException(...);
}
```

Hier sehen Sie ein Beispiel einer Ausnahme-Transaktion. Es entstammt der Klasse `AbstractSequentialList`, einer *Skelettimplementierung* (Thema 16) des `List`-Interfaces. In diesem Beispiel wird die Ausnahme-Übersetzung von der Spezifikation der `get`-Methode im `List`-Interface gefordert:

```
/**
 * Gibt die Elemente an der angegebenen Stelle dieser Liste zurück.
 * @throws IndexOutOfBoundsException, wenn Index nicht
 * im Wertebereich.
 *         (index < 0 || index >= size()).
 */
public Object get(int index) {
    ListIterator i = listIterator(index);
    try {
        return i.next();
    } catch(NoSuchElementException e) {
        throw new IndexOutOfBoundsException("Index: " + index);
    }
}
```

Eine Sonderform der Ausnahme-Übersetzung namens *Ausnahmen-Verkettung* eignet sich für solche Fälle, in denen die Ausnahme der niedrigeren Ebene jemandem beim

Thema 43: Lösen Sie Ausnahmen aus, die zur Abstraktion passen

Debuggen einer Situation helfen kann, die die Ursache der Ausnahme war. Bei diesem Ansatz speichert die Ausnahme der höheren Ebene die Ausnahme der niedrigeren Ebene und stellt eine Zugriffsmethode zur Verfügung, mit der sich die Ausnahme der niedrigeren Ebene abrufen lässt:

```
// Ausnahmen-Verkettung
try {
    // Verwende Abstraktion einer niedrigeren Ebene
    // und übersetze in die höhere Ebene.
    ...
} catch (LowerLevelException e) {
    throw new HigherLevelException(e);
}
```

Seit dem Release 1.4 wird die Ausnahmen-Verkettung von Throwable unterstützt. Wenn Sie Release 1.4 (oder eine Folgeversion) einsetzen möchten, können Sie diese Unterstützung nutzen, indem Sie den Konstruktor Ihrer höheren Ausnahme eine Verkettung mit Throwable(Throwable) herstellen lassen.

```
// Ausnahmen-Verkettung in Release 1.4
HigherLevelException(Throwable t) {
    super(t);
}
```

Wenn Sie mit einem älteren Release arbeiten möchten, dann muss Ihre Ausnahme die Ausnahme der niedrigeren Ebene speichern und eine Zugriffsmethode zur Verfügung stellen:

```
// Ausnahmen-Verkettung vor Release 1.4
private Throwable cause;

HigherLevelException(Throwable t) {
    cause = t;
}

public Throwable getCause() {
    return cause;
}
```

Indem Sie die Zugriffsmethode getCause nennen und ihr die oben gezeigte Deklaration geben, stellen Sie sicher, dass Ihre Ausnahme mit der Verkettungsfunktion der Plattform zusammenarbeiten wird, falls Sie einmal zu Release 1.4 oder folgenden wechseln möchten. Dies hat den Vorteil, dass der Stacktrace der niedrigeren Ausnahme in den der höheren Ausnahme in der üblichen Art und Weise integriert wird, und erlaubt es zusätzlich, dass Standard-Debugging-Tools auf die niedrigere Ausnahme zugreifen können.

Zwar ist es besser eine Ausnahme zu übersetzen, als sie unbedacht von niedrigeren zu höheren Ebenen weiterzureichen, aber dies sollten Sie auch nicht überstrapazieren.

Das beste, was Sie wenn möglich mit Ausnahmen von niedrigeren Ebenen tun können, ist, sie ganz zu vermeiden, indem Sie gewährleisten, dass die Methoden der niedrigen Ebenen Erfolg haben, ehe Sie sie aufrufen. Manchmal können Sie dies erreichen, indem Sie explizit die Gültigkeit der Methodenparameter der höheren Ebene prüfen, ehe Sie sie an die niedrigeren Ebenen übergeben.

Wenn sich Ausnahmen von niedrigeren Ebenen nicht verhindern lassen, dann besteht die zweitbeste Lösung darin, dass die höhere Ebene diese Ausnahmen stillschweigend umgeht und den Aufrufer der höheren Methode von den Problemen der niedrigeren Ebene isoliert. Unter solchen Umständen kann es gut sein, die Ausnahme mit einem geeigneten Werkzeug wie z.B. dem in Release 1.4 eingeführten `java.util.logging` zu protokollieren. Dann kann ein Administrator das Problem untersuchen, während der Client-Code und die Benutzer davon unberührt bleiben.

In Situationen, in denen sich Ausnahmen niedrigerer Ebenen weder vermeiden noch die höheren Ebenen davon isolieren lassen, sollten Sie immer die Ausnahme-Übersetzung verwenden. Nur wenn zufällig die Spezifikation der niedrigeren Methode garantiert, dass alle von ihr ausgelösten Ausnahmen für die höhere Ebene geeignet sind, sollte eine Weitergabe von Ausnahmen von unten nach oben gestattet sein.

8.6 Thema 44: Dokumentieren Sie alle Ausnahmen, die eine Methode auslöst

Eine Beschreibung der Ausnahmen, die eine Methode auslösen kann, ist ein wichtiger Teil der Dokumentation, die für den richtigen Einsatz der Methode erforderlich ist. Daher müssen Sie sich unbedingt die Zeit nehmen, sämtliche Ausnahmen sämtlicher Methoden sorgfältig zu dokumentieren.

Deklarieren Sie geprüfte Ausnahmen immer einzeln und dokumentieren Sie mithilfe des `@throws`-Tags von Javadoc ganz genau die Bedingungen, unter denen jede Ausnahme ausgelöst wird. Bitte kürzen Sie das nicht ab, indem Sie deklarieren, dass eine Methode eine Oberklasse mehrerer von ihr möglicherweise ausgegebener Ausnahmeklassen auslöst. Ein Extrembeispiel: Deklarieren Sie nie in einer Methode »`throws Exception`« oder, schlimmer noch, »`throws Throwable`«. Eine solche Deklaration gibt dem Programmierer keinerlei Hinweis auf die Ausnahmen, die die Methode auslösen kann, und behindert überdies auch noch die Nutzung der Methode, weil sie jede andere Ausnahme, die in demselben Kontext ausgegeben werden kann, verschleiert.

Zwar wird von Java nicht unbedingt gefordert, dass Programmierer die ungeprüften Ausnahmen dokumentieren müssen, die eine Methode auslösen kann, aber es empfiehlt sich dennoch, diese ebenso sorgfältig zu dokumentieren wie die geprüften Ausnahmen. Ungeprüfte Ausnahmen stellen allgemein Programmierfehler dar (Thema 40).

Wenn Sie den Programmierern alle gemachten Fehler vorstellen, dann helfen Sie ihnen, diese Fehler zu vermeiden. Eine gut dokumentierte Liste mit allen ungeprüften Ausnahmen, die eine Methode auslösen kann, beschreibt wirkungsvoll, welche *Vorbedingungen* für ihre erfolgreiche Ausführung erforderlich sind. Es ist ganz wichtig, dass die Dokumentation jeder Methode ihre Vorbedingungen beschreibt, und dies tun Sie am besten, indem Sie ihre ungeprüften Ausnahmen dokumentieren.

Ganz besonders wichtig ist es, dass Methoden in Interfaces dokumentieren, welche ungeprüften Ausnahmen sie auslösen können. Diese Dokumentation gehört zum *allgemeinen Vertrag* des Interfaces und ermöglicht es, dass sich mehrere Implementierungen des Interfaces gleich verhalten.

Bitte dokumentieren Sie mit dem `@throws`**-Tag von Javadoc jede ungeprüfte Ausnahme, die eine Methode auslösen kann. Verwenden Sie aber nicht das Schlüsselwort** `throws`**, um ungeprüfte Ausnahmen in die Methodendeklaration hineinzuschreiben**. Der Programmierer, der Ihr API benutzt, muss erkennen können, welche Ausnahmen geprüft und welche ungeprüft sind, da sich seine Aufgaben je nach Fall unterscheiden. Die Dokumentation, die das `@throws`-Tag von Javadoc generiert, wenn kein von der `throws`-Deklaration generierter Methoden-Header vorhanden ist, ist ein deutlich sichtbarer Hinweis, der dem Programmierer hilft, geprüfte Ausnahmen von ungeprüften zu unterscheiden.

Man muss sagen, dass die Dokumentation sämtlicher ungeprüfter Ausnahmen für jede Methode ein Ideal ist, das in der Realität nicht immer erreichbar ist. Wenn eine Klasse überarbeitet wird, dann bedeutet es keine Verletzung der Quell- oder Binärkompatibilität, wenn eine exportierte Methode so umgeschrieben wird, dass sie noch weitere ungeprüfte Ausnahmen auslöst. Angenommen, eine Klasse ruft eine Methode einer anderen, unabhängig von der ersten geschriebenen Klasse auf. Die Autoren der ersten Klasse haben vielleicht alle ungeprüften Ausnahmen jeder Methode sorgfältig dokumentiert, aber wenn die zweite Klasse derart überarbeitet wird, dass sie noch mehr ungeprüfte Ausnahmen auslöst, dann wird sehr wahrscheinlich die erste (nicht überarbeitete) Klasse die neuen ungeprüften Ausnahmen weitergeben, obwohl sie sie nicht deklariert.

Wenn eine Ausnahme von vielen Methoden in einer Klasse immer aus demselben Grund ausgelöst wird, dann kann sie auch im Dokumentationskommentar zu der Klasse dokumentiert werden, anstatt sie für jede Methode einzeln zu dokumentieren. Ein Beispiel dafür ist die `NullPointerException`. Es ist in Ordnung, wenn die Klassendokumentation sinngemäß besagt: »Alle Methoden dieser Klasse lösen eine `NullPointerException` aus, wenn ihnen in irgendeinem Parameter ein `null`-Objekt übergeben wird«.

8.7 Thema 45: Geben Sie in Detailnachrichten Fehlerinformationen an

Wenn ein Programm wegen einer nicht-abgefangenen Ausnahme abbricht, gibt das System automatisch den Stacktrace der Ausnahme aus. Dieser enthält die *String-Darstellung* der Ausnahme, also das Ergebnis ihrer toString-Methode. Sie besteht normalerweise aus dem Klassennamen der Ausnahme, gefolgt von ihrer *Detailnachricht*. Oft ist dies die einzige Information, an die sich die Programmierer oder Techniker bei der Untersuchung eines Software-Fehlers halten können. Wenn der Fehler nicht leicht reproduzierbar ist, kann es schwierig oder unmöglich sein, mehr darüber zu erfahren. Daher ist es von entscheidender Bedeutung, dass die toString-Methode der Ausnahme möglichst viel über die Fehlerursache verrät. Mit anderen Worten: Die String-Darstellung einer Ausnahme sollte den Fehler für eine spätere Analyse festhalten.

Um einen Fehler festzuhalten, sollte die String-Darstellung einer Ausnahme die Werte aller Parameter und Felder enthalten, die zu der Ausnahme »beigetragen« haben. So sollte z.B. die Detailnachricht zu einer IndexOutOfBoundsException die Unter- und Obergrenze des Wertebereichs und den tatsächlichen Indexwert, der nicht innerhalb dieser Grenzen lag, nennen. Diese Information sagt viel über den Fehler aus. Jeder einzelne Wert oder alle drei Werte könnten falsch sein. Der tatsächliche Index könnte um eins kleiner als die Untergrenze oder gleich der Obergrenze sein, oder er könnte ein Wert sein, der völlig danebenliegt. Die Untergrenze könnte größer als die Obergrenze sein (ein ernster interner Invariantenfehler). Jede dieser Situationen weist auf ein anderes Problem hin. Dem Programmierer hilft es sehr bei der Fehlerdiagnose, wenn er weiß, nach welcher Art von Fehler er überhaupt sucht.

So wichtig es ist, alle »harten Daten« in die String-Darstellung einer Ausnahme aufzunehmen, so unwichtig ist es, wortreiche Erklärungen dazu zu schreiben. Der Stacktrace soll gemeinsam mit den Quelldateien analysiert werden und enthält normalerweise die Angabe, von welcher Datei und welcher Zeilennummer die Ausnahme ausgelöst wurde, sowie die Dateien und Zeilennummern aller anderen Methodenaufrufe im Stack. Weitschweifige Fehlerbeschreibungen sind in der Regel überflüssig, da die Informationen durch Lesen des Quellcodes erschlossen werden können.

Die String-Darstellung einer Ausnahme sollte nicht mit einer Fehlermeldung auf Benutzerebene verwechselt werden, die für Endanwender verständlich sein muss. Im Gegensatz zu dieser ist die String-Darstellung vor allem für Programmierer oder Techniker gedacht, denen sie bei der Fehleranalyse hilft. Daher ist der Inhalt der Information weit wichtiger als ihre Allgemeinverständlichkeit.

Sie können sicherstellen, dass Ausnahmen in ihren String-Darstellungen ausreichende Fehlerinformationen geben, indem Sie in den Konstruktoren der Ausnahmen diese Informationen anstelle einer Detailnachricht in String-Form fordern. Die Detailnachricht kann dann automatisch so generiert werden, dass sie die Informationen enthält. So könnte z.B. die `IndexOutOfBoundsException` statt eines `String`-Konstruktors den folgenden Konstruktor haben:

```
/**
 * Erzeuge eine IndexOutOfBoundsException.
 *
 * @param lowerBound Kleinster zulässiger Indexwert.
 * @param upperBound Größter zulässiger Indexwert plus eins.
 * @param index      Tatsächlicher Indexwert.
 */
public IndexOutOfBoundsException(int lowerBound, int upperBound,
                                 int index) {
    // Erzeuge eine Detailnachricht, die den Fehler festhält.
    super( "Untergrenze: " + lowerBound +
           ", Obergrenze: " + upperBound +
           ", Index: "      + index);
}
```

Leider nutzen die Java-Plattformbibliotheken dieses Idiom kaum, obwohl dies ratsam wäre. Es macht es den Programmierern leicht, eine Ausnahme auszulösen, die den Fehler festhält. Ja mehr noch: Die Programmierer können gar nicht mehr anders, als den Fehler festzuhalten! Letztlich erreicht das Idiom, dass der Code eine hervorragende String-Darstellung für eine Ausnahme in der Ausnahmenklasse selbst generiert, statt dass er von jedem Benutzer der Klasse fordert, die String-Darstellung überflüssigerweise immer wieder neu zu generieren.

Wie Thema 40 bereits nahegelegte, kann es gut sein, wenn eine Ausnahme Zugriffsmethoden für ihre Fehlerinformationen (in unserem Beispiel `lowerBound`, `upperBound` und `index`) liefert. Solche Zugriffsmethoden sind für geprüfte Ausnahmen noch wichtiger als für ungeprüfte, da die Fehlerinformationen bei der Erholung von einem Fehler helfen können. Es ist zwar selten, aber doch vorstellbar, dass ein Programmierer vielleicht programmgesteuerten Zugriff auf die Einzelheiten einer ungeprüften Ausnahme möchte. Doch selbst für ungeprüfte Ausnahmen ist es ratsam, grundsätzlich Zugriffsmethoden zur Verfügung zu stellen (Thema 9).

8.8 Thema 46: Streben Sie nach Fehleratomizität

Auch nachdem ein Objekt eine Ausnahme ausgelöst hat, ist es generell wünschenswert, dass es weiter in einem wohldefinierten, benutzbaren Zustand bleibt, selbst wenn der Fehler mitten in einer Operation aufgetreten ist. Das gilt ganz besonders für geprüfte Ausnahmen, von denen sich der Aufrufer normalerweise wieder erholen sollte. **Allgemein gesagt sollte ein gescheiterter Methodenaufruf das Objekt in dem Zustand zurücklassen, den es vor dem Aufruf hatte**. Eine Methode mit dieser Eigenschaft bezeichnet man als *fehleratomar*.

Diesen Effekt kann man auf mehrere Arten erzielen. Die einfachste besteht darin, dass Sie unveränderliche Objekte entwerfen (Thema 13). Wenn ein Objekt unveränderlich ist, dann gibt es die Fehleratomizität gratis. Ein Scheitern einer Operation kann dann zwar die Erzeugung eines neuen Objekts vereiteln, aber niemals ein vorhandenes Objekt in inkonsistentem Zustand hinterlassen, da der Zustand jedes Objekts bei seiner Erzeugung konsistent ist und danach nicht mehr geändert werden kann.

Für Methoden, die auf veränderlichen Objekten arbeiten, lässt sich die Fehleratomizität am leichtesten erreichen, indem Sie die Parameter vor der Operation auf Gültigkeit überprüfen (Thema 23). Dann werden eventuelle Ausnahmen ausgelöst, bevor die Objektmodifikation beginnt. Betrachten Sie z.B. die Stack.pop-Methode aus Thema 5:

```
public Object pop() {
    if (size == 0)
        throw new EmptyStackException();
    Object result = elements[--size];
    elements[size] = null; // Eliminiere überflüssige Referenz
    return result;
}
```

Wenn Sie die Größenprüfung am Anfang weglassen würden, dann würde die Methoden zwar immer noch bei einem Versuch, ein Element aus einem leeren Stack zu entnehmen, eine Ausnahme auslösen, aber sie würde das Größenfeld in einem inkonsistenten (negativen) Zustand hinterlassen. Dann würden alle zukünftigen Methodenaufrufe auf dem Objekt scheitern. Außerdem würde die von der pop-Methode ausgelöste Ausnahme nicht zu der Abstraktion passen (Thema 43).

Ein ganz ähnlicher Ansatz, um Fehleratomizität zu erreichen, ist der folgende: Sie ordnen die Berechnungen so, dass jeder Teil, der eventuell fehlschlagen könnte, vor jedem Teil liegt, der das Objekt modifiziert. Dieser Ansatz ist die natürliche Erweiterung des vorherigen, wenn die Argumente nicht geprüft werden können, ohne einen Teil der Berechnung durchzuführen. Betrachten Sie z.B. eine TreeMap, deren Elemente in einer bestimmten Reihenfolge sortiert werden. Um einer TreeMap ein Element hinzuzufügen, muss dieses einen Typ haben, der mit dem Ordnungsverfahren von TreeMap verglichen werden kann. Jeder Versuch, ein Element vom falschen Typ hinzuzufügen, scheitert natürlich mit einer ClassCastException. Das ist das Ergebnis, wenn ein Element in dem Baum gesucht wird, bevor er in irgendeiner Weise modifiziert worden ist.

Ein dritter und viel seltenerer Ansatz zum Erreichen von Fehleratomizität besteht darin, einen *Recovery-Code* zu schreiben, der einen mitten in einer Operation auftretenden Fehler abfängt und das Objekt veranlasst, seinen Zustand bis zu dem Punkt, an dem die Operation begann, zurückzurollen. Dieser Ansatz wird vor allem für persistente Datenstrukturen verwendet.

Ein letzter Ansatz, mit dem Sie Fehleratomizität herstellen können, ist folgender: Sie führen die Operation auf einer temporären Kopie des Objekts durch und ersetzen den

Inhalt des Objekts durch diese temporäre Kopie, sobald die Operation abgeschlossen ist. Dieser Ansatz ergibt sich auf natürliche Weise, wenn die Berechnung schneller ausgeführt werden kann, nachdem die Daten in einer temporären Datenstruktur gespeichert wurden. So speichert z.B. die Methode `Collections.sort` ihre Eingabeliste vor dem Sortieren in einem Array, um Aufwand zu sparen, wenn sie in der inneren Schleife der Sortieroperation auf die Elemente zugreift. Dies wird zwar aus Leistungserwägungen gemacht, bietet aber den zusätzlichen Vorteil, dass die Eingabeliste unter Garantie unberührt bleibt, wenn die Sortierung scheitert.

Fehleratomizität ist zwar generell wünschenswert, aber nicht immer möglich. Ein Beispiel: Wenn zwei Threads nebenläufig ohne vernünftige Synchronisierung versuchen, dasselbe Objekt zu ändern, dann kann dieses Objekt in inkonsistentem Zustand zurückbleiben. Daher wäre es falsch, anzunehmen, dass ein Objekt noch benutzbar ist, nachdem man eine `ConcurrentModificationException` abgefangen hat. Von Fehlern ist (im Gegensatz zu Ausnahmen) in aller Regel keine Erholung möglich und Methoden, die Fehler auslösen, sollten noch nicht einmal den Versuch machen, die Fehleratomizität zu erhalten.

Selbst wenn Fehleratomizität möglich ist, ist sie nicht immer wünschenswert. Bei einigen Operationen würde sich dadurch der Aufwand oder die Komplexität stark erhöhen. Doch oft können Sie Fehleratomizität ganz leicht erreichen, wenn Sie sich über das Problem im Klaren sind. Eine Regel lautet: Jede Ausnahme, die zur Methodenspezifikation gehört, sollte das Objekt in demselben Zustand zurücklassen, den es vor dem Methodenaufruf hatte. Wo diese Regel verletzt wird, sollte die API-Dokumentation klar sagen, in welchem Zustand das Objekt zurückbleibt. Doch leider entsprechen viele der existierenden API-Dokumentationen nicht diesem Idealbild.

8.9 Thema 47: Ignorieren Sie keine Ausnahmen

Dieser Rat scheint zwar naheliegend, wird aber so oft verletzt, dass man ihn immer wiederholen sollte. Wenn die Entwickler eines APIs eine Methode deklarieren, die eine Ausnahme auslöst, dann versuchen Sie Ihnen damit etwas mitzuteilen. Dies dürfen Sie nicht ignorieren! Es ist ganz leicht, Ausnahmen zu ignorieren, indem man den Methodenaufruf mit einer `try`-Anweisung mit einem leeren `catch`-Block umgibt:

```
// Leerer catch-Block ignoriert Ausnahme - sehr verdächtig!
try {
    ...
} catch (SomeException e) {
}
```

Ein leerer `catch`-Block verstößt gegen den Sinn und Zweck der Ausnahmen: Diese sollen Sie zwingen, Ausnahmebedingungen zu behandeln. Das Ignorieren einer Ausnahme ist dasselbe, als würden Sie einen Feueralarm ignorieren – und außerdem auch noch abschalten, damit auch sonst niemand sieht, dass es tatsächlich brennt. Vielleicht werden Sie nicht erwischt, aber die Folgen sind katastrophal. Wann immer Sie einen leeren catch-Block sehen, sollte Ihre Alarmglocke angehen. **Der catch-Block sollte zumindest einen Kommentar enthalten, der erklärt, warum die Ausnahme ignoriert werden soll.**

Dies kann z.B. dann richtig sein, wenn eine Ausnahme die Bildwiedergabe einer Animation betrifft. Wenn der Bildschirm in regelmäßigen Abständen aktualisiert wird, dann behandeln Sie einen flüchtigen Fehler am besten, indem Sie ihn ignorieren und die nächste Aktualisierung abwarten.

Die Empfehlung dieses Themas gilt auch für geprüfte und ungeprüfte Ausnahmen. Egal ob eine Ausnahme eine vorhersagbare Ausnahmebedingung oder einen Programmierfehler repräsentiert: Wenn Sie sie mit einem leeren catch-Block ignorieren, haben Sie ein Programm, das auch bei einem Fehler ganz geräuschlos weiterläuft. Es kann dann zu irgendeinem zukünftigen Zeitpunkt scheitern, und zwar an einer Stelle im Code, die in keinem Zusammenhang mit der Problemursache steht. Die richtige Behandlung einer Ausnahme kann den Fehler auch ganz verhüten. Schon das bloße Weiterleiten einer ungeprüften Ausnahme nach außen führt immerhin dazu, dass das Programm sauber abbricht und gibt Informationen, die beim Debugging helfen.

9 Threads

Mit Threads können Sie mehrere Aktivitäten in demselben Programm nebenläufig ausführen. Da Multithreaded-Programmierung schwieriger als Singlethreaded-Programmierung ist, gilt hier der Rat aus Thema 30 in besonderem Maße: Wenn es eine Bibliotheksklasse gibt, die ihnen die Multithreaded-Programmierung auf unterster Ebene ersparen kann, dann sollten Sie sie um Himmels Willen nutzen. Ein Beispiel dafür ist die Klasse `java.util.Timer`, und das Paket `util.concurrent` von Doug Lea [Lea 2001] liefert eine ganze Sammlung von Threading-Dienstprogrammen auf höherer Ebene. Selbst wenn Sie dort, wo es möglich ist, solche Bibliotheken nutzen, müssen Sie immer noch gelegentlich Multithreaded-Code schreiben oder pflegen. In diesem Kapitel finden Sie Ratschläge, die Ihnen helfen, klare, richtige und gut dokumentierte Multithreaded-Programme zu schreiben.

9.1 Thema 48: Synchronisieren Sie den Zugriff auf gemeinsam genutzte, veränderliche Daten

Das Schlüsselwort `synchronized` gewährleistet, dass immer nur ein einziger Thread eine Anweisung oder einen Block ausführen kann. Viele Programmierer halten die Synchronisierung *nur* für ein Mittel zum gegenseitigen Ausschluss, das verhindert, dass ein Objekt in inkonsistentem Zustand betrachtet wird, während gerade ein anderer Thread es modifiziert. In dieser View wird ein Objekt in konsistentem Zustand erzeugt (Thema 13) und von den Methoden, die auf es zugreifen, gesperrt. Diese Methoden beobachten seinen Zustand und können optional einen *Zustandsübergang* veranlassen, bei dem das Objekt von einem konsistenten Zustand in einen anderen übergeht. Der korrekte Einsatz von Synchronisierung garantiert, dass keine Methode das Objekt je in inkonsistentem Zustand zu sehen bekommt.

Diese Sicht ist zwar richtig, aber noch nicht vollständig. Die Synchronisierung verhindert nicht nur, dass ein Thread ein Objekt in inkonsistentem Zustand zu sehen bekommt, sondern gewährleistet überdies, dass Objekte in einer geordneten Folge von Zustandsübergängen, die scheinbar sequenziell ausgeführt werden, von einem konsistenten Zustand in den nächsten wechseln. Jeder Thread, der in eine synchronisierte Methode oder einen ebensolchen Block eintritt, sieht die Auswirkungen aller von derselben Sperre kontrollierten, vorangegangenen Zustandsübergänge. Wenn ein Thread den synchronisierten Bereich wieder verlassen hat, dann sieht ein anderer Thread, der nun in den von derselben Sperre synchronisierten Bereich eintritt, die von dem ersten Thread verursachten Zustandsänderungen, falls es welche gibt.

Die Sprache garantiert, dass das Lesen oder Schreiben einer einzelnen Variablen *atomar* ist, sofern diese Variable nicht den Typ `long` oder `double` hat. Anders ausgedrückt: Wenn Sie eine Variable lesen, die nicht den Typ `long` oder `double` hat, dann wird garantiert ein Wert zurückgegeben, der von einem Thread in dieser Variablen gespeichert worden ist, selbst wenn mehrere Threads die Variable nebenläufig ohne Synchronisierung ändern.

Vielleicht haben Sie schon einmal gehört, man solle beim Lesen oder Schreiben atomarer Daten die Synchronisierung aus Leistungsgründen unterlassen. Dieser Rat ist auf gefährliche Weise falsch. Zwar gewährleistet die Atomizitätsgarantie, dass kein Thread beim Lesen atomarer Daten einen Zufallswert sieht, aber sie garantiert nicht, dass ein Wert, der von einem Thread geschrieben wurde, für den anderen auch sichtbar ist. **Die Synchronisierung ist sowohl für eine zuverlässige Kommunikation zwischen den Threads als auch für den gegenseitigen Ausschluss notwendig.** Dies ist eine Folge eines ziemlich technischen Aspekts von Java, nämlich des *Speichermodells* [JLS, 17]. Dieses wird zwar wahrscheinlich in einem künftigen Release noch kräftig überarbeitet werden [Pugh 01a], aber nicht im Hinblick auf den erwähnten Sachverhalt.

Wenn Sie den Zugriff auf eine gemeinsam genutzte Variable nicht synchronisieren, dann kann dies übel ausgehen, selbst wenn die Variable atomar lesbar und schreibbar ist. Betrachten Sie die folgende Funktion zur Erzeugung von Seriennummern:

```
// Kaputt - muss synchronisiert werden!
private static int nextSerialNumber = 0;

public static int generateSerialNumber() {
    return nextSerialNumber++;
}
```

Diese Funktion soll garantieren, dass jeder Aufruf von `generateSerialNumber` eine andere Seriennummer zurückgibt, so lange nicht mehr als 2^{32} Aufrufe stattgefunden haben. Es ist keine Synchronisierung erforderlich, um die Invarianten des Seriennummerngenerators zu schützen, da er gar keine hat. Sein Zustand besteht in einem einzigen, atomar beschreibbaren Feld (`nextSerialNumber`) und alle Feldwerte, die möglich sind, sind auch zulässig. Doch die Methode arbeitet nicht ohne Synchronisierung. Da der Inkrementierungsoperator (++) das Feld `nextSerialNumber` sowohl liest als auch beschreibt, ist er nicht atomar. Lesen und Schreiben sind unabhängige Operationen, die nacheinander ausgeführt werden. Folglich können mehrere nebenläufige Threads das Feld `nextSerialNumber` mit demselben Wert zu sehen bekommen und dieselbe Seriennummer zurückgeben.

Noch überraschender ist, dass ein Thread `generateSerialNumber` mehrfach aufrufen und eine Folge von Seriennummern von null bis *n* erhalten und danach ein anderer Thread `generateSerialNumber` aufrufen und die Seriennummer null erhalten kann. Ohne Synchronisierung sieht der zweite Thread vielleicht *keine* der Änderungen, die der erste gemacht hat. Dies ist eine Folge des oben erwähnten Speichermodellproblems.

Die Reparatur der Methode `generateSerialNumber` ist ganz einfach: Sie fügen ihrer Deklaration den Modifikator `synchronized` hinzu. Damit ist gewährleistet, dass mehrere Aufrufe nicht miteinander verzahnt werden und dass jeder Aufruf die Auswirkungen aller vorangegangenen sieht. Um die Methode wasserdicht zu machen, sollten Sie statt `int` besser `long` verwenden oder eine Ausnahme auslösen, wenn `nextSerialNumber` einen Umbruch versucht.

Sehen Sie nun, wie ein Thread angehalten wird. Die Plattform stellt zwar Methoden für einen unfreiwilligen Thread-Abbruch zur Verfügung, aber diese Methoden sind veraltet, weil sie inhärent *unsicher* sind: Ihre Benutzung kann zu einer Objektinkonsistenz führen. Am besten halten Sie einen Thread an, indem Sie ihn einfach ein Feld abfragen lassen, dessen Wert so eingestellt werden kann, dass er den Thread zum Anhalten veranlasst. Dieses Feld ist normalerweise ein `boolean`-Wert oder eine Objektreferenz. Da das Lesen und Schreiben eines solchen Felds atomare Vorgänge sind, werden vielleicht einige Programmierer versucht sein, beim Zugriff auf dieses Feld die Synchronisierung beiseite zu lassen. Daher sehen Sie gelegentlich Code wie diesen:

```
// Kaputt - muss synchronisiert werden!
public class StoppableThread extends Thread {
    private boolean stopRequested = false;

    public void run() {
        boolean done = false;

        while (!stopRequested && !done) {
            ... // Tue alles Erforderliche.
        }
    }

    public void requestStop() {
        stopRequested = true;
    }
}
```

Dieser Code hat das Problem, dass es ohne Synchronisierung auch keine Garantie gibt, wann – falls überhaupt – der beendigungsfähige Thread eine Änderung des Werts von `stopRequested` »sieht«, die von einem anderen Thread veranlasst wurde. Folglich ist die `requestStop`-Methode unter Umständen völlig wirkungslos. Wenn Sie nicht auf einem Mehrprozessorsystem arbeiten, dann werden Sie zwar in der Praxis dieses problematische Verhalten nur selten finden, aber möglich ist alles. Am einfachsten beheben Sie das Problem, indem Sie allen Zugriff auf das Feld `stopRequested` synchronisieren:

```
// Korrekt synchronisierte, kooperative Thread-Beendigung
public class StoppableThread extends Thread {
    private boolean stopRequested = false;

    public void run() {
        boolean done = false;

        while (!stopRequested() && !done) {
            ... // Tue alles Erforderliche.
        }
    }

    public synchronized void requestStop() {
        stopRequested = true;
    }

    private synchronized boolean stopRequested() {
        return stopRequested;
    }
}
```

Beachten Sie, dass die Aktionen der synchronisierten Methoden atomar sind: Die Synchronisierung dient nur zu der Kommunikation zwischen den Methoden, nicht zu ihrem gegenseitigen Ausschluss. Es ist klar, dass der überarbeitete Code funktioniert, und der Synchronisierungsaufwand für jede Schleifeniteration ist wahrscheinlich nicht spürbar. Darüber hinaus gibt es jedoch noch eine Alternative, die ein bisschen knapper und eventuell auch schneller ist. Die Synchronisierung kann unterbleiben, wenn stopRequested als volatile deklariert wird. Dieser Modifikator garantiert, dass jeder Thread, der ein Feld liest, den zuletzt geschriebenen Wert zu sehen bekommt.

Der Preis dafür, dass der Zugriff auf stopRequested unsynchronisiert bleibt, ist im obigen Beispiel vergleichsweise gering: Die Auswirkung der requestStop-Methode kann sich auf unbestimmte Zeit verschieben. Wenn Sie es jedoch versäumen, den Zugriff auf veränderliche, gemeinsam genutzte Daten zu synchronisieren, dann zahlen Sie einen weit höheren Preis. Betrachten Sie das *Doppelprüfungsidiom* für die faule Initialisierung:

```
// Das Doppelprüfungsidiom für die faule Initialisierung  - kaputt!
private static Foo foo = null;

public static Foo getFoo() {
    if (foo == null) {
        synchronized (Foo.class) {
            if (foo == null)
                foo = new Foo();
        }
    }
    return foo;
}
```

Hinter diesem Idiom steht die Idee, dass Sie den Synchronisierungsaufwand in dem geläufigen Fall, dass auf das Feld (`foo`) nach seiner Initialisierung zugegriffen wird, vermeiden können. Die Synchronisierung soll nur verhindern, dass mehrere Threads dasselbe Feld initialisieren. Das Idiom garantiert jedoch, dass das Feld mindestens ein Mal initialisiert wird, und dass alle Threads, die `getFoo` aufrufen, den korrekten Wert für die Objektreferenz erhalten. Doch leider gibt es keine Garantie, dass die Objektreferenz ordentlich arbeitet. Wenn ein Thread die Referenz unsynchronisiert liest und dann auf dem referenzierten Objekt eine Methode aufruft, dann kann diese Methode das Objekt in einem nur teilinitialisierten Zustand vorfinden und grandios scheitern.

Dass ein Thread ein faul erzeugtes Objekt in einem teilinitialisierten Zustand zu sehen bekommt, widerspricht jeder Intuition. Das Objekt wurde vollständig erzeugt, bevor die Referenz in dem Feld, aus dem andere Threads (`foo`) sie lesen können, »veröffentlicht« wurde. Doch ohne Synchronisierung gibt es keine Garantie, dass ein Thread, der eine »veröffentlichte« Objektreferenz liest, auch wirklich alle Daten sieht, die vor der Veröffentlichung der Referenz gespeichert wurden. Insbesondere garantiert das Lesen einer veröffentlichten Objektreferenz nicht, dass der Lese-Thread die neuesten Werte der Daten sieht, die die Interna des referenzierten Objekts ausmachen. Im Allgemeinen **funktioniert das Doppelprüfungsidiom nicht**. Es funktioniert nur, wenn die gemeinsam genutzte Variable statt einer Objektreferenz einen Wert eines Grundtyps speichert [Pugh 2001b].

Dieses Problem können Sie auf mehrere Weisen beheben. Am einfachsten ist es, auf die faule Initialisierung ganz zu verzichten:

```
// Normale statische Initialisierung (nicht faul)
private static final Foo foo = new Foo();

public static Foo getFoo() {
    return foo;
}
```

Das funktioniert ganz klar, und die Methode `getFoo` könnte gar nicht schneller sein. Es benötigt weder Synchronisierung noch Berechnungen. Wie in Thema 37 besprochen, sollten Sie einfache, klare und richtige Programme schreiben und die Optimierung bis zum Schluss aufschieben, und Sie sollten nur dann optimieren, wenn Messungen beweisen, dass dies auch nötig ist. Daher ist es generell am besten, wenn Sie auf die faule Initialisierung verzichten. Wenn Sie dies tun und dann durch Aufwandsmessungen feststellen, dass es so nicht geht, dann besteht die zweitbeste Lösung darin, die faule Initialisierung mit einer korrekt synchronisierten Methode zu erledigen:

```
// Korrekt synchronisierte faule Initialisierung
private static Foo foo = null;

public static synchronized Foo getFoo() {
    if (foo == null)
```

```
        foo = new Foo();
    return foo;
}
```

Diese Methode funktioniert garantiert, erfordert aber bei jedem Aufruf einen Synchronisierungsaufwand. Dieser ist jedoch bei modernen JVM-Implementierungen recht klein. Dennoch: Wenn Sie durch Leistungsmessungen auf Ihrem System festgestellt haben, dass Sie sich weder eine normale noch eine faule Initialisierung bei jedem Zugriff leisten können, gibt es noch eine andere Möglichkeit. Das Idiom einer *Holder-Klasse für bedarfsgerechte Initialisierung* eignet sich dann, wenn ein statisches Feld aufwändig zu initialisieren ist und eventuell überhaupt nicht benötigt wird, aber dann, wenn es notwendig wird, auch intensiv benutzt wird. Hier ist das Idiom:

```
// Das Idiom einer Holder-Klasse für bedarfsgerechte Initialisierung
private static class FooHolder {
    static final Foo foo = new Foo();
}

public static Foo getFoo() { return FooHolder.foo; }
```

Das Idiom zieht Vorteile aus der Garantie, dass eine Klasse erst initialisiert wird, wenn sie gebraucht wird [JLS, 12.4.1]. Wenn die Methode getFoo erstmals aufgerufen wird, liest sie das Feld FooHolder.foo und veranlasst die Initialisierung der Klasse FooHolder. Das Schöne an diesem Idiom ist, dass die Methode getFoo unsynchronisiert ist und nur einen Feldzugriff erledigt. So steigt der Aufwand für den Zugriff durch die faule Initialisierung praktisch nicht an. Der einzige Nachteil des Idioms ist, dass es nicht mit Instanzfeldern, sondern nur mit statischen Feldern funktioniert.

Zusammenfassend kann man sagen: **Wann immer mehrere Threads gemeinsam auf veränderliche Daten zugreifen, muss jeder Lese- oder Schreib-Thread eine Sperre erwerben**. Lassen Sie sich durch die Garantie für atomare Lese- und Schreibvorgänge nicht von einer korrekten Synchronisierung abbringen. Ohne Synchronisierung ist auch nicht garantiert, welche der Änderungen, die ein Thread vorgenommen hat, von einem anderen Thread beobachtet wird. Unsynchronisierter Datenzugriff kann zu Lebendigkeits- und Sicherheitsversagen führen. Solche Versagensfälle sind extrem schwer reproduzierbar. Sie können vom Zeitpunkt abhängen und sind stark von den JVM-Implementierungsdetails und der Hardware, auf der die JVM läuft, abhängig.

Der Modifikator volatile ist unter bestimmten Umständen eine mögliche Alternative zur normalen Synchronisierung, aber dies ist eine Technik für Fortgeschrittene. Überdies wird sich erst nach Abschluss der Revisionsarbeiten am Speichermodell zeigen, inwieweit sie anwendbar bleiben wird.

9.2 Thema 49: Vermeiden Sie übermäßige Synchronisierung

Thema 48 warnt vor den Gefahren unzureichender Synchronisierung, und das jetzige Thema behandelt das gegenteilige Problem. Je nach Situation kann ein Übermaß an Synchronisierung die Leistung verschlechtern, Deadlocks hervorrufen und sogar nicht-deterministisches Verhalten verursachen.

Um die Deadlock-Gefahr zu vermeiden, übergeben Sie in einer synchronisierten Methode oder einem synchronisierten Block niemals die Steuerung an den Client. Mit anderen Worten: Rufen Sie in einem synchronisierten Bereich nie eine öffentliche oder geschützte Methode auf, die dazu da ist, überschrieben zu werden. (Solche Methoden sind in der Regel abstrakt, haben aber gelegentlich eine konkrete Standardimplementierung.) Aus der Sicht der Klasse, die den synchronisierten Bereich enthält, ist eine solche Methode *fremd*. Die Klasse weiß nicht, was die Methode tut, und kann sie nicht steuern. Ein Client könnte eine Implementierung einer fremden Methode liefern, die einen weiteren Thread erzeugt, der einen Callback der Klasse vornimmt. Der neu erzeugte Thread könnte dann versuchen, dieselbe Sperre zu erwerben, die der Original-Thread hält. Dadurch würde der neue Thread blockieren. Wenn die Methode, die ihn erzeugte, darauf wartet, dass er fertig wird, kommt es zu einem Deadlock.

An der folgenden Klasse, die eine *Arbeitsschlange* implementiert, wird dies konkret. Die Klasse gibt den Clients die Möglichkeit, Arbeitsschritte für eine asynchrone Verarbeitung in eine Schlange zu stellen. Die Methode `enqueue` kann so oft wie nötig aufgerufen werden. Der Konstruktor startet einen Hintergrund-Thread, der Elemente in derselben Reihenfolge aus der Schlange entfernt, wie sie hinzugekommen waren, und durch Aufruf der Methode `processItem` verarbeitet. Wenn die Arbeitsschlange nicht mehr benötigt wird, ruft der Client die Methode `stop` auf, damit der Thread nach Abschluss aller noch laufenden Arbeitsschritte elegant endet.

```
public abstract class WorkQueue {
    private final List queue = new LinkedList();
    private boolean stopped = false;

    protected WorkQueue() { new WorkerThread().start(); }

    public final void enqueue(Object workItem) {
        synchronized (queue) {
            queue.add(workItem);
            queue.notify();
        }
    }

    public final void stop() {
        synchronized (queue) {
            stopped = true;
            queue.notify();
```

```
            }
        }
        protected abstract void processItem(Object workItem)
            throws InterruptedException;

        // Kaputt - ruft fremde Methode in synchronisiertem Block auf!
        private class WorkerThread extends Thread {
            public void run() {
                while (true) {   // Hauptschleife
                    synchronized (queue) {
                        try {
                            while (queue.isEmpty() && !stopped)
                                queue.wait();
                        } catch (InterruptedException e) {
                            return;
                        }

                        if (stopped)
                            return;

                        Object workItem = queue.remove(0);
                        try {
                            processItem(workItem); // Lock held!
                        } catch (InterruptedException e) {
                            return;
                        }
                    }
                }
            }
        }
    }
```

Um diese Klasse zu benutzen, müssen Sie eine Unterklasse mit einer Implementierung der abstrakten Methode processItem bilden. So gibt z. B. die folgende Unterklasse jeden Arbeitsschritt aus, aber nicht mehr als einen pro Sekunde, egal wie oft Arbeitsschritte in die Schlange gestellt werden:

```
class DisplayQueue extends WorkQueue {
    protected void processItem(Object workItem)
            throws InterruptedException {
        System.out.println(workItem);
        Thread.sleep(1000);
    }
}
```

Da die Klasse WorkQueue die abstrakte Methode processItem aus einem synchronisierten Block heraus aufruft, kommt es zu einem Deadlock. Die folgende Unterklasse verursacht den Deadlock in der oben beschriebenen Form:

Thema 49: Vermeiden Sie übermäßige Synchronisierung 199

```
class DeadlockQueue extends WorkQueue {
    protected void processItem(final Object workItem)
            throws InterruptedException {
        // Erzeuge einen neuen Thread, der workItem zur
        // Schlange zurückgibt
        Thread child = new Thread() {
            public void run() { enqueue(workItem); }
        };
        child.start();
        child.join(); // Deadlock!
    }
}
```

Dieses Beispiel ist etwas an den Haaren herbeigezogen, weil es keinen vernünftigen Grund gibt, warum die processItem-Methode einen Hintergrund-Thread erzeugen sollte. Aber das Problem ist wirklichkeitsnah. Aus einem synchronisierten Block heraus Methoden aufzurufen, die von außen kommen, hat in realen Systemen wie z.B. GUI-Toolkits schon viele Deadlocks verursacht. Zum Glück lässt sich dieses Problem leicht beheben. Sie verlagern einfach den Methodenaufruf wie hier gezeigt aus dem synchronisierten Block heraus:

```
// Fremde Methode außerhalb eines synchronisierten Blocks
// - "Offener Aufruf"
private class WorkerThread extends Thread {
    public void run() {
        while (true) { // Hauptschleife
            Object workItem = null;
            synchronized (queue) {
                try {
                    while (queue.isEmpty() && !stopped)
                        queue.wait();
                } catch (InterruptedException e) {
                    return;
                }
                if (stopped)
                    return;
                workItem = queue.remove(0);
            }
            try {
                processItem(workItem); // Keine Sperre gehalten
            } catch (InterruptedException e) {
                return;
            }
        }
    }
}
```

Eine fremde Methode, die außerhalb eines synchronisierten Bereichs aufgerufen wird, bezeichnet man als *offenen Aufruf* [Lea 2000, 2.4.1.3]. Offene Aufrufe verhindern nicht nur Deadlocks, sondern können auch die Nebenläufigkeit stark verbessern. Eine fremde Methode kann beliebig lange laufen. In dieser Zeit würde anderen Threads der Zugriff auf das gemeinsam genutzte Objekt unnötig verweigert, wenn die fremde Methode in dem synchronisierten Bereich aufgerufen würde.

Eine Regel lautet: **Tun Sie möglichst wenig Arbeit in synchronisierten Bereichen**. Beschaffen Sie die Sperre, untersuchen Sie die gemeinsam genutzten Daten, wandeln Sie sie so weit wie nötig um und geben Sie die Sperre wieder frei. Wenn Sie eine zeitraubende Aktivität ausführen müssen, sollten Sie einen Weg finden, dies außerhalb des synchronisierten Bereichs zu tun.

Der Aufruf einer fremden Methode in einem synchronisierten Bereich kann schlimmere Abstürze als Deadlocks hervorrufen, wenn die fremde Methode aufgerufen wird, während die durch den synchronisierten Bereich geschützten Invarianten für einen Moment ihre Gültigkeit verloren haben. (Das kann nicht in dem Beispiel mit der kaputten Arbeitsschlange passieren, da die Schlange sich bei Aufruf von `processItem` in einem konsistenten Zustand befindet.) Solche Abstürze kommen nicht vor, wenn aus der fremden Methode heraus ein neuer Thread erzeugt wird; sie kommen vor, wenn die fremde Methode selbst einen Callback der defekten Klasse macht. Da Sperren in Java *rekursiv* sind, kommt es bei solchen Aufrufen zu keinem Deadlock, sehr wohl aber, wenn die Aufrufe von einem anderen Thread gemacht werden. Da der aufrufende Thread die Sperre bereits hält, hat er Erfolg, wenn er versucht, sie ein zweites Mal zu erwerben, auch wenn gerade eine andere Operation, die mit dieser konzeptionell gar nichts zu tun hat, auf den durch die Sperre geschützten Daten ausgeführt wird. Ein solches Versagen kann katastrophale Folgen haben. Im Grunde hat die Sperre ihren Zweck nicht erfüllt. Rekursive Sperren erleichtern zwar die Erstellung von objektorientierten Multithreaded-Programmen, können aber auch aus einem Lebendigkeitsversagen ein Sicherheitsversagen machen.

Im ersten Teil dieses Themas ging es um Nebenläufigkeitsprobleme. Nun wenden wir uns der Leistung zu. Der Aufwand für Synchronisierungen ist zwar seit der Frühzeit von Java stark zurückgegangen, aber ganz verschwinden wird er nie. Wenn eine oft genutzte Operation unnötig synchronisiert wird, kann sie die Leistung massiv beeinträchtigen. Nehmen Sie z.B. die Klassen `StringBuffer` und `BufferedInputStream`. Sie sind Thread-sicher (Thema 52), werden aber fast immer nur von einem einzigen Thread benutzt. Die Sperre, die sie erwirken, ist also normalerweise überflüssig. Da sie fein abgestimmte Methoden unterstützen, die auf Ebene einzelner Zeichen oder Bytes arbeiten, leisten diese Klassen mit den Sperren nicht nur überflüssige Arbeit, sondern auch noch viel zu viel davon. Das kann die Leistung sehr verschlechtern. In einem Bericht war von einer Leistungseinbuße von 20 Prozent in einer realen Applikation die Rede [Heydon 1999]. Zwar werden Sie nur selten derart dramatische Leistungseinbußen aufgrund von Synchronisierung beobachten, aber fünf bis zehn Prozent sind immer möglich.

Man kann zwar argumentieren, dies liege im Bereich der »kleinen Effizienzdinge«, die wir laut Knuth vergessen können (Thema 37). Wenn Sie aber eine Abstraktion auf niedriger Ebene schreiben, die normalerweise nur von einem einzigen Thread oder als Komponente eines größeren, synchronisierten Objekts genutzt werden wird, dann sollten Sie eventuell auf eine interne Synchronisierung der Klasse verzichten. Egal ob Sie die Klasse synchronisieren oder nicht: Es ist auf jeden Fall wichtig, dass Sie ihre Eigenschaften bezüglich der Thread-Sicherheit dokumentieren (Thema 52).

Nicht immer ist klar, ob eine gegebene Klasse interne Synchronisierung durchführen sollte. Aus der Nomenklatur von Thema 52 geht nicht immer deutlich hervor, ob eine Klasse *Thread-sicher* oder *Thread-kompatibel* gemacht werden sollte. Die nachfolgenden Richtlinien sollen Ihnen diese Entscheidung erleichtern.

Wenn Sie eine Klasse schreiben, die sowohl unter Umständen, die eine Synchronisierung erfordern, als auch unter Umständen, in denen keine Synchronisierung erforderlich ist, stark genutzt wird, dann wäre es vernünftig, sowohl eine synchronisierte (Thread-sichere) als auch eine unsynchronisierte (Thread-kompatible) Variante davon zur Verfügung zu stellen. Dies können Sie z.B. tun, indem Sie eine *Hüllenklasse* liefern (Thema 14), die ein Interface implementiert, welches die Klasse beschreibt und die geeignete Synchronisierung erledigt, bevor sie die Methodenaufrufe an die entsprechende Methode des eingehüllten Objekts weiterleitet. Diesen Ansatz verfolgt z.B. das Collections Framework, und auch `java.util.Random` hätte ihn besser verfolgen sollen. Ein zweiter Ansatz, der sich für Klassen eignet, die nicht zum Erweitern oder Reimplementieren da sind, ist folgender: Sie liefern eine unsynchronisierte Klasse und eine Unterklasse, die nur aus synchronisierten Methoden besteht, die ihre Gegenstücke in der Oberklasse aufrufen.

Ein guter Grund, eine Klasse intern zu synchronisieren, besteht z.B. dann, wenn sie für stark nebenläufige Nutzung geschrieben ist, und Sie durch eine fein abgestimmte interne Synchronisierung eine deutlich verbesserte Nebenläufigkeit erzielen können. So können Sie z.B. eine nicht-größenveränderliche Hash-Tabelle implementieren, die den Zugriff auf jeden Bucket separat synchronisiert. Dadurch wird die Nebenläufigkeit viel besser, als wenn Sie die gesamte Tabelle sperren würden, um Zugriff auf einen einzigen Eintrag zu geben.

Wenn eine Klasse oder eine statische Methode von einem veränderlichen, *statischen* Feld abhängt, muss sie auch dann intern synchronisiert werden, wenn sie normalerweise nur von einem einzigen Thread benutzt wird. Anders als bei einer gemeinsam genutzten Instanz ist es dem Client hier nicht möglich, extern zu synchronisieren, da nicht garantiert ist, dass andere Clients dasselbe tun werden. Ein Beispiel für diese Situation ist die statische Methode `Math.random`.

Fazit: Um Deadlock und Datenkorruption zu vermeiden, sollten Sie aus einem synchronisierten Bereich heraus nie eine fremde Methode aufrufen. Allgemeiner ausgedrückt: Versuchen Sie, in synchronisierten Bereichen so wenig Arbeit wie möglich auszuführen. Wenn Sie eine veränderliche Klasse entwerfen, müssen Sie überlegen, ob diese ihre eigene Synchronisierung übernehmen muss. Wenn Sie die Synchronisierung beiseite lassen, dann sparen Sie zwar heute nicht mehr viel Zeit, aber doch ein wenig. Ihre Entscheidung sollte darauf beruhen, ob die Abstraktion hauptsächlich für die Multithreaded-Verwendung da ist. Bitte dokumentieren Sie Ihren Entschluss klar und deutlich.

9.3 Thema 50: Rufen Sie wait nie außerhalb einer wait-Schleife auf

Mit der Methode `Object.wait` veranlassen Sie einen Thread, auf eine Bedingung zu warten. Sie muss in einem synchronisierten Programmteil aufgerufen werden, der das Objekt, auf dem sie aufgerufen wird, sperrt. **Hier sehen Sie das Standardidiom für die Verwendung der** `wait`**-Methode**:

```
synchronized (obj) {
    while (<Bedingung gilt nicht>)
        obj.wait();

    ... // Führe je nach Bedingung eine Aktion aus
}
```

Verwenden Sie zum Aufruf der wait-Methode immer das Idiom der wait-Schleife. Rufen Sie sie nie außerhalb einer Schleife auf. Die Schleife ist dazu da, die Bedingung vor und nach dem Warten zu testen.

Indem Sie die Bedingung vor dem Warten testen und den Wartevorgang überspringen, wenn die Bedingung bereits eingetreten ist, stellen Sie die *Lebendigkeit* sicher. Wenn die Bedingung bereits zutrifft und die Methode `notify` (oder `notifyAll`) schon aufgerufen wurde, bevor ein Thread zu warten beginnt, so gibt es keine Garantie dafür, dass der Thread *jemals* aus seinem Wartezustand erwachen wird.

Sie müssen die Bedingung nach dem Warten testen und erneut warten, falls sie nicht zutrifft. Dies ist zur Aufrechterhaltung der *Sicherheit* notwendig. Wenn der Thread seine Aktion fortsetzt, obwohl die Bedingung nicht zutrifft, kann er die von der Sperre geschützten Invarianten verletzen. Es gibt verschiedene Gründe, weshalb ein Thread aufwachen kann, wenn die Bedingung nicht zutrifft:

▷ Vielleicht hat ein anderer Thread die Sperre erworben und den geschützten Zustand zwischen dem Zeitpunkt, zu dem ein Thread `notify` aufrief, und dem Zeitpunkt, zu dem der wartende Thread aufwachte, geändert.

▶ Vielleicht hat auch ein anderer Thread notify aus Versehen oder mit böser Absicht zu einer Zeit aufgerufen, zu der die Bedingung nicht zutraf. Wenn Klassen auf öffentlich zugreifbare Objekte warten, setzen sie sich selbst solchen Gefahren aus. Jeder wait-Aufruf in einer synchronisierten Methode eines öffentlich zugreifbaren Objekts ist potenziell von diesem Problem bedroht.

▶ Eventuell ist der benachrichtigende Thread beim Aufwecken wartender Threads zu »großzügig«. Zum Beispiel muss der benachrichtigende Thread vielleicht notifyAll aufrufen, obwohl nur für einige der wartenden Threads die Bedingung eingetreten ist.

▶ Gegebenenfalls ist der wartende Thread auch ohne ein notify aufgewacht. Dies bezeichnet man als *grundloses Aufwachen*. Obwohl *The Java Language Specification* [JLS] diese Möglichkeit nicht erwähnt, verwenden viele JVM-Implementierungen Threading-Verfahren, bei denen in seltenen Fällen grundloses Aufwachen vorkommt [Posix, 11.4.3.6.1].

Damit hängt die Frage zusammen, ob Sie wartende Threads mit notify oder notifyAll aufwecken sollten. (Erinnern Sie sich: notify weckt einen einzigen wartenden Thread, wenn ein solcher vorhanden ist, und notifyAll weckt alle wartenden Threads.) Oft wird behauptet, man solle *immer* notifyAll verwenden. Das ist ein vernünftiger, konservativer Rat, sofern alle wait-Aufrufe innerhalb von while-Schleifen stehen. Es führt immer zu richtigen Ergebnissen, weil es garantiert, dass Sie die Threads, die geweckt werden müssen, auch tatsächlich wecken. Vielleicht wecken Sie darüber hinaus noch ein paar andere Threads auf, aber das beeinträchtigt nicht die Richtigkeit Ihres Programms. Diese Threads prüfen die Bedingung, auf die sie warten, und warten weiter, wenn diese noch nicht zutrifft.

Vielleicht beschließen Sie, zur Optimierung notify statt notifyAll aufzurufen, wenn alle Threads, die in der Wartemenge stehen, auf dieselbe Bedingung warten, und immer nur ein einziger dieser Threads einen Vorteil davon haben kann, wenn die Bedingung wahr wird. Beides trifft in trivialer Weise zu, wenn nur ein einziger Thread auf ein bestimmtes Objekt wartet (wie in dem WorkQueue-Beispiel in Thema 50). Selbst wenn diese Bedingungen scheinbar zutreffen, kann es auch Gründe geben notifyAll statt notify aufzurufen. Wie Sie der wait-Aufruf innerhalb einer Schleife gegen böswillige Benachrichtigungen auf einem öffentlichen Objekt schützt, so schützt Sie die Verwendung von notifyAll statt notify vor versehentlich oder böswillig veranlassten Wartezuständen seitens eines anderen Threads. Sonst könnten solche Wartezustände eine wichtige Benachrichtigung »verschlucken« und ihr Empfänger wartet immer weiter. Die Methode notifyAll wurde in dem WorkQueue-Beispiel deshalb *nicht* verwendet, weil der Arbeits-Thread auf ein privates Objekt (queue) wartet und somit keine Gefahr eines versehentlich oder böswillig veranlassten Wartens besteht.

Der Rat, notifyAll statt notify zu verwenden, hat einen Haken: notifyAll kann zwar nicht die Richtigkeit, wohl aber die Leistung eines Programms beeinträchtigen. Tatsächlich wächst der Zeitaufwand bei bestimmten Datenstrukturen im Hinblick auf die Anzahl der wartenden Threads nicht linear, sondern quadratisch. Davon betroffen sind solche Datenstrukturen, für die zu jedem Zeitpunkt nur eine gewisse Anzahl der Threads einen Sonderstatus erhalten, während die anderen Threads warten müssen. Beispiele dafür sind *Semaphoren*, *Bounded Buffers* und *Lese-/Schreib-Sperren*.

Wenn Sie eine solche Datenstruktur implementieren und jeden Thread aufwecken, wenn er für einen »Sonderstatus« in Frage kommt, dann wecken Sie jeden Thread für insgesamt n Wakeups einmal auf. Falls Sie alle n Threads wecken, wenn nur einer einen Sonderstatus bekommen kann und die übrigen n-1 Threads wieder warten müssen, haben Sie am Ende, also zu dem Zeitpunkt, wo alle wartenden Threads einen Sonderstatus erhalten haben, $n + (n - 1) + (n - 2) \ldots + 1$ Wakeups. Die Summe dieser Folge ist $O(n^2)$. Wenn Sie wissen, dass die Anzahl der Threads immer klein bleibt, dann wirft das in der Praxis vielleicht keine Probleme auf, aber wenn Sie sich dessen nicht so sicher sind, ist es wichtig, eine selektivere Wakeup-Strategie zu verwenden.

Wenn alle Threads, die den Sonderstatus haben wollen, logisch äquivalent sind, dann brauchen Sie nur mit Sorgfalt notify statt notifyAll einzusetzen. Wenn jedoch zu jedem Zeitpunkt nur wenige der wartenden Threads den Sonderstatus bekommen können, dann müssen Sie ein Muster namens *Specific Notification* [Cargill 1996, Lea 1999] nutzen. Dieses Muster ist nicht Thema dieses Buchs.

Zusammenfassend kann man sagen: Rufen Sie wait immer mit dem Standardidiom innerhalb einer while-Schleife auf. Es gibt keinen Grund, der dagegen spräche. Normalerweise verwenden Sie besser notifyAll als notify. In manchen Situationen kann dadurch die Leistung allerdings leiden. Wenn Sie notify benutzen, müssen Sie sehr darauf achten, dass die Lebendigkeit erhalten bleibt.

9.4 Thema 51: Verlassen Sie sich nicht auf den Thread-Planer

Wenn mehrere Threads lauffähig sind, entscheidet der Thread-Planer darüber, welcher Thread als erster laufen darf und wie lange. Jede vernünftige JVM-Implementierung wird versuchen, bei dieser Entscheidung fair zu sein, aber wie sie das genau macht, ist je nach Implementierung sehr unterschiedlich. Daher sollten sich gute Multithreaded-Programme nicht auf die Einzelheiten dieser Strategien verlassen. **Ein Programm, dessen Richtigkeit oder Leistung von dem Thread-Planer abhängt, ist wahrscheinlich nicht portierbar**.

Am besten schreiben Sie eine stabile, reaktionsschnelle und portierbare Multithreaded-Applikation, indem Sie sicherstellen, dass zu jedem Zeitpunkt immer nur wenige Threads lauffähig sind. Dann hat der Thread-Planer keine große Wahl: Er führt einfach

Thema 51: Verlassen Sie sich nicht auf den Thread-Planer

die lauffähigen Threads so lange aus, bis sie aufhören, lauffähig zu sein. So können auch grundverschiedene Thread-Planungsalgorithmen das Verhalten des Programms kaum beeinflussen.

Die wichtigste Technik, mit der Sie die Anzahl der lauffähigen Threads klein halten, besteht darin, jeden Thread nur wenig Arbeit tun zu lassen und dann mit Object.wait auf eine Bedingung oder mit Thread.sleep auf das Verstreichen einer gewissen Zeit zu warten. Threads sollten nur selten mit *busy-wait* immer wieder eine Datenstruktur prüfen und darauf warten, dass etwas geschieht. Das kann das Programm nicht nur für die Launen des Planers anfällig machen, sondern auch die Prozessorlast erhöhen, wodurch die Menge an nützlicher Arbeit, die andere Prozesse auf demselben Computer ausführen können, zurückgeht.

Das Arbeitsschlangenbeispiel in Thema 49 befolgt diese Ratschläge: Wenn die vom Client gelieferte processItem-Methode sich gut verhält, dann verbringt der Arbeits-Thread seine meiste Zeit damit, auf einem Monitor darauf zu warten, dass die Schlange nicht leer wird. Als extrem abschreckendes Beispiel sollten Sie sich einmal diese perverse Neuimplementierung von WorkQueue ansehen, die busy-wait statt eines Monitors verwendet:

```java
// Entsetzliches Programm - benutzt busy-wait statt Object.wait!
public abstract class WorkQueue {
    private final List queue = new LinkedList();
    private boolean stopped = false;

    protected WorkQueue() { new WorkerThread().start(); }

    public final void enqueue(Object workItem) {
        synchronized (queue) { queue.add(workItem); }
    }
    public final void stop() {
        synchronized (queue) { stopped = true; }
    }
    protected abstract void processItem(Object workItem)
        throws InterruptedException;
    private class WorkerThread extends Thread {
        public void run() {
            final Object QUEUE_IS_EMPTY = new Object();
            while (true) {  // Hauptschleife
                Object workItem = QUEUE_IS_EMPTY;
                synchronized (queue) {
                    if (stopped)
                        return;
                    if (!queue.isEmpty())
                        workItem = queue.remove(0);
                }

                if (workItem != QUEUE_IS_EMPTY) {
```

```
                    try {
                        processItem(workItem);
                    } catch (InterruptedException e) {
                        return;
                    }
                }
            }
        }
    }
}
```

Damit Sie eine Vorstellung davon bekommen, was Sie eine solche Implementierung kostet, werfen Sie einen Blick auf die folgende Mini-Benchmark, die zwei Arbeitsschlangen erzeugt und eine Arbeit zwischen ihnen hin- und herschiebt. (Bei dieser Arbeit handelt es sich um eine Referenz auf die jeweils letzte Schlange, die als eine Art Rückgabeadresse fungiert.) Das Programm läuft vor Beginn der Messungen zehn Sekunden, damit sich das System »aufwärmen« kann. Dann zählt es die Anzahl der Rundreisen von Schlange zu Schlange in den folgenden zehn Sekunden. Auf meinem Computer macht die Endversion der in Thema 49 besprochenen WorkQueue 23.000 Rundreisen, während die perverse Implementierung oben nur 17 Rundreisen pro Sekunde schafft:

```
class PingPongQueue extends WorkQueue {
    volatile int count = 0;

    protected void processItem(final Object sender) {
        count++;
        WorkQueue recipient = (WorkQueue) sender;
        recipient.enqueue(this);
    }
}


public class WaitQueuePerf {
    public static void main(String[] args) {
        PingPongQueue q1 = new PingPongQueue();
        PingPongQueue q2 = new PingPongQueue();
        q1.enqueue(q2); // Starte das System

        // Gib dem System 10 Aufwärmsekunden.
        try {
            Thread.sleep(10000);
        } catch (InterruptedException e) {
        }

        // Messe die Anzahl der Rundreisen in 10 Sekunden.
        int count = q1.count;
        try {
            Thread.sleep(10000);
```

```
        } catch (InterruptedException e) {
        }
        System.out.println(q1.count - count);

        q1.stop();
        q2.stop();
    }
}
```

Die `WorkQueue`-Implementierung oben mag zwar ein bisschen an den Haaren herbeigezogen aussehen, aber es kommt gar nicht so selten vor, dass Multithreaded-Systeme einen oder mehrere Threads unnötigerweise lauffähig halten. Die Folgen mögen nicht so extrem wie die hier gezeigten sein, aber die Leistung und Portierbarkeit sind dennoch beeinträchtigt.

Wenn Sie mit einem Programm konfrontiert sind, das kaum läuft, weil einige seiner Threads im Verhältnis zu anderen nicht genügend Prozessorzeit bekommen, **dann »reparieren« Sie es nicht, indem Sie Thread.yield-Aufrufe einbauen**. Damit bringen Sie zwar vielleicht das Programm wieder zum Laufen, erhalten aber vom Leistungsstandpunkt her gesehen ein nicht-portierbares Programm. Dieselben `yield`-Aufrufe, die auf der einen JVM-Implementierung die Leistung steigern, können sie auf einer anderen schmälern und auf einer dritten ganz wirkungslos bleiben. `Thread.yield` hat keine Semantik, die sich testen ließe. Besser ist es, Sie ändern die Struktur der Applikation und reduzieren die Anzahl der nebenläufig lauffähigen Threads.

Eine ähnliche Technik mit ähnlichen Tücken ist die Anpassung der *Thread-Prioritäten*. **Thread-Prioritäten gehören zu den am wenigsten portierbaren Eigenschaften der Java-Plattform**. Es ist zwar nicht unvernünftig, die Reaktionsschnelligkeit einer Applikation zu tunen, indem Sie ein paar Thread-Prioritäten ändern, aber es ist auch kaum jemals nötig und die Ergebnisse sind auf jeder JVM-Implementierung andere. Sie können kein ernsthaftes Lebendigkeitsproblem lösen, indem Sie Thread-Prioritäten anpassen. Das Problem würde nur immer wiederkehren, bis Sie die Wurzel des Übels behoben haben.

Die meisten Programmierer werden aus Thread.yield allenfalls den einen Vorteil ziehen können, dass es beim Testen die Nebenläufigkeit des Programms künstlich erhöht. Das fördert Fehler zu Tage, indem es einen größeren Teil des Zustandsraums des Programms auslotet. Dadurch wächst das Vertrauen auf die Richtigkeit des Systems. Diese Technik hat sich als sehr wirkungsvoll erwiesen, wo es darum ging, subtile Nebenläufigkeitsfehler zu finden.

Fazit: Machen Sie die Richtigkeit Ihrer Applikation nicht von dem Thread-Planer abhängig, denn sonst erhalten Sie ein Programm, das weder stabil noch portabel ist. Verlassen Sie sich auch nicht auf `Thread.yield` oder Thread-Prioritäten Diese Sachen sind nur Hinweise für den Planer. Sie können sie gezielt einsetzen, um die Qualität eines Dienstes einer bereits laufenden Implementierung zu verbessern, aber niemals, um ein Programm zu »reparieren«, das kaum läuft.

9.5 Thema 52: Dokumentieren Sie die Thread-Sicherheit

Wie sich eine Klasse verhält, deren Instanzen oder statische Methoden nebenläufig genutzt werden, ist ein wichtiger Teil des Vertrags, den diese Klasse mit ihren Clients schließt. Wenn Sie diesen Teil des Verhaltens einer Klasse nicht dokumentieren, können die Programmierer, die die Klasse nutzen, darüber nur Mutmaßungen anstellen. Wenn diese Mutmaßungen falsch sind, dann kann das Programm zu wenig oder zu viel Synchronisierung an den Tag legen (Themen 48 und 49). Beides kann zu schwerwiegenden Fehlern führen.

Manchmal wird behauptet, die Benutzer könnten die Thread-Sicherheit einer Methode feststellen, indem sie in der Javadoc-Dokumentation nachschauen, ob der Modifikator `synchronized` vorhanden ist. Das ist aus mehreren Gründen falsch: Das Dienstprogramm Javadoc zeigte zwar vor der Version 1.2 in seiner Ausgabe den Modifikator `synchronized` an, aber dies nur aufgrund eines Fehlers, der nun behoben ist. **Die Anwesenheit des synchronized-Modifikators in einer Methodendeklaration ist ein Implementierungsdetail und nicht Teil des exportierten APIs**. Der Modifikator zeigt nicht zuverlässig an, dass eine Methode Thread-sicher ist, und er kann sich von Release zu Release ändern.

Ja mehr noch: Die Behauptung, das Schlüsselwort `synchronized` genüge bereits, um Thread-Sicherheit zu dokumentieren, beruht auf der verbreiteten Fehlannahme, Thread-Sicherheit sei eine Alles-oder-Nichts-Eigenschaft. Doch in Wirklichkeit kann eine Klasse viele Ebenen von Thread-Sicherheit unterstützen. **Um eine sichere Nutzung mit mehreren Threads zu gestatten, muss eine Klasse klar dokumentieren, welche Ebene der Thread-Sicherheit sie unterstützt**.

Die folgende Liste fasst die Ebenen der Thread-Sicherheit zusammen, die eine Klasse unterstützen kann. Diese Liste erhebt keinen Anspruch auf Vollständigkeit, sondern deckt nur die häufigen Fälle ab. Die Namen in dieser Liste sind keine Standardnamen, da es auf diesem Gebiet keine allgemein anerkannten Konventionen gibt:

▷ **unveränderbar**: Instanzen der Klasse erscheinen ihren Clients konstant. Es ist keine externe Synchronisierung erforderlich. Beispiele: `String`, `Integer`, `BigInteger` (Thema 13).

▷ **Thread-sicher**: Instanzen der Klasse sind veränderlich, aber alle Methoden sind ausreichend intern synchronisiert, um Instanzen nebenläufig nutzen zu können, ohne dass eine externe Synchronisierung erforderlich wird. Nebenläufige Aufrufe sehen so aus, als würden sie seriell in einer allgemein gültigen Reihenfolge abgearbeitet. Beispiele: `Random`, `java.util.Timer`.

▷ **bedingt Thread-sicher**: Ebenso wie Thread-sicher, allerdings enthält die Klasse (oder eine mit ihr verbundene Klasse) Methoden, die der Reihe nach aufgerufen werden müssen, ohne dass andere Threads dazwischenkommen dürfen. Um dies zu verhindern, muss der Client für die Dauer der Sequenz eine geeignete Sperre erwerben. Beispiele: `Hashtable` und `Vector`, deren Iteratoren eine externe Synchronisierung erfordern.

- **Thread-kompatibel**: Instanzen der Klasse können sicher nebenläufig genutzt werden, wenn Sie jeden Methodenaufruf (und in manchen Fällen jede Methodenaufrufsequenz) mit externer Synchronisierung umgeben. Beispiele sind die Allzweckimplementierungen von Sammlungen wie z.B. `ArrayList` und `HashMap`.

- **Thread-feindlich**: Die Klasse ist für die nebenläufige Benutzung durch mehrere Threads selbst dann nicht sicher, wenn alle Methodenaufrufe mit externer Synchronisierung umgeben sind. Thread-Feindlichkeit ergibt sich normalerweise dann, wenn Methoden statische Daten modifizieren, die andere Threads beeinflussen. Zum Glück gibt es nur sehr wenige Thread-feindliche Klassen oder Methoden in den Plattformbibliotheken. Die Thread-feindliche Methode `System.runFinalizers OnExit` wurde ausgemustert.

Die Dokumentation einer bedingt Thread-sicheren Klasse erfordert Sorgfalt. Sie müssen anzeigen, welche Aufrufsequenzen eine externe Synchronisierung erfordern und welche Sperre (oder, in seltenen Fällen: welche Sperren) erworben werden muss, um einen nebenläufigen Zugriff auszuschließen. In der Regel ist dies die Sperre auf der Instanz selbst, aber davon gibt es auch Ausnahmen. Wenn ein Objekt eine alternative *View* auf ein anderes Objekt darstellt, muss der Client eine Sperre auf das dahinter stehende Objekt erwerben, damit keine direkten Änderungen an diesem möglich sind. So sollte z.B. die Dokumentation für `Hashtable.keys` in etwa Folgendes aussagen:

»Wenn auch nur entfernt die Gefahr besteht, dass ein anderer Thread diese Hash-Tabelle modifizieren könnte, können Sie nur dann in sicherer Form ihre Schlüssel mit einer Aufzählung durchlaufen, wenn Sie vor dem Aufruf der Aufzählungsmethode die `Hashtable`-Instanz sperren und die Sperre so lange aufrecht erhalten, bis Sie damit fertig sind. Sie tun dies mithilfe der zurückgegebenen `Enumeration` wie folgt:

```
Hashtable h = ...;

synchronized (h) {
    for (Enumeration e = h.keys(); e.hasMoreElements(); )
        f(e.nextElement());
}
```

Seit dem Release 1.3 steht dies nicht mehr in der Dokumentation zu `Hashtable`, doch hoffentlich wird dieser Mangel bald behoben. Ganz generell sollten die Java-Plattformbibliotheken ihre Thread-Sicherheit noch besser dokumentieren.

Die Verpflichtung, ein gesperrtes Objekt mit öffentlichem Zugriff zu benutzen, ermöglicht es den Clients zwar, ohne Unterbrechung eine Methodenaufrufsequenz abzuarbeiten, aber diese Flexibilität hat auch ihren Preis. Ein böswilliger Client könnte eine Denial-of-Service-Attacke starten, indem er einfach nur die Sperre auf dem Objekt aufrecht erhält.

```
// Denial-of-Service-Attacke
synchronized (importantObject) {
    Thread.sleep(Integer.MAX_VALUE); // Deaktiviere importantObject
}
```

Wenn Ihnen diese Denial-of-Service-Attacke Sorgen bereitet, sollten Sie die Operationen mit einem *privaten Sperrobjekt* synchronisieren:

```
// Idiom: privates Sperrobjekt vereitelt Denial-of-Service-Attacke
private Object lock = new Object();

public void  foo() {
    synchronized(lock) {
        ...
    }
}
```

Da die Sperre auf einem Objekt erworben wird, auf das Clients keinen Zugriff haben, ist das enthaltende Objekt gegen die oben gezeigte Denial-of-Service-Attacke gefeit. Beachten Sie, dass bedingt Thread-sichere Klassen immer für solche Attacken anfällig sind, denn sie müssen dokumentieren, welche Sperre erworben werden muss, um Operationssequenzen atomar auszuführen. Allerdings können Sie Thread-sichere Klassen mit dem Privates-Sperrobjekt-Idiom vor dieser Attacke schützen.

Besonders in Klassen, die für die Vererbung entworfen wurden, eignen sich interne Objekte zum Sperren (Thema 15). Ein Beispiel dafür ist die Klasse WorkQueue aus Thema 49. Würde die Oberklasse ihre Instanzen zum Sperren verwenden, so könnte eine Unterklasse versehentlich die Arbeit dieser Oberklasse stören. Indem sie dieselbe Sperre für verschiedene Zwecke einsetzen, könnten die Ober- und die Unterklasse sich »gegenseitig auf die Füße treten«.

Zusammenfassend kann man sagen, dass jede Klasse ihre Eigenschaften bezüglich der Thread-Sicherheit klar dokumentieren sollte. Das geht nur mit sorgfältig formulierten Prosabeschreibungen. Der Modifikator synchronized spielt für die Dokumentation der Thread-Sicherheit einer Klasse keine Rolle. Es ist allerdings wichtig, dass bedingt Thread-sichere Klassen dokumentieren, welches Objekt gesperrt werden muss, damit Methodenaufrufsequenzen atomar ausgeführt werden können. Im Allgemeinen gehört die Beschreibung der Thread-Sicherheit einer Klasse in den Dokumentationskommentar zu dieser Klasse, aber Methoden mit speziellen Thread-Sicherheitseigenschaften sollten diese in eigenen Dokumentationskommentaren beschreiben.

9.6 Thema 53: Vermeiden Sie Thread-Gruppen

Neben Threads, Sperren und Monitoren sind *Thread-Gruppen* eine weitere Basisabstraktion des Threading-Systems. Ursprünglich sollten Thread-Gruppen Mechanismen sein, mit denen Applets aus Sicherheitsgründen isoliert werden sollten. Dieses Versprechen haben sie nie eingelöst und ihre Bedeutung für die Sicherheit ist so gering, dass sie im Grundlagenwerk über das Sicherheitsmodell von Java 2 [Gong 1999] noch nicht einmal erwähnt werden.

Doch wenn Thread-Gruppen schon keine nennenswerte Sicherheitsfunktion haben, welche Funktion haben sie dann überhaupt? Näherungsweise kann man sagen: Sie ermöglichen es Ihnen, Thread-Grundoperationen auf mehrere Threads zugleich anzuwenden. Mehrere dieser Grundoperationen wurden verworfen und die übrigen werden nur selten benutzt. Per Saldo bieten Thread-Gruppen eigentlich kaum nützliche Funktionen.

Spaßigerweise ist das ThreadGroup-API ausgerechnet im Hinblick auf die Thread-Sicherheit schwach. Um eine Liste der aktiven Threads in einer Thread-Gruppe zu bekommen, müssen Sie die enumerate-Methode aufrufen, die als Parameter ein Array entgegennimmt, das groß genug ist, um alle aktiven Threads aufzunehmen. Die Methode activeCount gibt die Anzahl der aktiven Threads in einer Thread-Gruppe zurück, aber es besteht keine Garantie dafür, dass diese Zahl auch dann noch stimmt, wenn ein Array reserviert und an die enumerate-Methode übergeben wurde. Ist das Array zu klein, so wird die enumerate-Methode irgendwelche weiteren Threads stillschweigend übergehen.

Das API, mit dem Sie eine Liste der Teilgruppen einer Thread-Gruppe holen, hat ähnliche Mängel. Diese Probleme hätte man zwar durch Hinzufügung neuer Methoden beheben können, aber da es dafür keinen wirklichen Bedarf gibt, ist dies unterblieben. **Thread-Gruppen sind im Großen und Ganzen obsolet geworden**.

Insgesamt bieten Thread-Gruppen kaum etwas Nutzbares, und das, was sie bieten, ist mangelhaft. Am besten betrachten Sie Thread-Gruppen als ein fehlgeschlagenes Experiment und vergessen sie ganz schnell wieder. Wenn Sie eine Klasse entwerfen, die mit logischen Gruppen von Threads umgeht, speichern Sie einfach die Thread-Referenzen, aus denen jede logische Gruppe besteht, in einem Array oder einer Sammlung. Ein aufmerksamer Leser könnte nun einwenden, dass dieser Rat scheinbar dem aus Thema 30 widerspricht, der besagt: »Lernen Sie die Bibliotheken kennen und nutzen Sie sie.« Doch in diesem Fall ist der Rat aus Thema 30 falsch.

Es gibt eine winzige Ausnahme von der Regel, dass Sie Thread-Gruppen vergessen sollten. Ein kleines Stückchen Funktionalität steht *einzig* im ThreadGroup-API zur Verfügung: Die Methode ThreadGroup.uncaughtException wird automatisch aufgerufen, wenn ein Thread der Gruppe eine nicht-abgefangene Ausnahme auslöst. Diese

Methode wird von der »Ausführungsumgebung« dazu genutzt, angemessen auf nichtabgefangene Ausnahmen zu reagieren. Die Standardimplementierung gibt einen Stacktrace in den Standardfehlerstrom aus. Gelegentlich möchten Sie vielleicht diese Implementierung überschreiben, um z.B. den Stacktrace in ein applikationsspezifisches Protokoll zu leiten.

10 Serialisierung

Dieses Kapitel behandelt das API zur *Objektserialisierung*. Dieses API ermöglicht die Kodierung von Objekten als Byteströme und ihre anschließende Rekonstruktion aus diesen Bytetstrom-Kodierungen. Die Kodierung eines Objekts als Bytestrom nennt man *Serialisierung* und den umgekehrten Vorgang *Deserialisierung*. Wenn das Objekt serialisiert wurde, können Sie seine Kodierung von einer laufenden VM zu einer anderen übermitteln oder zur späteren Deserialisierung auf der Platte speichern. Die Serialisierung ist die Standard-Objektdarstellung zur Leitungsübertragung im Rahmen einer Remote-Kommunikation und das Standardformat für persistente Daten in der JavaBeans™-Komponentenarchitektur.

10.1 Thema 54: Implementieren Sie Serializable mit Vorsicht

Sie können die Instanzen einer Klasse ganz einfach serialisierbar machen, indem Sie der Klassendeklaration die Worte »implements Serializable« hinzufügen. Da das so leicht ist, glauben viele Programmierer, dass Serialisierung ihnen wenig Arbeit macht. Doch in Wahrheit ist es nicht so einfach. Zunächst ist der Aufwand, eine Klasse serialisierbar zu machen, vielleicht vernachlässigbar, aber auf lange Sicht ist er oft beträchtlich.

Ein wichtiger Kostenfaktor beim Implementieren von Serializable **besteht darin, dass es Ihnen die Flexibilität nimmt, die Implementierung einer Klasse nach ihrer Veröffentlichung noch zu ändern.** Wenn eine Klasse Serializable implementiert, dann wird ihre Bytestrom-Kodierung (oder ihre *serialisierte Form*) Teil ihres exportierten APIs. Haben Sie die Klasse erst überall verbreitet, so sind Sie gezwungen, die serialisierte Form in alle Ewigkeit zu unterstützen, genau wie andere Teile des exportierten APIs auch. Wenn Sie sich nicht die Mühe machen, eine *eigene serialisierte Form* zu entwerfen, sondern einfach die Voreinstellung akzeptieren, dann bleibt die serialisierte Form für immer an die ursprüngliche interne Repräsentation der Klasse gebunden. Mit anderen Worten: Wenn Sie die serialisierte Standardform annehmen, werden die privaten und paketprivaten Instanzfelder der Klasse Teil ihres exportierten APIs und die Praxis, den Zugriff auf Felder zu minimieren (Thema 12), verliert ihre Wirkung als Mittel zum Verbergen von Informationen.

Wenn Sie die serialisierte Standardform akzeptieren und später die interne Repräsentation der Klasse ändern, kann dies zu einer inkompatiblen Änderung der serialisierten Form führen. Clients, die eine Instanz mit der alten Version der Klasse zu serialisieren und mit ihrer neuen Version zu deserialisieren versuchen, werden Opfer von Programmabstürzen. Es ist zwar möglich, die interne Repräsentation zu ändern und die ursprüngliche serialisierte Form beizubehalten (mittels `ObjectOutputStream.putFields` und `ObjectInputStream.readFields`), aber das kann schwierig sein und sichtbare Unschönheiten im Quellcode hinterlassen. Daher sollten Sie sorgfältig eine hochwertige serialisierte Form entwickeln, mit der Sie auch auf lange Sicht leben können (Thema 55). Das macht zwar die Entwicklung teurer, aber es lohnt sich. Selbst eine gut entworfene serialisierte Form schränkt die Entwicklungsmöglichkeiten einer Klasse ein, aber eine schlecht entworfene kann die Klasse regelrecht verstümmeln.

Ein einfaches Beispiel für die Einschränkungen, die eine Serialisierung für die Weiterentwicklung bedeutet, sind die so genannten »*Strom-eindeutigen Bezeichner*«, besser bekannt als *Serienversion-UIDs*. Jeder serialisierbaren Klasse ist eine eindeutige Identifikationsnummer zugeordnet. Wenn Sie diese nicht explizit spezifizieren, indem Sie ein `private static final long`-Feld namens `serialVersionUID` deklarieren, generiert das System sie automatisch, indem es eine komplexe deterministische Prozedur auf die Klasse anwendet. Der automatisch generierte Wert wird beeinflusst von dem Namen der Klasse, den Namen der Interfaces, die sie implementiert und all ihren öffentlichen und geschützten Attributen. Wenn Sie eines dieser Dinge in irgendeiner Weise ändern, indem Sie z. B. eine triviale Bequemlichkeitsmethode hinzufügen, dann ändert sich auch die Seriennummer-UID. Wenn Sie keine explizite Seriennummer-UID deklarieren, geht die Kompatibilität verloren.

Ein zweiter Kostenfaktor beim Implementieren von `Serializable` ist der, dass es die Wahrscheinlichkeit von Fehlern und Sicherheitslöchern erhöht. Normalerweise werden Objekte mit Konstruktoren erzeugt. Die Serialisierung ist ein *außersprachlicher Mechanismus* zum Erzeugen von Objekten. Egal ob Sie das Standardverhalten akzeptieren oder überschreiben, die Deserialisierung ist ein »verborgener Konstruktor«, der dieselben Fragen aufwirft wie jeder andere Konstruktor auch. Da kein expliziter Konstruktor vorliegt, vergisst man leicht, sicherzustellen, dass auch die Deserialisierung alle Invarianten garantiert, die durch die echten Konstruktoren eingeführt wurden, und dass sie keinem Angreifer erlaubt, Zugriff auf die Interna des zu konstruierenden Objekts zu erlangen. Wenn Sie sich auf den standardmäßigen Deserialisierungsmechanismus verlassen, dann können Objekte leicht Opfer von Invariantenkorruption oder unberechtigtem Zugriff werden (Thema 56).

Ein dritter Kostenfaktor beim Implementieren von `Serializable` ergibt sich daraus, dass es den Testaufwand für eine neue Version der Klasse erhöht. Wenn eine serialisierbare Klasse überarbeitet wird, ist es wichtig zu prüfen, dass es möglich ist, eine Instanz in der neuen Version zu serialisieren und in der alten zu deserialisieren und umgekehrt. Der Testaufwand ist also proportional zum Produkt aus der Anzahl der serialisierbaren Klassen und der Anzahl der Releases, und die kann hoch sein. Diese Tests können Sie nicht automatisch einrichten, da Sie nicht nur die *Binärkompatibilität*, sondern auch die *semantische Kompatibilität* testen müssen. Mit anderen Worten müssen Sie sicherstellen, dass der Serialisierungs-/Deserialisierungsprozess sowohl Erfolg hat als auch ein getreues Ebenbild des Originalobjekts hervorbringt. Je größer die Änderung an einer serialisierbaren Klasse, umso mehr muss getestet werden. Die Testerfordernisse schrumpfen, wenn schon beim Schreiben der Klasse eine eigene serialisierte Form sorgfältig entwickelt wurde (Thema 55), aber ganz ohne Testen kommen Sie nie aus.

Die Entscheidung, das Interface Serializable **zu implementieren, sollten Sie nicht auf die leichte Schulter nehmen**. Sie hat echte Vorteile: Sie ist entscheidend, wenn eine Klasse Teil einer Architektur sein soll, die sich in Fragen der Objektübermittlung oder Persistenz auf Serialisierung stützt. Außerdem erleichtert sie die Verwendung einer Klasse als Komponente einer anderen Klasse, die Serializable implementieren muss. Doch es bedeutet auch viel Aufwand, Serializable zu implementieren. Immer, wenn Sie eine Klasse implementieren, sollten Sie daher Kosten und Nutzen gegeneinander abwägen. Als Faustregel gilt: Wertklassen wie Date und BigInteger sollten Serializable implementieren, und ebenso die meisten Sammlungsklassen. Klassen, die aktive Entitäten darstellen, z.B. Thread-Pools, sollten Serializable nur in Ausnahmefällen implementieren. Da es seit dem Release 1.4 einen auf XML beruhenden Persistenzmechanismus für JavaBeans gibt, brauchen Beans nun Serializable nicht mehr zu implementieren.

Klassen, die für die Vererbung da sind (Thema 15), sollten Serializable **nur selten implementieren und Interfaces sollten es nur selten erweitern**. Ein Verstoß gegen diese Regel bedeutet eine große Last für jeden, der die Klasse erweitert oder das Interface implementiert. Manchmal ist ein solcher Verstoß jedoch auch angebracht, z.B. dann, wenn eine Klasse oder ein Interface speziell dazu da ist, in einem Framework zu arbeiten, dessen Bestandteile alle Serializable implementieren müssen. Dann ist es ganz sinnvoll, dass die betreffende Klasse oder das Interface ebenfalls Serializable implementiert oder erweitert.

Die Entscheidung, nicht zu implementieren, hat eine Tücke: Wenn eine für die Vererbung entworfene Klasse nicht serialisierbar ist, dann wird es vielleicht unmöglich, eine serialisierbare Unterklasse zu schreiben. Dies gilt insbesondere dann, wenn die Oberklasse keinen erreichbaren, parameterlosen Konstruktor zur Verfügung stellt. Daher sollten Sie **nicht-serialisierbare Klassen, die für die Vererbung da sind, mit einem parameterlosen Konstruktor ausstatten**. Das geht oft ganz mühelos, weil viele solche Klassen keinen Zustand haben. Das gilt allerdings nicht in jedem Fall.

Am besten erzeugen Sie Objekte so, das alle ihre Invarianten bereits fertig eingerichtet sind (Thema 13). Wenn Sie dazu Client-Informationen benötigen, ist die Verwendung eines parameterlosen Konstruktors von vorneherein ausgeschlossen. Sollten Sie einer Klasse, deren übrige Konstruktoren ihre Invarianten einrichten, arglos einen parameterlosen Konstruktor und eine Initialisierungsmethode hinzufügen, so verkomplizieren Sie damit den Zustandsraum der Klasse und die Fehlerwahrscheinlichkeit steigt.

Hier sehen Sie, wie Sie einer nicht-serialisierbaren, erweiterbaren Klasse einen parameterlosen Konstruktor geben können, ohne diese Nachteile in Kauf zu nehmen. Angenommen, die Klasse hat einen einzigen Konstruktor:

```
public AbstractFoo(int x, int y) { ... }
```

Die folgende Umformung fügt einen geschützten, parameterlosen Konstruktor und eine Initialisierungsmethode hinzu. Die Initialisierungsmethode hat dieselben Parameter wie der normale Konstruktor und richtet auch dieselben Invarianten ein:

```
// Nicht-serialisierbare zustandshaltige Klassen, die
// eine serialisierbare Unterklasse gestatten
public abstract class AbstractFoo {
    private int x, y; // Zustand
    private boolean initialized = false;

    public AbstractFoo(int x, int y) { initialize(x, y); }

    /**
     * Dieser Konstruktor und die nachfolgende Methode machen es
     * möglich, dass die readObject-Methode der Unterklasse den
     * internen Zustand initialisieren kann.
     */
    protected AbstractFoo() { }

    protected final void initialize(int x, int y) {
        if (initialized)
            throw new IllegalStateException(
                "Bereits initialisiert");
        this.x = x;
        this.y = y;
        ... // Tue den Rest der Arbeit des Originalkonstruktors
        initialized = true;
    }

    /**
     * Diese Methoden geben Zugriff auf den internen Zustand, damit
     * er manuell von der writeObject-Methode der Unterklasse
     * serialisiert werden kann.
     */
    protected final int getX() { return x; }
    protected final int getY() { return y; }
```

Thema 54: Implementieren Sie Serializable mit Vorsicht

```
    // Muss von allen öffentlichen Instanzmethoden
    // aufgerufen werden
    private void checkInit() throws IllegalStateException {
        if (!initialized)
            throw new IllegalStateException("Nicht initialisiert");
    }
    ... // Rest wurde weggelassen
}
```

Alle Instanzmethoden in `AbstractFoo` müssen `checkInit` aufrufen, ehe sie ihre Arbeit beginnen. Damit ist sichergestellt, dass Methodenaufrufe rasch und sauber scheitern, wenn eine schlecht geschriebene Unterklasse eine Instanz nicht initialisiert. Wenn Sie diesen Mechanismus haben, ist es recht einfach, eine serialisierbare Unterklasse zu implementieren.

```
// Serialisierbare Unterklasse einer nicht-serialisierbaren,
// zustandshaltigen Klasse
public class Foo extends AbstractFoo implements Serializable {
    private void readObject(ObjectInputStream s)
            throws IOException, ClassNotFoundException {
        s.defaultReadObject();

        // Deserialisiere und initialisiere den
        // Oberklassenzustand manuell.
        int x = s.readInt();
        int y = s.readInt();
        initialize(x, y);
    }

    private void writeObject(ObjectOutputStream s)
            throws IOException {
        s.defaultWriteObject();

        // Serialisiere den Oberklassenzustand manuell
        s.writeInt(getX());
        s.writeInt(getY());
    }

    // Der Konstruktor nutzt keinen dieser schönen Mechanismen
    public Foo(int x, int y) { super(x, y); }
}
```

Innere Klassen (Thema 18) sollten wenn überhaupt nur selten `Serializable` **implementieren.** Sie verwenden vom Compiler generierte *synthetische Felder*, um Referenzen auf die *umschließenden Instanzen* und Werte lokaler Variablen aus umschließenden Gültigkeitsbereichen zu speichern. Wie diese Felder zur Klassendefinition passen, wird ebenso wenig spezifiziert wie die Namen anonymer und lokaler Klassen. Daher ist **die standardmäßige serialisierte Form einer inneren Klasse schlecht definiert.** Eine *statische Attributklasse* kann jedoch `Serializable` implementieren.

Fazit: `Serializable` ist nur scheinbar einfach zu implementieren. Wenn Sie Ihre Klasse nicht nach kurzem Gebrauch wegwerfen möchten, dann bedeutet die Implementierung von `Serializable` eine ernste Verpflichtung, die Sie sorgfältig abwägen sollten. Besondere Vorsicht ist angebracht, wenn eine Klasse für die Vererbung entworfen wurde. Für solche Klassen gibt es ein Mittelding zwischen der Implementierung und dem Verbot von `Serializable` in Unterklassen: Sie stellen einen zugreifbaren, parameterlosen Konstruktor zur Verfügung. So können Unterklassen `Serializable` implementieren, sind aber nicht dazu gezwungen.

10.2 Thema 55: Ziehen Sie die Nutzung einer eigenen serialisierten Form in Erwägung

Wenn Sie unter Zeitdruck eine Klasse schreiben, dann ist es im Allgemeinen gut, wenn Sie Ihre Kräfte auf den bestmöglichen API-Entwurf konzentrieren. Manchmal bedeutet dies, dass Sie eine »Wegwerfimplementierung« veröffentlichen, von der Sie bereits wissen, dass sie in einem zukünftigen Release ersetzt werden wird. Normalerweise ist das kein Problem, doch wenn die Klasse `Serializable` implementiert und die standardmäßige serialisierte Form verwendet, kommen Sie später nie mehr ganz von der Wegwerfimplementierung weg. Sie wird Ihnen immer die serialisierte Form vorschreiben. Dieses Problem existiert nicht nur in der Theorie: Es ist schon mehreren Klassen der Java-Plattformbibliotheken so ergangen, darunter auch `BigInteger`.

Akzeptieren Sie nie die standardmäßige serialisierte Form, ohne zu überlegen, ob sie auch wirklich geeignet ist. Die Annahme der standardmäßigen serialisierten Form sollten Sie bewusst im Hinblick darauf entscheiden, ob diese Kodierung vom Standpunkt der Flexibilität, Leistung und Richtigkeit her vernünftig ist. Allgemein ausgedrückt: Akzeptieren Sie diese Standardform nur, wenn sie weitgehend identisch mit der Kodierung ist, die Sie wählen würden, wenn Sie eine eigene serialisierte Form entwerfen würden.

Die standardmäßige serialisierte Form eines Objekts ist eine ganz wirkungsvolle Kodierung der *physischen* Repräsentation des Objektgraphs, der in dem betreffenden Objekt wurzelt. Mit anderen Worten: Sie beschreibt die Daten, die in dem Objekt und jedem von ihm aus erreichbaren anderen Objekt enthalten sind. Außerdem beschreibt sie die Topologie, die alle diese Objekte miteinander verknüpft. Die ideale serialisierte Form eines Objekts enthält nur die *logischen* Daten, die es darstellt, und ist von der physischen Repräsentation unabhängig.

Die standardmäßige serialisierte Form eignet sich wahrscheinlich dann, wenn die physische Repräsentation eines Objekts mit seinem logischen Inhalt identisch ist. So wäre z.B. für die folgende Klasse, die den Namen einer Person darstellt, die standardmäßige serialisierte Form geeignet:

Thema 55: Ziehen Sie die Nutzung einer eigenen serialisierten Form in Erwägung

```
// Guter Kandidat für die standardmäßige serialisierte Form
public class Name implements Serializable {
    /**
     * Nachname. Muss nicht-null sein.
     * @serial
     */
    private String lastName;

    /**
     * Vorname. Muss nicht-null sein.
     * @serial
     */
    private String firstName;

    /**
     * Mittelinitiale oder \u0000 wenn der Name keine hat.
     * @serial
     */
    private char   middleInitial;

    ... // Rest wurde weggelassen.
}
```

Logisch gesehen besteht ein Name aus zwei Strings, die einen Nachnamen und einen Vornamen darstellen, und aus einem Zeichen für die Mittelinitiale. Die Instanzfelder in Name spiegeln diesen logischen Inhalt exakt wider.

Selbst wenn Sie beschließen sollten, dass die standardmäßige serialisierte Form angemessen ist, müssen Sie oft noch eine readObject**-Methode bereitstellen, um die Invarianten und die Sicherheit zu gewährleisten.** In dem Namensbeispiel könnte die readObject-Methode sicherstellen, dass lastName und firstName nicht-null sind. Das wird in Thema 56 noch ausführlicher behandelt.

Beachten Sie, dass die Felder lastName, firstName und middleInitial mit Dokumentationskommentaren versehen sind, obwohl sie privat sind. Der Grund dafür ist, dass diese privaten Felder ein öffentliches API – die serialisierte Form der Klasse – definieren und dieses öffentliche API muss dokumentiert werden. Das @serial-Tag weist Javadoc an, diese Dokumentation auf eine Extraseite zu setzen, die die serialisierten Formen dokumentiert.

Die folgende Klasse ist ein Gegenbeispiel zu Name. Sie stellt eine Liste von Strings dar (wobei wir für den Moment einmal vergessen wollen, dass Sie mit einer der List-Standardimplementierungen aus der Bibliothek besser fahren):

```
// Schlechter Kandidat für die standardmäßige serialisierte Form
public class StringList implements Serializable {
    private int size = 0;
    private Entry head = null;
```

```
    private static class Entry implements Serializable {
        String data;
        Entry next;
        Entry previous;
    }

    ... // Rest wurde weggelassen.
}
```

Logisch gesehen stellt diese Klasse eine Folge von Strings dar, doch physisch gesehen ist diese Sequenz eine doppelt verkettete Liste. Wenn Sie die standardmäßige serialisierte Form akzeptieren, so wird diese in quälender Ausführlichkeit jeden Eintrag in der verketteten Liste und alle Verkettungen zwischen diesen Einträgen in beide Richtungen darstellen.

Die Verwendung der standardmäßigen serialisierten Form in Fällen, wo die physische Repräsentation eines Objekts deutlich vom logischen Inhalt seiner Daten abweicht, hat vier Nachteile:

▶ **Sie bindet das exportierte API für immer an die interne Darstellung.** Im obigen Beispiel wird die private Klasse StringList.Entry Teil des öffentlichen APIs. Wenn die Darstellung in einem zukünftigen Release geändert wird, dann muss die Klasse StringList immer noch die Darstellung als verkettete Liste als Eingabe akzeptieren und als Ausgabe generieren. Sie wird den Code zur Bearbeitung verketteter Listen nie wieder los, selbst wenn sie diese nicht mehr benutzt.

▶ **Sie kann übermäßig viel Platz belegen.** Im obigen Beispiel stellt die serialisierte Form überflüssigerweise jeden Eintrag in der verketteten Liste sowie jede Verkettung dar. Diese Einträge und Verkettungen sind nur Implementierungsdetails, die nicht in die serialisierte Form gehören. Da diese serialisierte Form übermäßig lang ist, dauert es sehr lange, sie über das Netz zu übermitteln oder auf der Festplatte zu speichern.

▶ **Sie kann übermäßig viel Zeit brauchen.** Da die Serialisierungslogik nichts über die Topologie des Objektgraphs weiß, muss sie den Graph mühsam durchqueren. Im obigen Beispiel würde es reichen, einfach nur den next-Referenzen zu folgen.

▶ **Sie kann Stack-Überläufe verursachen.** Die Standardserialisierungsprozedur durchquert den Objektgraph rekursiv, was selbst bei relativ kleinen Objektgraphen zu Stack-Überläufen führen kann. Auf meinem Computer verursacht die Serialisierung einer StringList-Instanz mit 1200 Elementen einen Stack-Überlauf. Wie viele Elemente es braucht, bis dieses Problem auftritt, mag je nach JVM-Implementierung unterschiedlich sein. Vielleicht tritt das Problem auf manchen Implementierungen auch gar nicht auf.

Eine vernünftige serialisierte Form für StringList besteht einfach aus der Anzahl der Strings in der Liste, gefolgt von den Strings selbst. Das sind die logischen Daten, die

Thema 55: Ziehen Sie die Nutzung einer eigenen serialisierten Form in Erwägung

eine StringList repräsentiert, ohne die Einzelheiten ihrer physischen Darstellung. Hier sehen Sie eine überarbeitete Version von StringList, deren Methoden writeObject und readObject diese serialisierte Form implementieren. Zur Erinnerung: Der Modifikator transient weist darauf hin, dass bei der standardmäßigen serialisierten Form einer Klasse ein Instanzfeld weggelassen wird.

```
// StringList mit einer vernünftigen eigenen serialisierten Form
public class StringList implements Serializable {
    private transient int size   = 0;
    private transient Entry head = null;

    // Nicht mehr serialsierbar!
    private static class Entry {
        String data;
        Entry  next;
        Entry  previous;
    }

    // Fügt den angegebenen String an die Liste an.
    public void add(String s) { ... }

    /**
     * Serialisiere diese <tt>StringList</tt>-Instanz.
     *
     * @serialData Die Größe der Liste (Anzahl der Strings
     * in ihr) wird ausgegeben (<tt>int</tt>), gefolgt von
     * allen Elementen (alles <tt>Strings</tt>), in der
     * richtigen Reihenfolge.
     */
    private void writeObject(ObjectOutputStream s)
            throws IOException {
        s.defaultWriteObject();
        s.writeInt(size);

        // Schreibe alle Elemente in der richtigen Reihenfolge.
        for (Entry e = head; e != null; e = e.next)
            s.writeObject(e.data);
    }

    private void readObject(ObjectInputStream s)
            throws IOException, ClassNotFoundException {
        s.defaultReadObject();
        int size = s.readInt();

        // Lies alle Elemente und setze sie in die Liste.
        for (int i = 0; i < size; i++)
            add((String)s.readObject());
    }

    ... // Rest wird weggelassen.
}
```

Beachten Sie, dass die `writeObject`-Methode `defaultWriteObject` aufruft und dass die `readObject`-Methode `defaultReadObject` aufruft, obwohl alle Felder der `StringList` transient sind. **Wenn alle Instanzfelder transient sind, ist es zwar technisch möglich, auf den Aufruf von `defaultWriteObject` und `defaultReadObject` zu verzichten, aber ratsam ist das nicht.** Selbst wenn alle Instanzfelder transient sind, wirkt sich der Aufruf von `defaultWriteObject` auf die serialisierte Form so aus, dass sie viel flexibler wird. Die resultierende serialisierte Form ermöglicht es Ihnen, in einem späteren Release nicht-transiente Instanzfelder hinzuzufügen und gleichzeitig die Auf- und Abwärtskompatibilität zu erhalten. Wenn eine Instanz in einer neueren Version serialisiert und in einer älteren deserialisiert wird, dann werden die hinzugekommenen Felder ignoriert. Würde die `readObject`-Methode der älteren Version nicht `defaultReadObject` aufrufen, so würde die Deserialisierung mit einer `StreamCorruptedException` scheitern.

Beachten Sie, dass die `writeObject`-Methode, obwohl sie privat ist, einen Dokumentationskommentar hat. Er ist analog zu dem Dokumentationskommentar für die privaten Felder der Klasse `Name`. Diese private Methode definiert ein öffentliches API – nämlich die serialisierte Form – und das öffentliche API muss dokumentiert werden. Wie das `@serial`-Tag für Felder weist auch das `@serialData`-Tag für Methoden Javadoc an, diese Dokumentation auf die Seiten über serialisierte Formen zu setzen.

Damit Sie einen Eindruck bekommen, von welchen Größenordnungen bei der vorherigen Leistungsdiskussion die Rede war: Wenn die durchschnittliche String-Länge zehn Zeichen beträgt, dann benötigt die serialisierte Version der überarbeiteten Fassung von `StringList` rund halb so viel Platz wie die des Originals. Auf meinem Computer geht das Serialisieren der neuen Version von `StringList` bei durchschnittlich zehn Zeichen langen Strings rund zweieinhalb mal so schnell wie bei der alten Version. Außerdem gibt es keine Probleme mit Speicherüberläufen, wodurch praktisch beliebig lange `StringList`s serialisiert werden können.

Die standardmäßige serialisierte Form wäre für `StringList` nicht gut, doch für manche andere Klassen wäre sie noch viel schlimmer. Bei `StringList` ist sie nur unflexibel und langsam aber immerhin *korrekt* in dem Sinne, dass das Serialisieren und Deserialisieren einer `StringList`-Instanz eine genaue Kopie des Originalobjekts ergibt, bei der alle Invarianten noch intakt sind. Das gilt aber nicht für Objekte, deren Invarianten an implementierungsspezifische Details gebunden sind.

Nehmen Sie z.B. den Fall einer Hash-Tabelle. Ihre physische Repräsentation ist eine Folge von Hash-Buckets mit den Schlüssel/Wert-Paaren. In welchen Bucket ein Eintrag kommt, hängt von dem Hash-Code des Schlüssels ab. Es gibt jedoch grundsätzlich keine Garantie, dass dieser bei jeder JVM-Implementierung derselbe ist. Tatsächlich ist noch nicht einmal garantiert, dass er bei jeder Ausführung auf *derselben* JVM-Implementierung derselbe ist. Daher wäre es ein böser Fehler, wenn Sie für eine Hash-

Tabelle die standardmäßige serialisierte Form akzeptieren würden. Das Serialisieren und anschließende Deserialisieren der Hash-Tabelle könnte ein Objekt mit ernsthaft beschädigten Invarianten ergeben.

Egal ob Sie die standardmäßig serialisierte Form verwenden oder nicht: Jedes Instanzfeld, das nicht als transient deklariert ist, wird bei einem Aufruf der Methode default WriteObject serialisiert. Wenn möglich sollten Sie daher jedes Instanz-Feld transient machen. Dazu gehören auch redundante Felder, deren Werte aus »Primärdatenfeldern« berechnet werden können, wie z.B. ein zwischengespeicherter Hash-Wert. Ebenfalls dazu gehören Felder, deren Werte an eine bestimmte Ausführung der JVM gebunden sind, wie z.B. ein long-Feld, das einen Zeiger auf eine native Datenstruktur repräsentiert. **Ehe Sie entscheiden, ein Feld nicht-transient zu machen, sollten Sie sich davon überzeugen, dass sein Wert Teil des logischen Objektzustands ist.** Wenn Sie eine eigene serialisierte Form verwenden, sollten vor allen Dingen die Instanzfelder als transient deklariert sein, wie es in dem obigen StringList-Beispiel der Fall ist.

Wenn Sie die standardmäßige serialisierte Form verwenden und ein oder mehrere Felder als transient deklariert haben, müssen Sie daran denken, dass diese Felder mit ihren *Standardwerten* initialisiert werden, wenn eine Instanz deserialisiert wird: null für Objektreferenzfelder, null für nummerische Grundtypen und false für boolean-Felder [JLS, 4.5.5]. Wenn diese Werte für bestimmte transient-Felder nicht akzeptabel sind, müssen Sie eine readObject-Methode liefern, die die defaultReadObject-Methode aufruft und dann die transient-Felder mit akzeptablen Werten wiederherstellt (Thema 56). Alternativ können Sie diese Felder auch, wenn sie das erste Mal benötigt werden, mit fauler Initialisierung erzeugen.

Egal welche serialisierte Form Sie wählen: Deklarieren Sie in jeder serialisierbaren Klasse, die Sie schreiben, einen expliziten Serienversion-UID. Damit scheiden die Serienversion-UID schon einmal als potenzielle Fehlerquelle aus (Thema 54) und etwas schneller wird das Ganze auch. Wenn Sie keinen Serienversion-UID zur Verfügung stellen, muss er zur Laufzeit aufwändig berechnet werden.

Ein Serienversion-UID können Sie ganz einfach berechnen, indem Sie Ihrer Klasse folgende Zeile hinzufügen:

```
private static final long serialVersionUID = randomLongValue ;
```

Es spielt keine große Rolle, welchen Wert Sie für *randomLongValue* einsetzen. Üblicherweise generieren Sie den Wert, indem Sie das Dienstprogramm serialver auf der Klasse ausführen, aber Sie können ebenso gut eine beliebige Zahl nehmen, die Ihnen einfällt. Wenn Sie jemals eine neue Version der Klasse erstellen möchten, die mit den bereits vorhandenen *inkompatibel* ist, brauchen Sie nur den Wert in der Deklaration zu ändern. Dann scheitert jeder Versuch, serialisierte Instanzen der älteren Versionen mit der neuen zu deserialisieren mit einer InvalidClassException.

Fazit: Wenn Sie entschieden haben, dass eine Klasse serialisierbar sein soll (Thema 54), dann sollten Sie sich genau überlegen, was die serialisierte Form tun soll. Verwenden Sie die standardmäßige serialisierte Form nur dann, wenn sie eine vernünftige Beschreibung des logischen Objektzustands gibt. Sie sollten dem Entwurf der serialisierten Version einer Klasse ebensoviel Zeit widmen wie dem Entwurf ihrer exportierten Methoden. Ebenso wenig wie Sie aus zukünftigen Versionen exportierte Methoden herausnehmen können, können Sie Felder aus der serialisierten Form herausnehmen: Sie müssen für immer erhalten bleiben, damit die Serialisierungskompatibilität gewährleistet ist. Wenn Sie die falsche serialisierte Form wählen, so macht dies die Klasse dauerhaft komplizierter und langsamer.

10.3 Thema 56: Schreiben Sie readObject-Methoden defensiv

Thema 24 enthält eine unveränderliche Klasse für Datumsintervalle, die veränderliche private date-Felder enthält. Die Klasse tut sehr viel für ihre Invarianten und ihre Unveränderbarkeit, indem sie die Date-Objekte in ihrem Konstruktor und ihren Zugriffsmethoden defensiv kopiert. Hier sehen Sie diese Klasse:

```java
// Unveränderliche Klasse, die defensiv kopiert.
public final class Period {
    private final Date start;
    private final Date end;

    /**
     * @param  beginnt den Zeitraum.
     * @param  beendet den Zeitraum; muss nach start kommen.
     * @throws IllegalArgument wenn start hinter end liegt.
     * @throws NullPointerException wenn start oder end = null.
     */
    public Period(Date start, Date end) {
        this.start = new Date(start.getTime());
        this.end   = new Date(end.getTime());

        if (this.start.compareTo(this.end) > 0)
           throw new IllegalArgumentException(start +" > "+ end);
    }

    public Date start () { return (Date) start.clone(); }

    public Date end ()   { return (Date) end.clone(); }

    public String toString() { return start + " - " + end; }

    ... // Rest wird weggelassen.
}
```

Thema 56: Schreiben Sie readObject-Methoden defensiv

Angenommen, Sie beschließen, dass diese Klasse serialisierbar sein soll. Da die physische Darstellung eines Period-Objekts seinen logischen Dateninhalt exakt widerspiegelt, ist es durchaus vernünftig, die standardmäßige serialisierte Form zu verwenden (Thema 55). Daher scheint es so, als müssten Sie lediglich die Klasse durch Hinzufügen der Worte »implements Serializable« zur Klassendeklaration serialisierbar machen. Doch wenn Sie dies tun würden, dann könnte die Klasse nicht mehr für ihre wichtigen Invarianten garantieren.

Das Problem besteht darin, dass die readObject-Methode in Wirklichkeit ein zusätzlicher Konstruktor ist, der dieselbe Sorgfalt wie jeder andere Konstruktor verlangt. Da jeder Konstruktor seine Argumente auf Gültigkeit (Thema 23) prüft und sie, wo es nötig ist, defensiv kopiert (Thema 24), muss auch readObject dies tun. Wenn eine readObject-Methode eines dieser Dinge versäumt, kann ein Angreifer relativ leicht die Klasseninvarianten verletzen.

Salopp ausgedrückt ist readObject ein Konstruktor, der als einzigen Parameter einen Bytestrom entgegennimmt. Normalerweise wird dieser Bytestrom durch Serialisieren einer normal konstruierten Instanz generiert. Probleme gibt es, wenn readObject mit einem Bytestrom zu tun hat, der extra dafür konstruiert wurde, ein Objekt zu erzeugen, das die Invarianten seiner Klasse verletzt. Wenn wir der Klassendeklaration von Period nur die Worte »implements Serializable« hinzugefügt hätten, dann würde das folgende hässliche Programm eine Period-Instanz hervorbringen, deren Ende vor ihrem Anfang liegt:

```
public class BogusPeriod {
    // Bytestrom kann nicht von einer echten Period-Instanz sein
    private static final byte[] serializedForm = new byte[] {
    (byte)0xac, (byte)0xed, 0x00, 0x05, 0x73, 0x72, 0x00, 0x06,
    0x50, 0x65, 0x72, 0x69, 0x6f, 0x64, 0x40, 0x7e, (byte)0xf8,
    0x2b, 0x4f, 0x46, (byte)0xc0, (byte)0xf4, 0x02, 0x00, 0x02,
    0x4c, 0x00, 0x03, 0x65, 0x6e, 0x64, 0x74, 0x00, 0x10, 0x4c,
    0x6a, 0x61, 0x76, 0x61, 0x2f, 0x75, 0x74, 0x69, 0x6c, 0x2f,
    0x44, 0x61, 0x74, 0x65, 0x3b, 0x4c, 0x00, 0x05, 0x73, 0x74,
    0x61, 0x72, 0x74, 0x71, 0x00, 0x7e, 0x00, 0x01, 0x78, 0x70,
    0x73, 0x72, 0x00, 0x0e, 0x6a, 0x61, 0x76, 0x61, 0x2e, 0x75,
    0x74, 0x69, 0x6c, 0x2e, 0x44, 0x61, 0x74, 0x65, 0x68, 0x6a,
    (byte)0x81, 0x01, 0x4b, 0x59, 0x74, 0x19, 0x03, 0x00, 0x00,
    0x78, 0x70, 0x77, 0x08, 0x00, 0x00, 0x00, 0x66, (byte)0xdf,
    0x6e, 0x1e, 0x00, 0x78, 0x73, 0x71, 0x00, 0x7e, 0x00, 0x03,
    0x77, 0x08, 0x00, 0x00, 0x00, (byte)0xd5, 0x17, 0x69, 0x22,
    0x00, 0x78 };

    public static void main(String[] args) {
        Period p = (Period) deserialize(serializedForm);
        System.out.println(p);
    }
}
```

```
// Gibt Objekt mit der angegebenen serialisierten Form zurück
public static Object deserialize(byte[] sf) {
    try {
        InputStream is = new ByteArrayInputStream(sf);
        ObjectInputStream ois = new ObjectInputStream(is);
        return ois.readObject();
    } catch (Exception e) {
        throw new IllegalArgumentException(e.toString());
    }
}
```

Der Array-Literal byte, mit dem serializedForm initialisiert wird, wurde durch Serialisieren einer normalen Period-Instanz und manuelles Bearbeiten des resultierenden Bytestroms erzeugt. Die Einzelheiten des Stroms spielen für dieses Beispiel keine Rolle. Wenn Sie sich jedoch dafür interessieren: Das Bytestrom-Format der Serialisierung ist in der *Java™ Object Serialization Specification* [Serialization, 6] beschrieben. Wenn Sie dieses Programm laufen lassen, dann gibt es aus: »Fri Jan 01 12:00:00 PST 1999 - Sun Jan 01 12:00:00 PST 1984«. Wenn Sie Period serialisierbar machen, können Sie ein Objekt erzeugen, das seine Klasseninvarianten verletzt. Dieses Problem beheben Sie, indem Sie für Period eine readObject-Methode liefern, die defaultReadObject aufruft und dann die Gültigkeit des deserialisierten Objekts prüft. Wenn diese Gültigkeitsprüfung fehlschlägt, löst die Methode readObject eine InvalidObjectException aus, die verhindert, dass die Deserialisierung zum Abschluss kommt.

```
private void readObject(ObjectInputStream s)
        throws IOException, ClassNotFoundException {
    s.defaultReadObject();

    // Prüfe, ob die Invarianten gewährleistet sind.
    if (start.compareTo(end) > 0)
        throw new InvalidObjectException(start +" hinter "+ end);
}
```

Diese Reparatur verhindert zwar, dass ein Angreifer eine unzulässige Period-Instanz erzeugt, aber dahinter lauert noch ein kniffligeres Problem. Man könnte immer noch eine veränderliche Period-Instanz erzeugen, indem man einen Bytestrom fabriziert, der mit einem Bytestrom beginnt, der eine gültige Period-Instanz darstellt, und daran zusätzliche Referenzen auf die privaten Date-Felder im Inneren der Period-Instanz anhängt. Der Angreifer liest zuerst die Period-Instanz aus dem ObjectInputStream und dann die »böswilligen Objektreferenzen«, die an den Strom angehängt wurden. Diese Referenzen geben ihm Zugriff auf die Objekte, auf die die privaten Date-Felder innerhalb des Period-Objekts referieren. Indem er diese Date-Instanzen ändert, kann der Angreifer die Period-Instanzen verfälschen. Die folgende Klasse demonstriert eine solche Attacke:

Thema 56: Schreiben Sie readObject-Methoden defensiv 227

```
public class MutablePeriod {
    // Eine Period-Instanz
    public final Period period;

    // Startfeld von period, Zugriff darf nicht erlaubt sein.
    public final Date start;

    // End-Feld von period, Zugriff darf nicht erlaubt sein.
    public final Date end;

    public MutablePeriod() {
        try {
            ByteArrayOutputStream bos =
                new ByteArrayOutputStream();
            ObjectOutputStream out =
                new ObjectOutputStream(bos);

            // Serialisiere eine gültige Period-Instanz.
            out.writeObject(new Period(new Date(), new Date()));

            /*
             * Hänge böse "Refs auf vorige Objekte" für interne
             * Date-Felder in Period an. Einzelheiten in "Java
             * Object Serialization Specification," Abschn. 6.4.
             */
            byte[] ref = { 0x71, 0, 0x7e, 0, 5 }; // Ref. Nr. 5
            bos.write(ref); // Start-Feld
            ref[4] = 4;     // Ref. Nr. 4
            bos.write(ref); // End-Feld

            // Deserialisiere Period und "gestohlene" Date-Refs.
            ObjectInputStream in = new ObjectInputStream(
                new ByteArrayInputStream(bos.toByteArray()));
            period = (Period) in.readObject();
            start  = (Date)   in.readObject();
            end    = (Date)   in.readObject();
        } catch (Exception e) {
            throw new RuntimeException(e.toString());
        }
    }
}
```

Folgendes Programm zeigt die Attacke:

```
public static void main(String[] args) {
    MutablePeriod mp = new MutablePeriod();
    Period p = mp.period;
    Date pEnd = mp.end;

    // Nun wollen wir mal die Uhr zurückdrehen.
    pEnd.setYear(78);
    System.out.println(p);
```

```
    // Hole die Sechzigerjahre zurück!
    pEnd.setYear(69);
    System.out.println(p);
}
```

Das Programm erzeugt folgende Ausgabe:

```
Wed Mar 07 23:30:01 PST 2001 - Tue Mar 07 23:30:01 PST 1978
Wed Mar 07 23:30:01 PST 2001 - Fri Mar 07 23:30:01 PST 1969
```

Die Period-Instanz wird zwar mit intakten Invarianten erzeugt, aber ihre internen Bestandteile lassen sich nach Belieben ändern. Sobald ein Angreifer eine veränderliche Period-Instanz hat, kann er großen Schaden anrichten, indem er sie einer Klasse übergibt, deren Sicherheit von der Unveränderlichkeit von Period abhängt. Das ist nicht an den Haaren herbeigezogen: Es gibt Klassen, deren Sicherheit von der Unveränderlichkeit von String abhängt.

Das Problem besteht, weil die readObject-Methode von Period zu wenig defensiv kopiert. **Wenn ein Objekt deserialisiert wird, müssen Sie jedes Feld defensiv kopieren, das eine Objektreferenz enthält, die kein Client haben darf.** Daher muss jede serialisierbare unveränderliche Klasse, die private veränderliche Komponenten enthält, diese Komponenten in ihrer readObject-Methode defensiv kopieren. Die folgende readObject-Methode genügt, um die Invarianten und die Unveränderlichkeit von Period zu gewährleisten:

```
private void readObject(ObjectInputStream s)
    throws IOException, ClassNotFoundException {
    s.defaultReadObject();

    // Defensive Kopie unveränderlicher Komponenten
    start = new Date(start.getTime());
    end   = new Date(end.getTime());

    // Prüfung der Gültigkeit der Invarianten
    if (start.compareTo(end) > 0)
        throw new InvalidObjectException(start +" after "+ end);
}
```

Beachten Sie, dass die defensive Kopie vor der Gültigkeitsprüfung angelegt wird, und dass wir für das defensive Kopieren nicht die clone-Methode von Date verwendeten. Beides sind Voraussetzungen, um Period gegen Angriffe zu schützen (Thema 24). Beachten Sie außerdem, dass defensives Kopieren nicht für finale Felder möglich ist. Um die Methode readObject benutzen zu können, müssen wir die Felder start und end nicht-final machen. Das ist zwar schade, aber auf jeden Fall das kleinere Übel. Mit der neuen readObject-Methode und ohne den Modifikator final für die Felder start und end kann die Klasse MutablePeriod nichts mehr anrichten. Das obige Angriffsprogramm hat nunmehr folgende Ausgabe:

```
Thu Mar 08 00:03:45 PST 2001 - Thu Mar 08 00:03:45 PST 2001
Thu Mar 08 00:03:45 PST 2001 - Thu Mar 08 00:03:45 PST 2001
```

Es gibt einen einfachen Test, um zu entscheiden, ob die standardmäßige `readObject`-Methode in Ordnung ist. Wäre Ihnen wohl dabei, einen öffentlichen Konstruktor hinzuzufügen, der die Werte jedes nicht-transienten Feldes Ihres Objekts als Parameter nimmt und die Werte ohne irgendeine Art von Gültigkeitsprüfung in den Feldern speichert? Wenn Sie dies nicht bejahen können, dann müssen Sie eine explizite `readObject`-Methode beisteuern, die alle für einen Konstruktor erforderlichen Gültigkeitsprüfungen und defensiven Kopien erledigt.

Es gibt noch eine andere Ähnlichkeit zwischen `readObject`-Methoden und Konstruktoren, und diese betrifft nicht-finale serialisierbare Klassen. Eine `readObject`-Methode darf weder direkt noch indirekt eine überschreibbare Methode aufrufen (Thema 15). Wenn Sie dagegen verstoßen und die Methode überschrieben wird, dann wird die überschreibende Methode ausgeführt, ehe der Zustand der Unterklasse deserialisiert worden ist. Dies führt wahrscheinlich zu einem Programmabsturz.

Fazit: Immer wenn Sie eine `readObject`-Methode schreiben, müssen Sie dabei im Kopf behalten, dass Sie eigentlich einen öffentlichen Konstruktor schreiben, der auf jeden Fall eine gültige Instanz erzeugen muss, egal welchen Bytestrom er übergeben bekommt. Gehen Sie nicht davon aus, dass der Bytestrom eine tatsächliche serialisierte Instanz repräsentiert. Die Beispiele in diesem Thema betreffen zwar eine Klasse, die die standardmäßige serialisierte Form verwendet, aber alle damit zusammenhängenden Probleme treffen ebenso auf Klassen mit eigener serialisierter Form zu. Hier sind noch einmal die Richtlinien zusammengefasst, wie Sie eine wasserdichte `readObject`-Methode schreiben.

▷ Bei Klassen mit Objektreferenz-Feldern, die privat bleiben müssen, kopieren Sie defensiv jedes Objekt, das in einem solchen Feld gespeichert werden soll. In diese Kategorie gehören z.B. veränderliche Komponenten unveränderlicher Klassen.

▷ Bei Klasse mit Invarianten müssen Sie diese Invarianten prüfen und eine `Invalid ObjectException` auslösen, wenn eine Prüfung fehlschlägt. Die Prüfungen sollten nach einem eventuellen defensiven Kopieren stattfinden.

▷ Wenn ein gesamter Objektgraph nach seiner Deserialisierung validiert werden muss, verwenden Sie das Interface `ObjectInputValidation`. Die Nutzung dieses Interfaces ist nicht Thema dieses Buchs. Ein Beispiel finden Sie in *The Java Class Libraries, Second Edition, Volume 1* [Chan 1998, S. 1256].

▷ Rufen Sie weder direkt noch indirekt irgendwelche überschreibbaren Methoden in der Klasse auf.

Alternativ zu einer `readObject`-Methode können Sie auch die Methode `readResolve` verwenden. Diese Alternative wird in Thema 57 vorgestellt.

10.4 Thema 57: Stellen Sie wenn nötig eine readResolve-Methode zur Verfügung

Thema 2 beschreibt das *Singleton*-Muster und gibt das folgende Beispiel einer Singleton-Klasse. Diese Klasse beschränkt den Zugriff auf ihren Konstruktor, um zu gewährleisten, dass nur eine einzige Instanz erzeugt wird.

```
public class Elvis {
    public static final Elvis INSTANCE = new Elvis();

    private Elvis() {
        ...
    }

    ... // Rest wird weggelassen.
}
```

Wie in Thema 2 gesagt, wäre diese Klasse kein Singleton mehr, wenn man die Worte `implements Serializable` in ihre Deklaration schriebe. Es spielt weder eine Rolle, ob die Klasse die standardmäßige oder eine eigene serialisierte Form verwendet (Thema 55), noch, ob sie eine explizite `readObject`-Methode liefert (Thema 56). Jede `readObject`-Methode, sei sie nun explizit oder voreingestellt, gibt eine neu erzeugte Instanz zurück, die nicht dieselbe Instanz ist, die bei der Klasseninitialisierung angelegt wurde. Vor dem Release 1.2 war es nicht möglich, eine serialisierbare Singleton-Klasse zu schreiben.

Im Release 1.2 kam zur Serialisierung das `readResolve`-Feature hinzu [Serialization, 3.6]. Wenn die Klasse eines zu deserialisierenden Objekts eine `readResolve`-Methode mit der richtigen Deklaration definiert, wird diese Methode nach der Deserialisierung auf dem neu erzeugten Objekt aufgerufen. Dann wird statt des neu erzeugten Objekts die von dieser Methode gelieferte Objektreferenz zurückgeliefert. In den meisten Anwendungen dieses Features wird keine Referenz auf das neu erzeugte Objekt zurückbehalten. Das Objekt wird sofort für die Garbage Collection freigegeben.

Wenn Sie die `Elvis`-Klasse `Serializable` implementieren lassen, dann garantiert die folgende `readResolve`-Methode die Singleton-Eigenschaft:

```
private Object readResolve() throws ObjectStreamException {
    // Gib den einzig wahren Elvis zurück und lass die Elvis-
    // Imitation vom Garbage Collector abholen.
    return INSTANCE;
}
```

Diese Methode ignoriert das deserialisierte Objekt und gibt einfach die einzig wahre `Elvis`-Instanz zurück, die bei der Klasseninitialisierung erzeugt wurde. Daher braucht die serialisierte Form einer `Elvis`-Instanz keine echten Daten zu enthalten; alle Instanzfelder sollten als `transient` gekennzeichnet sein. Das gilt nicht nur für Elvis, sondern für alle Singletons.

Sie brauchen nicht nur für Singletons, sondern für jede *Instanz-kontrollierende* **Klasse eine** `readResolve`**-Methode**. Mit anderen Worten benötigen Sie `readResolve` für alle Klassen, die die Objekterzeugung streng kontrollieren, um eine Invariante zu bewahren. Ein anderes Beispiel für eine Instanz-kontrollierende Klasse ist eine *typsichere Enum* (Thema 21), deren `readResolve`-Methode die kanonische Instanz zurückgeben muss, die die angegebene Aufzählungskonstante repräsentiert. Es gibt folgende Faustregel: Wenn Sie eine serialisierbare Klasse schreiben, die keine öffentlichen oder geschützten Konstruktoren enthält, dann überlegen Sie bitte, ob eine `readResolve`-Methode erforderlich ist.

Zweitens können Sie die `readResolve`**-Methode als konservative Alternative zu der in Thema 56 empfohlenen, defensiven** `readObject`**-Methode einsetzen**. Bei diesem Ansatz werden alle Gültigkeitsprüfungen und defensiven Kopien der `readObject`-Methode durch die Gültigkeitsprüfung und defensiven Kopien ersetzt, die ein normaler Konstruktor leistet. Wenn die standardmäßige serialisierte Form benutzt wird, kann die `readObject`-Methode ganz wegfallen. Wie in Thema 56 erklärt, kann dadurch ein böswilliger Client eine Instanz mit kaputten Invarianten erzeugen. Doch diese potenziell geschädigte Instanz tritt niemals in Aktion: Sie wird nur nach Eingabewerten für einen öffentlichen Konstruktor oder eine statische Factory durchsucht und dann verworfen.

Das Schöne an diesem Ansatz: Er sorgt dafür, dass die außersprachlichen Bestandteile der Serialisierung buchstäblich verschwinden und macht es unmöglich, irgendwelche Klasseninvarianten zu verletzen, die vorhanden waren, bevor die Klasse serialisierbar wurde. Konkret sehen Sie diese Technik an der folgenden `readResolve`-Methode, die anstelle der defensiven `readObject`-Methode aus dem `Period`-Beispiel in Thema 56 verwendet werden kann:

```
// Das defensive readResolve-Idiom
private Object readResolve() throws ObjectStreamException {
    return new Period(start, end);
}
```

Diese `readResolve`-Methode vereitelt beide in Thema 56 beschriebenen Attacken. Das defensive `readResolve`-Idiom hat mehrere Vorteile gegenüber einer defensiven `readObject`-Methode: Es ist eine Technik, mit der Sie eine Klasse *mechanisch* serialisierbar machen, ohne ihre Invarianten zu gefährden. Es erfordert nur wenig Code und wenig Denkarbeit und funktioniert garantiert. Und außerdem eliminiert es die künstlichen Beschränkungen, die für finale Felder bei einer Serialisierung gelten.

Das defensive `readResolve`**-Idiom sehen Sie zwar nicht oft, aber es verdient mehr Beachtung**. Sein größter Nachteil ist, dass es sich nicht für Klassen eignet, die außerhalb ihres eigenen Pakets Vererbung gestatten. Doch dies ist bei unveränderlichen Klassen kein Problem, da sie generell final sind (Thema 13). Ein kleinerer Nachteil besteht darin, dass dieses Idiom die Deserialisierung etwas langsamer macht, weil es die Erzeugung eines zusätzlichen Objekts erfordert. Auf meinem Computer läuft die Deserialisierung von Period-Instanzen rund ein Prozent langsamer im Vergleich zur readObject-Methode.

Der Zugriff auf die readResolve**-Methode ist sehr gut**. Wenn Sie einer finalen Klasse wie z.B. einem Singleton eine readResolve-Methode geben, dann sollte sie privat sein. Geben Sie einer nicht-finalen Klasse eine readResolve-Methode, so müssen Sie den Zugriff darauf sorgfältig bedenken. Ist die Methode privat, so gilt sie nicht für Unterklassen. Ist sie paketprivat, so gilt sie nur für Unterklassen in demselben Paket. Ist sie geschützt oder öffentlich, so gilt sie für alle Unterklassen, die sie nicht überschreiben. Wenn eine readResolve-Methode geschützt oder öffentlich ist und eine Unterklasse sie nicht überschreibt, so erhalten Sie durch Deserialisierung einer serialisierten Instanz dieser Unterklasse eine Instanz der Oberklasse. Das ist wohl nicht das, was Sie wollten.

Der vorige Abschnitt gab schon einen Hinweis auf den Grund, weshalb die readResolve-Methode in Klassen, die Vererbung zulassen, nicht anstelle einer defensiven readObject-Methode eingesetzt werden darf. Wäre die readResolve-Methode der Oberklasse final, so würde sie eine korrekte Deserialisierung der Unterklasseninstanzen verhindern. Wäre sie überschreibbar, so könnte eine böse Unterklasse sie mit einer Methode außer Kraft setzen, die eine geschädigte Instanz zurückliefert.

Zusammenfassend kann man sagen, dass Sie eine readResolve-Methode benutzen müssen, um die »Instanzkontrollinvarianten« von Singletons und anderen Instanz-kontrollierenden Klassen zu schützen. Die readResolve-Methode verwandelt eigentlich die readObject-Methode von einem praktisch öffentlichen Konstruktor in eine öffentliche statische Factory. Außerdem gibt Ihnen die readResolve-Methode bei Klassen, die eine Vererbung außerhalb ihres Pakets verbieten, eine einfache Alternative zu einer defensiven readObject-Methode.

Quellen

[Arnold 2000] Arnold, Ken, James Gosling, David Holmes. *The Java™ Programming Language, Third Edition*. Addison-Wesley, Boston, 2000. ISBN: 0201704331.

[Beck99] Beck, Kent. *Extreme Programming Explained*: Embrace Change. Addison-Wesley, Reading, MA, 1999. ISBN: 0201616416.

[Bloch 1999] Bloch, Joshua. »Collections«. In: *The Java™ Tutorial Continued: The Rest of the JDK™*. Mary Campione, Kathy Walrath, Alison Huml und das Tutorial-Team. Addison-Wesley, Reading, MA, 1999. ISBN: 0201485583. S. 17–93. Auch verfügbar unter: *http://java.sun.com/docs/books/tutorial/collections/index.html*.

[Campione 2000] Campione, Mary, Kathy Walrath, Alison Huml. *The Java™ Tutorial Continued: A Short Course on the Basics*. Addison-Wesley, Boston, MA, 2000. ISBN: 0201703939. Auch verfügbar unter: *http://java.sun.com/docs/books/tutorial/index.html*.

[Cargill 1996] Cargill, Thomas. »Specific Notification for Java Thread Synchronization.« *Proceedings of the Pattern Languages of Programming Conference*, 1996.

[Chan 2000] Chan, Patrick. *The Java™ Developers Almanac 2000*, Addison-Wesley, Boston, MA, 2000. ISBN: 0201432994.

[Chan 1998] Chan, Patrick, Rosanna Lee und Douglas Kramer. *The Java™ Class Libraries Second Edition, Volume 1*, Addison-Wesley, Reading, MA, 1998. ISBN: 0201310023.

[Collections] *The Collections Framework*. Sun Microsystems. März 2001. *http://java.sun.com/j2se/1.3/docs/guide/collections/index.html*.

[Doclint] *Doclint*. Ernst de Haan. März 2001. *http://www.znerd.demon.nl/doclint/*.

[Flanagan 1999] Flanagan, David. *Java™ in a Nutshell, Third Edition*, O'Reilly and Associates, Sebastopol, CA, 1999. ISBN: 1565924878.

[Gamma 1995] Gamma, Erich, Richard Helm, Ralph Johnson und John Vlissides. *Design Patterns: Elements of Reusable Object-Oriented Software*, Addison-Wesley, Reading, MA, 1995. ISBN: 0201633612.

[Gong 1999] Gong, Li. *Inside Java™ 2 Platform Security*, Addison-Wesley, Reading, MA, 1999. ISBN: 0201310007.

[Heydon 1999] Allan Heydon und Marc A. Najork. »Performance Limitations of the Java Core Libraries.« In: *ACM 1999 Java Grande Conference*, S. 35–41. ACM Press, Juni 1999. Auch verfügbar unter: *http://research.compaq.com/SRC/mercator/papers/Java99/final.pdf*

[Horstman 2000] Horstmann, Cay und Gary Cornell. *Core Java™ 2: Volume II, Advanced Features*, Prentice Hall, Palo Alto, CA, 2000. ISBN: 0130819344.

[HTML401] *HTML 4.01 Specification*. World Wide Web Consortium. Dezember 1999. *http://www.w3.org/TR/1999/REC-html401-19991224/*.

[J2SE-APIs] *Java™ 2 Platform, Standard Edition, v 1.3 API Specification*. Sun Microsystems. March 2001. *http://java.sun.com/j2se/1.3/docs/api/overview-summary.html*.

[Jackson 1975]Jackson, M.A. *Principles of Program Design*, Academic Press, London, 1975. ISBN: 0123790506.

[JavaBeans] *JavaBeans™ Spec*. Sun Microsystems. März 2001. *http://java.sun.com/products/javabeans/docs/spec.html*.

[Javadoc-a] *How to Write Doc Comments for Javadoc*. Sun Microsystems. Januar 2001. *http://java.sun.com/j2se/javadoc/writingdoccomments/*.

[Javadoc-b] *Javadoc Tool Home Page*. Sun Microsystems. Januar 2001. *http://java.sun.com/j2se/javadoc/index.html*.

[JLS] Gosling, James, Bill Joy, Guy Steele, Gilad Bracha. *The Java™ Language Specification, Second Edition*, Addison-Wesley, Boston, 2000. ISBN: 0201310082.

[Kahan 1991] Kahan, William und J. W. Thomas. *Augmenting a Programming Language with Complex Arithmetic*, UCB/CSD-91-667, University of California, Berkeley, 1991.

[Knuth 1974] Knuth, Donald. »Structured Programming with go to Statements.« *Computing Surveys* 6 (1974): 261–301.

[Lea 2001] *Overview of Package util.concurrent Release 1.3.0*. State University of New York, Oswego. 12. Januar 2001. *http://g.oswego.edu/dl/classes/EDU/oswego/cs/dl/util/concurrent/intro.html*.

[Lea 2000] Lea, Doug. *Concurrent Programming in Java™: Design Principles and Patterns, Second Edition*, Addison-Wesley, Boston, 2000. ISBN: 0201310090.

[Lieberman 1986] Lieberman, Henry. »Using Prototypical Objects to Implement Shared Behavior in Object-Oriented Systems.« *Proceedings of the First ACM Conference on Object-Oriented Programming Systems, Languages, and Applications*, S. 214–223, Portland, September 1986. ACM Press.

[Meyers 1998] Meyers, Scott. *Effective C++, Second Edition: 50 Specific Ways to Improve Your Programs and Designs*. Addison-Wesley, Reading, MA, 1998. ISBN: 0201924889.

[Parnas 1972] Parnas, D.L. »On the Criteria to Be Used in Decomposing Systems into Modules.« *Communications of the ACM* 15 (1972): 1053–1058.

[Posix] 9945-1:1996 (ISO/IEC) [IEEE/ANSI Std. 1003.1 1995 Edition] *Information Technology—Portable Operating System Interface (POSIX)—Part 1: System Application: Program Interface (API)* [C Language] (ANSI), IEEE Standards Press, ISBN: 1559375736.

[Pugh 2001a] *The Java Memory Model.* Ed. William Pugh. University of Maryland. March 2001.*http://www.cs.umd.edu/~pugh/java/memoryModel/.*

[Pugh 2001b] *The »Double-Checked Locking is Broken« Declaration.* Ed. William Pugh. University of Maryland. März 2001. *http://www.cs.umd.edu/~pugh/java/memoryModel/ DoubleCheckedLocking.html.*

[Serialization] *Java™ Object Serialization Specification.* Sun Microsystems. März 2001. *http://java.sun.com/j2se/1.3/docs/guide/serialization/spec/serialTOC.doc.html.*

[Smith 1962] Smith, Robert. »Algorithm 116 Complex Division.« In: *Communications of the ACM*, 5.8 (August 1962): 435.

[Snyder 1986] Synder, Alan. »Encapsulation and Inheritance in Object-Oriented Programming Languages.« In: *Object-Oriented Programming Systems, Languages, and Applications Conference Proceedings*, 38–45, 1986. ACM Press.

[Thomas 1994] Thomas, Jim und Jerome T. Coonen. »Issues Regarding Imaginary Types for C and C++.« In: *The Journal of C Language Translation*, 5.3 (März 1994): 134–138.

[Vermeulen 2000] Vermeulen, Allan, Scott W. Ambler, Greg Bumgardener, Eldon Metz, Trevor Mesfeldt, Jim Shur, Patrick Thompson. *The Elements of Java™ Style*, Cambridge University Press, Cambridge, United Kingdom, 2001. ISBN: 0521777682.

[Weblint] *The Weblint Home Page.* Weblint.org. März 2001. *http://www.weblint.org/.*

[Wulf 1972] Wulf, W. »A Case Against the GOTO.« *Proceedings of the 25th ACM National Conference* 2 (1972): 791–797.

Index

@param-Tag 143
@return-Tag 143
@serialData-Tag 222
@serial-Tag 219
@throws-Tag 127, 143, 184

A

abstrakte Klassen
   als Ersatz für discriminated Union 110
   Aspekt hinzufügen 45
   Beispiele
      Ersatz für discriminated Union 110
      Skelettimplementierung 97
      statische Attributklasse 104
      typsicheres Enum-Verhalten hinzufügen 117
   für Gerüstimplementierungen 93
   für Skelettimplementierung 96
   für Vererbung 93
   Nichtinstanziierbarkeit 26
   typsicheren Enums Verhalten hinzufügen 117
   vs. Interfaces 94, 99
   Weiterentwicklung, vs. Interfaces 98
allgemeiner Vertrag 39, 185
   clone 58
   compareTo 66
   equals 40
   hashCode 49
   Interface-Implementierung 94
   toString 55
alte Objektreferenzen 30, 60
Annahmen, und Parameterprüfung 128

anonyme Klassen 101, 103f.
   als Funktionsobjekte 135
   als Konkrete-Strategie-Klassen 124
   Beispiele
      Finalizer-Wächter 36
      in Adaptern 96
      in typsicheren Enums 104, 118
   Einschränkungen 103
   Finalizer-Wächter 36
   in Adaptern 97
   in typsicheren Enums 117
   Verwendung 103
API siehe exportiertes API
API-Elemente 18
   dokumentieren 142, 146
API-Entwurf
   Ausnahmen 174, 176
   Folgen für die Leistung 167
Architektur
   Dienstanbieter 21
   Interface-basierte 21
   Klassen- 161
Architekturen
   Callback- 87
   nicht-hierarchische Typarchitekturen 95
Arrays 17
   defensiv kopieren 74, 133
   der Länge null und Unveränderbarkeit 141
   in öffentlichen Feldern, Sicherheitsloch 74
   Länge null vs. null als Rückgabewert 141f.

Nichtnull-Länge und
  Veränderbarkeit 133
Arrays der Länge null
  Unveränderbarkeit 141
  vs. null als Rückgabewert 141f.
atomare Daten 192
  Synchronisierung 192, 194
Attribute 17
  Zugreifbarkeit 72
  Zugreifbarkeit minimieren 71
  Zugriff minimieren 75
Attribut-Interfaces 17
Attributklassen 17
  statische vs. nicht-statische 101, 105
Ausnahmen 173, 190
  behandeln mit
    ThreadGroup.uncaughtException 211
  Detailnachrichten 186f.
  Dokumentation 184, 186
  Dokumentation im Rahmen der
    Methodendokumentation 143
  Fehlerinformationen 186
  gebräuchliche 127, 181
  geprüfte vs. Laufzeit- 176, 178
  geprüfte zu ungeprüften machen 179
  ignorieren 189f.
  Kontrollfluss 174
  Leistung 173
  Methoden darauf definieren 177
  nicht abgefangene, beim
    Objektabschluss 34
  nur für Ausnahme-
    bedingungen 173, 176
  standardmäßige bevorzugen 180, 182
  Übersetzung 129, 182
  Verkettung 182
  vermeiden 178, 180, 184
  Zweck der geprüften 176
  Zweck von Laufzeitausnahmen 176
Ausnahmenübersetzung 129, 182
Ausnahmen-Verkettung 182
außersprachliche Mechanismen
  native Methoden 165
  Reflection 162
  Serialisierung 214
außersprachlicher Mechanismus,
  Klonen 58

B

Basisklassen 161
bedingt Thread-sicher 208
  Denial-of-Service-Attacke 210
  dokumentieren 209
  Sperrobjekt dokumentieren 210
Begleiterklassen, veränderliche 79
Beispiel, Point 43
Beispiele
  A, B, C 137
  AbstractFoo 216
  AbstractMapEntry 97
  anonyme innere Klasse 103
  BogusPeriod 225
  Calculator 104
  CaseInsensitiveString 41
  Circle 110
  CollectionClassifier 136
  ColorPoint 43, 45
  Comparator 124
  Complex 76, 80
  DeadlockQueue 199
  Degree 145
  DisplayQueue 198
  Elvis 23f., 230
  Entry 61f., 220f.
  ExtendedOperation 121
  Foo
    Finalizer-Wächter 36
    serialisierbare Unterklasse einer
      nicht-serialisierbaren Klasse 217
  FooHolder 196
  HashTable 61f.
  Host 125
  InstrumentedHashSet 83
  InstrumentedSet 86
  Key 158
  MutablePeriod 227
  MyIterator 102
  MySet 102
  Name 219
  Operation 104, 117, 120
  Overriding 137
  Period 130, 224
  Person 27f.
  PhoneNumber 50
  PhysicalConstants 99f.

PlayingCard 113
Point 108
Rectangle 111
Shape 110
Singer 95
SingerSongwriter 95
Songwriter 95
Square 112
Stack 30, 60
StoppableThread 193f.
StringLengthComparator 123f.
StringList 219, 221
StrLenCmp 125
Sub 92
Suit 114f.
Super 91
ThreadLocal 157f.
UtilityClass 26
WaitQueuePerf 206
WordList 66
WorkerThread 198f., 205
WorkQueue 197, 205
Benutzer 17
bequeme Initialisierung 53
Bibliotheken 150, 154
    für Multithreaded-
    Programmierung 191
BigDecimal, für
    Währungsrechnung 154, 156
Binärkompatibilität 215
Bounded Buffers 204
busy-wait 205

C

Callback-Architekturen 87
Callbacks 87, 123
Client 17
clone 39, 57, 65
    allgemeiner Vertrag 58f.
    als Konstruktor 60, 92
    Beispiele
        defensive Kopien 74, 132, 224
        implementieren 61f.
    Beispiele für Implementierung 59
    defensive Kopien 74, 131
    defensives Kopieren 228
    Kopiekonstruktor als Alternative 65

nicht-finale Methoden 63, 92
Referenz auf veränderliche
    Objekte 60, 63
unveränderliche Objekte 78
Unvereinbarkeit mit final-Feldern 61
Cloneable Interface 57
    Alternativen 64f.
    Beispiele 61f.
    Implementierungsanleitungen 64
    Verhalten 58
    zur Vererbung entwerfen 92
    Zweck 57
Collections Framework 152
Comparable-Interface 65, 70
Comparator
    anonyme Klassen 103
    Beispiele 103, 123ff.
    Instanz 103
    Interface 124
    Klasse 68, 124
compareTo 39, 65
    allgemeiner Vertrag 66, 68
    Anleitungen 68, 70
    Beispiel zur Verwendung 28
    Beispiele 68f., 116, 226
        Überladung 140
        Verwendung 130f., 155, 224, 228
    Beispiele zur Verwendung 27
    konsistent oder inkonsistent mit
        equals 68
    Unterschiede zu equals 67

D

Datenkonsistenz
    bei Fehlern erhalten 187, 189
    Synchronisierung 191, 197
Deadlock, verhindern 197, 199
defaultReadObject
    Beispiele 217, 221, 226, 228
    transient-Felder 222f.
defaultWriteObject
    Beispiele 217, 221
    transient-Felder 222f.
defensive Kopie 129, 133
    Array 133
    clone 131
    readResolve als Alternative 231

unveränderliche Objekte 78
veränderliche interne Felder 132
Vergleich mit Wiederverwendung
   von Objekten 30
von veränderlichen Parametern 131
defensives Kopieren
   clone 228
   Deserialisierung 228
Degenerierte Klassen 107
Delegation 87
Denial-of-Service-Attacke 210
Deserialisierung 232
   Abschluss verhindern 226
   als Konstruktor 214
   Singletons 25
   typsichere Enums 116
Detailnachricht 186
Dienstanbieter Architektur 21
Dienstklassen 25
   Alternative zu Konstanten-
   Interfaces 100
discriminated Unions 109
   Klassenhierarchien als Ersatz 109, 113
Doc-Kommentare 142
Dokumentation 142, 146
   @param-Tag 143
   @return-Tag 143
   @serialData-Tag 222
   @serial-Tag 219
   @throws-Tag 127, 143, 184
   Ausnahmen 184, 186
   bedingte Thread-Sicherheit 209
   erforderliche Sperren 209f.
   Ergebniswert von toString 55
   für serialisierte Felder 219
   für Vererbung 89f.
   häufiger Ausnahmen in der
   Klasse 185
   HTML in Javadoc 144
   Javadoc 142, 146
   Links auf Architekturdokumente
   Javadoc 146
   Methoden 143
   Nachbedingungen 143
   Nebeneffekte 143
   Objektzustand nach Ausnahme 189
   Parameterrestriktionen 127

Selbstnutzung überschreibbarer
   Methoden 89, 94
Steuerungsübernahme 133
synchronized-Modifikator 208
Thread-Sicherheit 143, 208, 211
Vererbung von Doc-
   Kommentaren 145
Vorbedingungen 143, 185
writeObject für Serialisierung 222
zusammenfassende Beschreibung 144
Dokumentationskommentare 142
Doppelprüfungsidiom 194, 196
double, wann vermeiden 154, 156

E

eigene serialisierte Form 213, 218, 224
   Beispiel 221
   transient-Felder 223
einfache Felder, equals 47
Enum, Klassen als Ersatz 113, 123
equals 39, 49
   abstrakte Klasse erweitern 45
   allgemeiner Vertrag 40
   als nichtunterstütze Operation
   (Beispiel) 40
   Beispiel zum allgemeinen
   Vertrag 42, 45
   Beispiel zur Verletzung des
   allgemeinen Vertrags 42, 44
   Beispiele
      allgemeiner Vertrag 97
      für typsichere Enums 119
      Überschreiben verhindern 120
      Weiterleitung 140
   Beispiele zu unbeabsichtigtem
   Überladen 49
   Beispiele zum allgemeinen Vertrag 46
   Hauptform 48
   instanziierbare Klasse erweitern 45
   Methodenweiterleitung 140
   typsichere Enums 40, 119
   überschreiben 39f.
   Überschreiben von hashCode 48f., 55
   unbeabsichtigtes Überladen 49
Erweiterung 17
   Cloneable-Interface 92
   equals und Klassen- 45

Klassen 83
Klassenhierarchien 111
Serializable-Interface 92, 215
typsichere Enums 118
von Interfaces 95
von Klassen 93
    compareTo 67
von Skelettimplementierungen 97
Erweiterung von Klassen,
    private Konstruktoren 80
explizite Abschlussmethode 34, 36
exportiertes API 17
    Attributklassen 103
    Doc-Kommentare 146
    Konstanten-Interface-Muster 100
    Serialisierung 213
    synchronized-Modifikator 208
    Zugriffsebenen 72

F

faule Initialisierung 21, 29, 81
    Doppelprüfungsidiom 194
    Holder-Klasse für bedarfsgemäße Initialisierung 195
Fehler 176
Fehleratomizität 129, 187, 189
fein abgestimmte Synchronisierung 201
Felder 17
    Anfangswerte 223
    clone 60
    compareTo 68
    defensive Kopien 132
    dokumentieren 143, 145, 219
    equals 47
    final siehe final-Felder
    geschützte 90
    hashCode-Methode 52
    Interface-Typen 160
    Kapselung 108
    Konstante 74
    Konstanten-Interface-Muster 99
    Namenskonventionen 170, 172
    öffentliche 73
    offenlegen 74, 108
    redundante 48, 52
    Reflection 162
    Serialisierung 224

synthetische 217
Thread-Sicherheit 73
transient siehe transiente Felder
Unveränderbarkeit 75
Zugriffsebenen 72
zustandslose Klassen 124
finale Felder
    kein defensives Kopieren mit readObject 228
    Konstanten 74, 170
    Konstanten-Interface-Muster 99
    readResolve 231
    Referenzen auf veränderliche Objekte 74
    typsichere Enums 114
finales Feld, für Singleton-Implementierung 23
final-Felder, Unvereinbarkeit mit clone 61
Finalizer 33
    Ausführungszeit 33
    Vergleich mit. expliziter Abschlussmethode 34, 36
    Verkettung 36
    Verwendung 35
    wichtiger persistenter Zustand 34
Finalizer-Verkettung 36
Finalizer-Wächter 36
float, compareTo inconsistent with equals 68
float, wann vermeiden 154, 156
for-Schleifen, besser als while 148
fremde Methoden 197
    Beispiel 198
    Deadlock 200
    Deadlocks 197
    Sicherheitsversagen 200
funktionaler Ansatz 77
Funktionsobjekte 103, 123, 135
Funktionszeiger 123

G

gegenseitiger Ausschluss 191
gekapselte Strukturklasse 108
geprüfte Ausnahmen 176
    dokumentieren 184
    ignorieren 189f.

unnötige vermeiden 178, 180
unteilbare Fehler 187
zu ungeprüften machen 179
Zugriffsmethoden in 177, 187
Zweck 176
geschachtelte Klassen 72, 101, 105
   als Konkrete-Strategie-Klassen 125
   Zugriffsebenen 72
Grundtypen 17
   compareTo 69
Gültigkeitsbereich von Variablen
   alte Referenzen 32
   lokal 147, 150
   Schleife 148

H
Handoff 133
hashCode 39
   faule Initialisierung 81
   lazy initialization 53
   Schreibweise 51
   typsichere Enums 119
   Überschreiben von equals 48f., 55
   unveränderliche Objekte 53
Hauptform 48
Heap-Profiler 33
Hilfsklasse 101
Hilfsklassen 135
   im Collections Framework 67
Holder-Klasse für bedarfsgerechte
   Initialisierung 196
Hüllenklassen 86, 88
   Alternative zu Konstanten-
   Interfaces 100
   zum Synchronisieren
   unsynchronisierter Klassen 201
   zur Synchronisierung 201

I
implementiert 17
Implementierungsvererbung 83
Informationen verbergen 166
Initialisierung
   bei Objekterzeugung 82
   Beispiel für bequeme 53
   Beispiel zur statischen 28
   Beispiele 195f.
      Doppelprüfungsidiom 194

Schleifenvariablen 148
serialisierbare Unterklassen 216
statische 195
bequeme 53
defensive Kopien 75
faule 21, 29, 194
Felder, beim Deserialisieren 223
Holder-Klasse für bedarfsgemäße
   Initialisierung 196
lokale Variablen 148
serialisierbare Unterklassen
   ermöglichen 216
statische 28
unfertige Objekte betrachten 92
vor dem Abschluss Objekte
betrachten 195
Initialisierung, faule, Beispiele 81
inkonsistent mit equals 68
Innere Klassen, und Serialisierung 217
innere Klassen 101
instanzgesteuerte Klasse
   Dienstklassen 25
   Singleton 23
   typsichere Enums 114
instanzkontrollierende Klassen 231
   readResolve 231
int, für Währungsrechnung 154, 156
Interface-Architekturen 94, 99
Interface-basierte Architektur 21
Interfaces 17, 71, 105
   als Parametertypen 135
   Cloneable 57, 65
   Comparable 65, 70
   dokumentieren 143, 145, 185
   für nicht-hierarchische
   Typarchitekturen 95
   Konstanten- 99, 101
   Mixin 57, 95
   Mixins definieren 95
   Namenskonventionen 170f.
   Objekte referenzieren 160, 162
   Serializable 213, 218
   Serializable erweitern 215
   Skelettimplementierungen 96, 98
   Strategie- 124
   vs. abstrakte Klassen 94, 99
   vs. Reflection 165
   Weiterentwicklung 98

Zugriffsebenen 72
   zur Funktionalitätsverbesserung 96
   zur Typdefinition 99, 101
   Zweck 99, 101
interfaces, vs. reflection 162
Interface-Vererbung 83

J
JavaBeans
   Serialisierung 213
   XML 215
Javadoc 142

K
Kapselung 71, 107
   Datenfelder 108
   durch Vererbung aufbrechen 83
Klassen 17, 71, 105
   Attribute 17
   Attributklassen 17
   Basis- 161
   dokumentieren 143, 145
      Thread-Sicherheit 208, 211
   Ebenen der Thread-Sicherheit 208f.
   Ersatz für C-Enum 113, 123
   Ersatz für C-structs 107, 109
   Ersatz für Funktionszeiger 123
   für Vererbung dokumentieren 89f.
   für Vererbung entwerfen 90, 94
   Hierarchien als Ersatz für
      discriminated Unions 109, 113
   Hilfs- für kürzere Parameterlisten 135
   Instanzen 17
   Namenskonventionen 170f.
   nicht verwandte 139
   separate 67
   unveränderliche siehe
      Unveränderbarkeit
   unverbundene 102
   Zugreifbarkeit minimieren 71
   Zugriff minimieren 75
   Zugriffsebenen 72
   zustandshaltige 216
   zustandslose 124
Klassen, anonyme siehe
   anonyme Klassen
Klassen, lokale siehe lokale Klassen

Klassenarchitektur 161
Klassenerweiterung, richtig einsetzen 88
Klassenhierarchien 94
   als Ersatz für discriminated
      Unions 109, 113
   kombinatorische Explosion 95
Klon, Kopiekonstruktor als
   Alternative 64
kombinatorische Explosion 95
Komposition 22, 85
   besser als Vererbung 83, 89
konkrete Strategie 124
konsistent mit equals 68
Konsistenzanforderung
   im equals-Vertrag 41, 46
   im Vertrag von hashCode 49
Konstanten
   Datentypen 74
   in Interfaces 99, 101
   in typsicheren Enums 113, 123
   Namenskonventionen 170
   Zugreifbarkeit 74
Konstanten-Dienstklasse 100
Konstanten-Interface 99
Konstruktor 17
   Aufruf überschreibbarer Methoden 91
   Beispiele
      für typsichere Enums 114
      in Singletons 23f.
      in unveränderlichen Klassen 130f.
      Nichtinstanziierbarkeit
      erzwingen 26
   Beispiele, überschreibbare
      Methoden 91
   clone 60
   defensive Kopien 131
   Deserialisierung 214
   dokumentieren, Selbstnutzung 89
   durch statische Factory
      ersetzen 19, 23
   für typsichere Enums 114, 118
   Invarianten festlegen 82
   Invarianten herstellen 77
   Kopie 64, 78
   Nichtinstanziierbarkeit
      erzwingen 25f.
   parameterloser 25, 215

readObject 225
Signatur 20
Singleton-Eigenschaft
   erzwingen 23, 25
   Standard 25
   überladen 138
Konstruktoren, dokumentieren 143
kooperative Thread-Beendigung 194
Kopiekonstruktor 64, 78

L
Laufzeitausnahmen 176
   dokumentieren 143
   vs. geprüfte Ausnahmen 176, 178
Lebendigkeit sicherstellen,
   Thread-Prioritäten 207
Lebendigkeit, gewährleisten 197, 202
Leistung siehe Optimierungen
Lese-/Schreib-Sperren 204
lokale Klassen 101, 104
lokale Variablen 147
   deklarieren 147
   Gültigkeitsbereich
   minimieren 147, 150
   initialisieren 148
   Namenskonventionen 170ff.
long, für Währungsrechnung 154, 156

M
Methode
   Namenskonventionen 22
   statische Factory siehe statische
   Factory-Methode
Methoden 17, 127, 146
   Ausnahmen dokumentieren 184, 186
   defensives Kopieren vor
   Parameterprüfung 131
   dokumentieren 144
      Thread-Sicherheit 208, 211
   dokumentieren, überschreibbar 89
   expliziter Abschluss 34, 36
   Fehleratomizität 187, 189
   fremde 197
   fremde siehe fremde Methoden
   gemeinsame für alle Objekte 39, 70
   klein und konzentriert 150
   Namen 133

Namenskonventionen 170f.
native 35, 165f.
Parameter auf Gültigkeit
   prüfen 127, 129
Parameterlisten 134
Reihenfolge der Berechnungen 188
Signaturen entwerfen 133, 136
überladene, statische Auswahl 136
Überladung 136, 140
   gleiche Parameteranzahl 138, 140
überschreiben 136f.
überschreiben, dynamische Wahl 136
Unveränderbarkeit und
   Überschreiben 79
Vererbung von Doc-
   Kommentaren 145
zu Ausnahmeklassen hinzufügen 177
Zugriffs-, vs. öffentliche Felder 108f.
Zugriffsebenen 72f.
Zustandstest vs.
   Spezialrückgabewert 175
Methoden weiterleiten, in
   Hüllenklassen 201
Mixin-Interface 57
Modul 16
Monty Python-Zitat 141

N
Nachbedingungen 143
Namenskonventionen 22, 169
native Methoden 35, 165f.
native Peers 35
Nebenläufigkeit
   Dienstprogramme für
   Multithreading 191
   fein abgestimmte Synchronisierung 201
   Methodenverhalten
   dokumentieren 208, 211
   mit Dienstprogrammen
   erleichtern 153
   offene Aufrufe 199
   zu Testzwecken erhöhen 207
nicht-hierarchische Typarchitekturen 95
Nichtinstanziierbarkeit 25f.
Nicht-Null, im allgemeinen Vertrag von
   equals 46

Nicht-Null-Vorschrift, im allgemeinen
   Vertrag von compareTo 67
nicht-statische Attributklassen 101
   Adapter definieren 102
   Beispiel 102
   statische sind besser 101, 105
notify vs. notifyAll 203f.

O
Objekt
   alte Objektreferenzen beseitigen 30
   Funktions- 103
   obsolete Referenzen eliminieren 33
   wieder verwenden 26
   Wiederverwendung 30
Objekt Pool 29
Objekte 17
   deserialisieren 213, 232
   erzeugen und zerstören 19
   gemeinsame Methoden 39, 70
   in teilinitialisiertem Zustand 92
   in teilinitialisiertem Zustand
   betrachten 195
   Prozess- 103
   reflektiven Zugriff vermeiden 163f.
   serialisieren 213, 232
   über Basisklassen referenzieren 161
   über Interfaces referenzieren 160, 162
   unveränderliche siehe
   Unveränderbarkeit
Objektserialisierung 213
obsolete Objektreferenzen 33
Optimierung
   == statt equals 20, 47
   statische Initialisierung 28f.
   Wiederverwendung von
   Objekten 26, 30
Optimierungen 166, 169
   Initialisierung 195
   notify vs. notifyAll 203
   StringBuffer 159f.
   try-catch-Blöcke 174

P
Pakete, Namenskonventionen 169, 171
paketprivat
   Konstruktoren 93
   Zugriffsebene 17, 72

Parameter, Gültigkeit prüfen 127, 129
Parameterlisten 134f.
   von Konstruktoren 20
parameterloser Konstruktor 25, 215
Performance-Modell 168
Primitive, hashCode 52
protokollieren 184
Prozessobjekte 103

R
radikal unterschiedliche Typen 138
readObject 224, 230
   als weiterer Konstruktor 225
   Annehmbarkeit 229
   defensiv 224, 230
   defensives Kopieren 228
   finale Felder 228
   für unveränderliche Objekte 82
   inkompatibel mit Singletons 230
   readResolve als Alternative 231
   standardmäßige serialisierte
   Form 219, 223
   transient-Felder 223
   überschreibbare Methoden 92, 229
readResolve 230, 232
   als Alternative zu readObject 231
   Beispiele 116, 120f., 230f.
   für Instanz-kontrollierende
   Klassen 231
   für Singletons 24, 230
   für typsichere Enums 116, 120
   für unveränderliche Objekte 82
   Zugriffsebenen 93, 121, 232
Recovery-Code 188
redundante Felder 48, 52
Referenztypen 17
   compareTo 68
   hashCode 52
Reflection
   clone-Methode 57
   Laufzeitabhängigkeiten
   durchbrechen 164
   Nachteile 162, 164
   ursprünglicher Zweck 162
   vs. Interfaces 165
   zur Objekterzeugung 163
reflection, vs. interfaces 162

Reflexivität
  compareTo 67
  equals 41
rekursive Sperren 200
Rezepte
  Aufruf von wait 202
  clone 64
  compareTo 68, 70
  erweiterbare typsichere Enum 118
  Finalizer-Wächter 36
  hashCode 51
  Komposition 85
  nichtinstanziierbare Klasse 26
  readObject 229
  Singleton 23
  statische Factory-Methode 19
  typsichere Enums 114
  typsichere Enums, erweiterbar, serialisierbar 119
  typsichere Enums, serialisierbar 116

S

Schleifen
  for besser als while 148
  Gültigkeitsbereich von Variablen minimieren 148
  wait-Aufruf 202, 204
Schleifenvariablen 148
Selbstnutzung
  bei Vererbung unterbinden 94
  dokumentieren für Vererbung 89
Semaphoren 204
serialisierte Form
  als Teil des exportierteen APIs 213
  defaultWriteObject 222
  dokumentieren 219
  eigene siehe eigene serialisierte Form
  innere Klasse 217
  standardmäßige siehe standardmäßige serialisierte Form
  typsichere Enum 117
  von Singletons 230
Serialisierung 213, 232
  Aufwand 213
  außersprachlicher Mechanismus 214
  Auswirkung auf exportiertes API 213
  dokumentieren 219, 222
  innere Klassen 217

Interface-Erweiterung 215
JavaBeans 213
Unveränderbarkeit 82
Vererbung 215
Serializable-Interface, zur Vererbung entwerfen 92
serialver-Dienstprogramm 223
Serienversion-UID, in serialisierbaren Klassen deklarieren 223
Serienversion-UIDs 214
Service Provider Framework, Reflection 164
Sicherheit
  gewährleisten 191, 197
  versagen 196, 200
  wait 202
Signatur 17, 133, 136
simulierte Mehrfachvererbung 97
Singleton 23
  Deserialisierung 25
  durch privaten Konstruktor erzwingen 23, 25
  inkompatibel mit readObject 230
  readResolve 24, 230
  serialisierte Form 231
Skelettimplementierung 96, 182
Specific Notification 204
Speicherleck 31
  Beispiel 30
  Ursachen 31, 33
Speichermodell 75, 192
Sperren
  für Klassen auf verschiedenen Thread-Sicherheitsebenen 208
  in Multithreaded-Programmen 191, 197
  mit privaten Objekten 210
  rekursive 200
Spezialrückgabewert, vs. Zustandstestmethode 175
Standardkonstruktor 25
standardmäßige serialisierte Form
  Anfangswerte von transient-Feldern 223
  Kriterien für die Annahme 218
  Nachteile 220
  transient-Modifikator 221
Standardzugriff 17, 72

statisch, Initialisierer 28
statische Attributklassen 101
    besser als nicht-statische 101, 105
    für Aggregate besser als String 157
    für kürzere Parameterlisten 135
    häufige Verwendung 101f., 104
    Serialisierung 217
    Strategiemuster implementieren 125
    typsichere Enums
    implementieren 118
statische Factory-Methode 19, 24, 27
    als Grundlage für
    Dienstanbieterarchitektur 21
    als Klon-Ersatz 64
    anonyme Klassen 103
    Ersatz für Konstruktor 19, 23
    Flexibilität 20
    für instanzgesteuerte Klassen 20
    für unveränderliche Objekte 80
    Nachteile gegenüber Konstruktor 22
    Namenskonventionen 22
    Strategiemuster 125
    Vorteile gegenüber Konstruktoren 19
statische Felder
    Strategiemuster 125
    unveränderliche Objekte 24
    veränderliche, synchronisieren 201
statisches Feld, Holder-Klasse für
    bedarfsgerechte Initialisierung 196
Strategie-Interface 124
Stream Unique Identifier 223
String-Darstellung 55, 57
Strings, schlechter Ersatz für andere
    Typen 156, 159
String-Verkettung 159f.
Strom-eindeutige Bezeichner 214
struct, durch Klasse ersetzen 107
Struktur, Klasse als Ersatz 109
Symmetrie
    compareTo 67
    equals 41
Synchronisierung
    durch Unterklassenbildung 201
    fein abgestimmte 201
    für Thread-Kommunikation 192, 196
    gegenseitiger Ausschluss 191
    gemeinsam genutzte, veränderliche

Daten 191, 197
    interne 201
    Leistung 197, 200
    von atomaren Daten 192, 194
synchronized-Modifikator
    als Implementierungsdetail 208
    Dokumentation 208
    Zweck 191
synthetische Felder 217

T

Thead-Prioritäten 207
Thread.yield 207
    testen 207
Thread-Beendigung, kooperative 194
Thread-feindlich 209
Thread-Gruppen 211f.
Thread-kompatibel 209
    vs. Thread-sicher 201
Thread-Planer 204, 208
Threads 191
Thread-sicher 208
    vs. Thread-kompatibel 201
Thread-Sicherheit 210
    dokumentieren 208, 211
    Ebenen 208
    Klassen mit öffentlichen,
    veränderlichen Feldern 73
    ThreadGroup-API 211
    Unveränderbarkeit 77
toString 39
    allgemeiner Vertrag 55
    Ausnahmen 186
    Ergebniswert als De-Facto-API 57
    Ergebniswert dokumentieren 55, 57
    überschreiben 55, 57, 115
transient-Felder 221
    Beispiele 120, 221
    defaultReadObject 222f.
    defaultWriteObject 222f.
    Deserialisierung 223
    eigene serialisierte Form 223
    logischer Objektzustand 223
    readResolve 116
    Singletons 231
transient-Modifikator 221

Transitivität
  compareTo 67
  equals 43
Typen, radikal unterschiedliche 138
typsichere Enums 114
  anonyme Klassen 117
  equals 40
  Ersatz für C-Enums 113, 123
  implementieren, Toplevel- vs. statische Attributklasse 118
  Konstruktoren 114
  Nachteile 121
  readResolve 231
  und equals 119
  und hashCode 119
  Varianten, Comparable 115
  Varianten, Erweiterbarkeit 118
  Varianten, serialisierbar 116
  Verhalten hinzufügen 118
  Verhaltensweisen hinzufügen 115

U
überflüssige Objektreferenzen 188
Überladung siehe Methoden, Überladungen
überschreiben siehe Methoden, überschreiben
Übersetzung, von Ausnahmen 129, 182
umgebende Instanz 101
  anonyme Klassen 103
  Finalizer-Wächter 36
  lokale Klasse 104
  nicht-statische Attributklasse 101
umschließende Instanz, Serialisierung 217
unbeabsichtigtes Zurückhalten von Objekten siehe Speicherleck
ungeprüfte Ausnahmen 178
  dokumentieren 143, 184
  Idiome zur Kennzeichnung 185
  ignorieren 189f.
  standardmäßige 180
  zu geprüften machen 179
ungewollt instanziierbare Klasse 25
Unions, Klassenhierarchien als Ersatz 109, 113

Unterklassenbildung 17
  equals 43, 45
  RuntimeException vs. Error 176
  verbieten 93
  Verbot 22, 26
  Zugriffsebenen von Methoden 73
Unterklassenbildung siehe auch Erweiterung
unveränderbar, Thread-Sicherheitsebene 208
Unveränderbarkeit 75, 83
  Arrays der Länge null 141
  Beispiele 76
    kaputte Klasse 130
    Serialisierung 224
    statische Factorys 80
  Cloneable 64
  defensive Kopien 130, 132
  funktionaler Ansatz 77
  Konstanten 170
  Nachteil 78
  readObject 224, 228
  readResolve 232
  Regeln 75
  Serialisierung 82, 224, 230
  statische Factorys 80
  Vorteile 77
Unveränderlichkeit
  Hauptform 48
  Konstanten 74
  und hashCode 53
  Wiederverwendung von Objekten 26
util.concurrent 153, 191

V
Variablen
  atomare Operationen 192
  lokale siehe lokale Variablen
  mit Interface-Typen deklarieren 160
  Schleifen- 148
veränderliche Begleitklassen 79
Verbergen von Informationen 71
Vererbung 17
  Beispiel 83
  besser ist Komposition 83, 89
  dokumentieren 89f.

durch Hooks erleichtern 90
entwerfen 94
Entwurf 90
Gründe für Instabilität 85
Implementierung vs. Interface 83
inkompatibel mit readResolve 232
Nutzung 88
Selbstnutzung überschreibbarer Methoden unterbinden 94
Serialisierung 215
Sperren mit internen Objekten 210
überschreibbare Methoden 91
und Kapselung 83
verbieten 93
von Doc-Kommentaren 145
Vererbung siehe auch Erweiterung
View, Erhalt der Unveränderbarkeit 133
Views
   Namenskonventionen 172
   sperren 209
   und nicht-statische Attributklassen 102
   Unterklassenbildung vermeiden 45
   Wiederverwendung von Objekten 29
   zur Vermeidung von Unterklassen 67
volatile-Modifikator 194
   Beispiele 53, 81, 206
Vorbedingungen 143, 185

W

wait-Schleife 202, 204
Weiterleitung 86
   an private Erweiterung einer Skelettimplementierung 97
Weiterleitungsmethoden 86
   Beispiel 86

in Hüllenklassen 87
konsistentes Verhalten bei Überladung erzielen 140
Objektkomposition 86
while-Schleife, for besser als while 148

X

XML, zur Persistenz von JavaBeans 215

Z

Zugriffsebenen 17
   Klassen und Interfaces 72
   Konstanten 74
   readResolve 232
   überschreibende Methoden 73
   von Attributen 72
   von statischen Attributklassen 101
Zugriffskontrolle 72
Zugriffsmethode
   für Ausnahme einer niedrigen Ebene 183
   für Ergebnisinformationen von toString 57
Zugriffsmethoden 108
   Beispiele 132
   defensive Kopien 75, 132
   für Fehlerinformationen 177
   Namenskonventionen 172
   Unveränderbarkeit 75
   vs. öffentliche Felder 108f., 112
zusammenfassende Beschreibung 144
Zustandsänderung 77
Zustandstestmethode 174f., 179
Zustandsübergang 191

THE SIGN OF EXCELLENCE

Enterprise Java Anwendungen

Java-Technologien professionell einsetzen

Adam Bien

Hier finden Sie eine umfassende Beschreibung der J2EE-Architektur und eines horizontalen Frameworks - des „Small Java Frameworks" (SJF). Neben klassischen Patterns werden die wichtigsten APIs vorgestellt. Darauf aufbauend beschäftigen Sie sich mit der Entwicklung des SJF-Frameworks und Fragen wie Classloading, Konfiguration, Persistence, Verteilung und Clustering. Abschließend werden die Performance des Frameworks und die Verwendung unterschiedlicher Ansätze wie „Value Objects" untersucht.

Programmer´s Choice

280 Seiten, 1 CD-ROM
€ 44,95 [D] / sFr 78,00
ISBN 3-8273-1777-0

www.addison-wesley.de

ADDISON-WESLEY

THE SIGN OF EXCELLENCE

Java 2-Programmierung mit IBM Visual Age

Florian Hawlitzek

Kompetent und umfassend führt Sie diese zweite Auflage des bewährten Titels von Florian Hawlitzek in die Softwareentwicklung mit IBM VisualAge for Java ein. Im ersten Teil erhalten Sie einen Überblick über die Konzepte der Programmiersprache Java 2 und die Bestandteile der verschiedenen Versionen von VisualAge for Java, Version 3.5 und 4.0. Daran anschließend wird die Entwicklungsumgebung von VisualAge mit seinen Browsern und Werkzeugen vorgestellt und schrittweise die Entwicklung einer einfachen Anwendung demonstriert. Der dritte Teil richtet sich an Java-Neulinge: Er gibt - speziell auf VisualAge zugeschnitten - eine Einführung in die Sprache. Im letzten Abschnitt wird VisualAge for Java für Fortgeschrittene behandelt, Schwerpunkte bilden dabei die grafische Programmierung mit dem Visual Composition Editor und die vielfältigen Enterprise Features.

Programmer´s Choice

598 Seiten, 1 CD-ROM, 2. Auflage
€ 44,95 [D] / sFr 78,00
ISBN 3-8273-1801-7

www.addison-wesley.de

ADDISON-WESLEY

THE SIGN OF EXCELLENCE

Die Programmiersprache Java

Ken Arnold, James Gosling, David Holmes

Von den Erfindern von Java! Diese umfassende Einführung richtet sich auf professionellem Niveau gleichermaßen an Einsteiger und an Java-Profis. Java-Neulinge erhalten durch die prägnanten Beispiele und detaillierten Erläuterungen der Features ein tiefes Verständnis der mächtigen Möglichkeiten von Java. Fortgeschrittene und Profis können das Buch als Referenz für ihre tägliche Arbeit, insbesondere für die Spezialitäten von Java 2 (JDK 1.3) verwenden. Alle wichtigen Aspekte wie Klassen, Bibliotheken, APIs, Garbage Collection etc. werden eingehend behandelt und erklärt.

Programmer´s Choice

628 Seiten
€ 59,95 [D] / sFr 108,00
ISBN 3-8273-1821-1

www.addison-wesley.de

ADDISON-WESLEY

THE SIGN OF EXCELLENCE

Grafikprogrammierung mit Java-Swing

Für Einsteiger in die
Graphikprogrammierung mit JAVA.

Paul Fischer

Dieses Buch behandelt die wichtigste Graphik-Bibliothek von JAVA, die Swing-Bibliothek. Zunächst werden die Grundkomponenten vorgestellt, die es dem Benutzer schnell erlauben, Fenster auf dem Bildschirm darzustellen und mit Inhalt zu füllen. Anschließend werden weitere graphische Komponenten beschrieben, die einen Dialog zwischen Programm und Benutzer ermöglichen. Dazu gehören Knöpfe, Menüs und Dialogfenster. Es wird erläutert, wie einfach die Einbindung der Maus in eigene Anwendungen ist. Stets demonstrieren kleine Programme die Funktionen der Komponenten. Durch Kombination verschiedener graphischer Elemente ist es dann auf einfache Weise möglich, anspruchsvollere Benutzeroberflächen zu erstellen. Als Beispiele hierfür findet man einen einfachen Texteditor, je ein Programm zur Darstellung und Bearbeitung von Vektor- bzw. Pixel-Graphiken und einen kleinen Web-Browser. Übungen und Vorschläge für eigene Projekte sollen bei der Einarbeitung in die Graphikprogrammierung helfen. Vorausgesetzt werden lediglich Grundkenntnisse der Programmiersprache JAVA. Alle Programme sind unabhängig von einer bestimmten Entwicklungsumgebung.

Programmer´s Choice

**192 Seiten, 1 CD-ROM
€ 29,95 [D] / sFr 53,00
ISBN 3-8273-1910-2**

www.addison-wesley.de

▲ **ADDISON-WESLEY**

THE SIGN OF EXCELLENCE

Go To Java 2
Handbuch der Java-Programmierung
2. Auflage

Guido Krüger

Das Standardwerk von Guido Krüger liegt nun in zweiter und erweiterter Auflage als Handbuch der Java-Programmierung vor. Seine wichtigsten Merkmale sind die umfassende Darstellung aller wichtigen Java-Themen, die Praxisnähe, eine große Menge an unmittelbar verwendbaren Beispielprogrammen sowie die klare und didaktisch sinnvolle Struktur. Die beigefügte HTML-Version ist ideal als Nachschlagewerk und ein unentbehrliches Hilfsmittel am Arbeitsplatz jedes Java-Entwicklers.

Go To

1224 Seiten, 1 CD-ROM
€ 49,95 [D] / sFr 88,00
ISBN 3-8273-1710-X

www.addison-wesley.de

▲ **ADDISON-WESLEY**